Unterricht GEOGRAPHIE
Modelle · Materialien · Medien

Band 9: **Politische Räume**

Autoren:
Ulrich Brameier · Jos Schnurer

Herausgeber:
Helmuth Köck

Wissenschaftlicher Redakteur:
Gerhard Meier-Hilbert

Aulis Verlag
Deubner & Co KG

Die Deutsche Bibliothek — CIP-Einheitsaufnahme

Brameier, Ulrich:
Politische Räume / Autoren: Ulrich Brameier ; Jos Schnurer.
Hrsg.: Helmuth Köck. – Köln : Aulis-Verl. Deubner, 1992
  (Unterricht Geographie ; Bd. 9)
  ISBN 3-7614-1421-8
NE: Schnurer, Jos:; GT

Unterricht Geographie · **Reihenübersicht:**

1   Geozonen
    Von *Gerhard Meier-Hilbert* und *Ellen Thies*
2   Städtische Räume
    Von *Claus Dahm* und *Henning Schöpke-Papst*
3   Agrargeographie
    Von *Konrad Riess* und *Dieter Sajak*
4   Ökologie und Umweltschutz
    Von *Jürgen Hasse* und *Winfried Wroz*
5   Industriegeographie
    Von *Manfred Schrader* und *Andreas Peter*
6   Entwicklungsländer
    Von *Jos Schnurer* und *Gerhard Ströhlein*
7   Wetter und Klima
    Von *Walter Lükenga*
8   Erholungsräume
    Von *Gerhard Sasse* und *Diether Stonjek*
9   Politische Räume
    Von *Ulrich Brameier* und *Jos Schnurer*
10 Energie und Umwelt
    Von *Walter Lükenga*
Böden / Vegetation
    Von *Gerhard Meier-Hilbert* / N.N.

Küste und Meer
Von *Matthias Willeke* und *Ludwig Scharmann*
Verkehr
Von *Helmut Brauer* und *Claus Dahm*
Bevölkerung
Von *Ulrich Brameier* und *Gerhard Ströhlein*
Oberflächenformen
Von *Gerhard Meier-Hilbert* und *Sigurd Schleef*
Räume im Wandel
Von *Gerhard Sasse, Helmut Schönrock* und *Diether Stonjek*
Naturkatastrophen
Von *Jürgen Hasse*
Geologie
Von *Claus Dahm* und *Dieter Sajak*
Müll/Entsorgung
Von *Hartmut Volkmann*
Geoökosysteme
Von *Gerhard Gerold* und *Klaus Windolph*

Weitere Bände sind geplant.

An der Reihe arbeiten folgende Autoren mit:

Ulrich Brameier,
Albrecht Thaer-Gymnasium, Hamburg
Helmut Brauer,
Universität Göttingen
Prof. em. Dr. *Claus Dahm,*
Universität Göttingen
Prof. Dr. *Gerhard Gerold,*
Universität Göttingen
Priv.-Doz. Dr. *Jürgen Hasse,*
Universität Hamburg
Dr. *Walter Lükenga,*
Universität Osnabrück
Dr. *Gerhard Meier-Hilbert,* M.A.,
Universität Hildesheim
Andreas Peter,
Staatliches Studienseminar Wilhelmshaven
Konrad Riess,
Wilhelm Busch-Realschule, Bockenem
Dieter Sajak,
Universität Hannover
Gerhard Sasse,
Haupt- und Realschule Bissendorf
Dr. *Ludwig Scharmann,*
Universität Hannover

Sigurd Schleef,
Gymnasium Laatzen
Jos Schnurer,
Niedersächsisches Landesinstitut für Lehrerfortbildung
Lehrerweiterbildung und Unterrichtsforschung, Hildesheim
Helmut Schönrock
Kath. Missionsgymnasium St. Antonius, Bad Beutheim
Henning Schöpke-Papst,
Albert-Schweitzer-Schule, Nienburg
Dr. *Manfred Schrader,*
Universität Hannover
Dr. *Diether Stonjek,*
Universität Osnabrück
Prof. Dr. *Gerhard Ströhlein,*
Universität Göttingen
Ellen Thies,
Schloß-Gymnasium, Wolfenbüttel
Prof. Dr. *Hartmut Volkmann,*
Universität Bochum
Matthias Willeke,
Integrierte Gesamtschule Mühlenberg, Hannover
Klaus Windolph,
Hannover Kolleg, Hannover
Winfried Wroz,
Joseph-von-Eichendorff-Gesamtschule, Kassel

Best.-Nr. 8409
Alle Rechte AULIS VERLAG DEUBNER & CO KG, Köln 1992
Umschlaggestaltung: Atelier Warminski, Büdingen
Titelphotos: Mit freundlicher Genehmigung des Ernst Klett-Verlags entnommen aus:
Klett-Medien zur Geographie TERRA Nr. 401277
Textverarbeitung: A. Schwarz, Köln
Druck und Verarbeitung: Druckerei Plump KG, Rheinbreitbach
ISBN 3-7614-1421-8

Das vorliegende Werk wurde sorgfältig erarbeitet. Dennoch übernehmen Autoren, Herausgeber und Verlag für die Richtigkeit von Angaben, Hinweisen und Ratschlägen sowie für eventuelle Druckfehler keine Haftung.

Inhalt

Vorwort		5
A.	**Einleitung**	7
B.	**Didaktische Begründung und Gesamtplanungsfeld**	8
C.	**Basiswissen (mit Glossar)**	12
D.	**Unterrichtsvorschläge**	21
1.	Grenzen werden überwunden — Vom geteilten zum vereinigten Land: Die Bundesrepublik Deutschland (Klasse 9 / 10)	21
2.	Grenzen werden durchlässiger: Aus zwölf wird eins — Integration in Westeuropa (ab Klasse 8)	22
3.	Grenzen werden neu gezogen: UN-Seerechtskonferenz (Klasse 9 / 10)	25
4.	Rassenkonflikt und Unabhängigkeit: Das Beispiel Namibia (ab Klasse 7)	27
5.	Bürgerkriege: Biafra-Konflikt (Klasse 9 / 10)	30
6.	Auf der Suche nach Kompromissen: EG-Fischereipolitik (Klasse 9 / 10)	32
7.	Krieg als Mittel für den Frieden?: Krisenregion Golf (ab Klasse 7)	34
8.	Abhängigkeiten: Vom Nord-Süd-Konflikt zur Nord-Süd-Partnerschaft (ab Klasse 8)	37
9.	Internationale Organisationen: Die Vereinten Nationen (ab Klasse 8)	40
E.	**Materialien zu den Unterrichtsbeispielen**	44
F.	**Quellenverzeichnis**	100

Vorwort

Orientierende Hinweise zur Reihe UNTERRICHT GEOGRAPHIE

Anlaß zur Planung und Herausgabe dieser Reihe ist die Tatsache, daß

— das Material (Fachliteratur, Medien, Materialien i.e.S. etc.) zu den unterrichtlich relevanten allgemeingeographischen Themenkreisen und erst recht zugehörigen möglichen Raumbeispielen extrem verstreut vorliegt und als Folge davon für den einzelnen Lehrer weder überschaubar noch von heute auf morgen greifbar ist, der Unterricht mithin häufig vom gerade zufällig vorhandenen Material getragen wird,

— sorgfältige Vorbereitung und guter Unterricht mithin einen unverhältnismäßig hohen, letztlich jedoch nicht erbringbaren Zeitaufwand erfordern, zumal angesichts der Fachlehrertätigkeit in oft mehreren Jahrgängen,

— ein Großteil der Geographie erteilenden Lehrer fachlich nicht ausgebildet ist, also fachfremd unterrichtet,

— u.a.m.

Ziel dieser Reihe ist es daher, durch Zusammenstellung und unterrichtsbezogene Aufarbeitung und Strukturierung des für das jeweilige allgemeingeographische Thema und zugehörige Raumbeispiel erforderlichen Materials den Lehrer in seiner Vorbereitungsarbeit so zu unterstützen und dadurch zu entlasten, daß er frei wird für die gedankliche Durchdringung statt für die Suche des Materials, daß er dadurch dann über und nicht mehr in der Sache steht, daß er die unterrichtlichen Vermittlungsprozesse somit souverän organisieren kann, statt sich mehr schlecht als recht durchkämpfen zu müssen.

Daraus ergibt sich, daß jeder Band dieser Reihe ein Lehrer- und kein Schülerbuch ist, und zwar gedacht für den Lehrer der Sekundarstufe I aller Schulformen. Funktional ist jeder Band jedoch insofern auch wieder schülerbezogen, als seine Materialien großenteils per Vervielfältigung direkt in die Hand des Schülers gelangen, um dann von diesem bearbeitet zu werden.

Aus dem schulformübergreifenden Charakter dieser Reihe ergibt sich allerdings die Notwendigkeit einer schulformbezogenen Differenzierung hinsichtlich der Inhalte, Medien, Materialien, Erschließungstiefe usw. Hier muß dann jeder Lehrer selbst das für seine konkrete Situation Passende heraussuchen oder durch Überarbeitung herstellen.

Um die hier angesprochenen Zwecke nun zu erreichen, sind die Bände dieser Reihe i.d.R. wie folgt aufgebaut:

In der **Einleitung** wird einiges zu Zweck, Aufbau und Verwendung des jeweiligen Bandes gesagt.

In der **Didaktischen Begründung** geht es zunächst um die Legitimation des betreffenden Bandthemas. Danach werden aus dem somit begründeten Gesamtthema curricular und damit unterrichtsrelevante Teilthemen (Fragekreise) ausgegliedert und im sog. Gesamtplanungsfeld übersichtlich zusammengestellt. Zugleich weist dieses Gesamtplanungsfeld die ungefähre Schulstufenzuordnung und damit das curriculare Gefüge der ausgegliederten Teilthemen aus. Da diese jedoch ein hinreichendes Maß an Eigenständigkeit und innerer Abgeschlossenheit besitzen, können sie ganz nach Bedarf, also flexibel, verwendet werden.

Im **Basiswesen** wird das jeweilige Thema nach Maßgabe seiner im Gesamtplanungsfeld ausgegliederten Teilthemen allgemeingeographisch abgehandelt. Dem Charakter des Basiswissens entsprechend geht es dabei jedoch nur um grundlegende themenspezifische Sachaussagen. Abgeschlossen bzw. ergänzt wird dieses Basiswissen durch ein Glossar.

In den **Unterrichtsvorschlägen**, dem neben dem Medienangebot wichtigsten Teil eines jeden Bandes, werden die einzelnen Felder/Teilthemen des Gesamtplanungsfeldes nun mit konkreten Unterrichtsvorschlägen ausgefüllt. Diese haben i.d.R. folgenden Aufbau: spezielles, d.h. teilthemenbezogenes, meist regionalgeographisches, bisweilen auch thematisch erweitertes Planungsfeld, im dem per Übersicht gezeigt wird, wie die Erschließung des betreffenden Teilthemas gedacht ist; regionalgeographische Sachanalyse, zu verstehen als themenspezifische Analyse des betreffenden Raumbeispiels; methodische Analyse; Verlaufsplanung mit den wichtigsten Angaben zu Inhalten, Lehrer-/Schülerverhalten, Medien etc.

Die Medien/Materialien zu den einzelnen Unterrichtsvorschlägen sind dann in dem **Medienangebot** zusammengestellt. Dabei ist dieses Medienangebot zweigeteilt: Ein Teil umfaßt die eingebundenen Materialien (Kopiervorlagen, Tabellen, Karten, Diagramme etc.) der andere Teil beinhaltet in Gestalt einer Medientasche diejenigen Medien/Materialien, die nicht geheftet beigegeben werden können (z.B. Folien, Dias, Faltkarten, etc.).

Den letzten Abschnitt bildet das **Quellenverzeichnis**.

Auf der Grundlage dieser Konzeption müßte es möglich sein, die einzelnen Vorschläge direkt in Unterricht umzusetzen. Gestützt wird diese Erwartung durch die unterrichtliche Erprobung, die alle Unterrichtsvorschläge erfahren haben.

Verlag   **Herausgeber**

A Einleitung

Aufgabe der Politischen Geographie ist es, einerseits den Einfluß räumlicher Faktoren auf die Entstehung und Ausführung politischer Handlungen, andererseits die räumlichen wie funktionalen Auswirkungen politischer Entscheidungen und Handlungen zu erforschen. Da sich die Politische Geographie in den letzten Jahrzehnten aus dem Schatten ihrer geopolitisch belasteten Vergangenheit herausgearbeitet hat, sind in jüngerer Zeit mittlerweile auch im Rahmen der Schule Forderungen nach Berücksichtigung geographischer Aussagen zu politischen Fragen mit großem Nachdruck vertreten worden (u.a. KMK-Beschluß vom 23.11.1978).

Auswirkungen politischer Entscheidungen auf den Raum werden auch in anderen Bänden dieser Reihe angesprochen. Immer jedoch ist dabei die politisch-geographische Fragestellung nur einer unter mehreren Aspekten. In dem hier vorliegenden Band dagegen soll die Wechselbeziehung zwischen dem politisch handelnden Menschen und seiner räumlichen Umwelt — ansatzweise systematisiert — in den Mittelpunkt gerückt werden. Die in diesen Band aufgenommenen Unterrichtsvorschläge eignen sich vorwiegend für die Altersstufe ab Klasse 7. Sie können aber auch — entsprechend der jeweiligen Lerngruppensituation — in Teilen im 5. und 6. Jahrgang sowie in der Sekundarstufe II gewinnbringend eingesetzt werden.

Bei der Erstellung der Unterrichtsvorschläge bevorzugen die Autoren das Prinzip des offenen Angebots von 'Materialien aus dem Steinbruch', die dann im Hinblick auf die konkrete Lern- und Unterrichtssituation 'behauen' werden sollen. Die Fragestellungen lassen es oftmals sinnvoll erscheinen, den Unterricht in Kooperation mit anderen Fächern zu planen und durchzuführen. Fachkonferenzen und fächerübergreifende Planung bieten das dazu erforderliche organisatorische wie methodisch-didaktische Instrument.

Die jedem Lernbereich vorangestellte Verlaufsplanung kann — unter den genannten Prämissen — natürlich nur Anhaltspunkt sein. Es wurde deshalb auch darauf verzichtet, ins einzelne gehende Angaben über den Bearbeitungszeitraum auszuweisen. Die Autoren gehen davon aus, daß diese Arbeit gerade in der konkreten schul- und unterrichtsbezogenen Fach- und fachübergreifenden Planung viel besser geleistet werden kann.

Die Erprobung von einzelnen Unterrichtssequenzen im Unterricht hat gezeigt, daß das Frage-Interesse der Schüler(innen) besonders dann groß ist, wenn es gelingt, an vorhandenes Wissen anzuknüpfen. Der Mitschnitt von Auszügen von Tagesschaumeldungen und Magazin-Sendungen, aber auch der Einsatz von anderen visuellen Medien sollte deshalb in den jeweiligen Lernphasen als Einstieg, zur Frage-Erweiterung wie zur Festigung des Gelernten angestrebt werden.

Ein so verstandener Unterricht kann deshalb niemals bis ins einzelne geplant werden. Auch die vorgeschlagenen Lernmethoden — besonders unter Berücksichtigung der durch die Medien an die Schüler herangetragenen Informationen — werden in der konkreten Unterrichtssituation variiert werden müssen.

Ausgehend von diesen Überlegungen werden hier als Arbeitsschwerpunkte drei zentrale Kategorien zugrunde gelegt, und zwar:

— Politische Grenzen,

— Prozesse und Kräfte im Innern politischer Gebiete,

— Beziehungen und Verflechtungen zwischen politischen Gebieten.

Jeder Kategorie sind mehrere Unterrichtsthemen mit jeweils einem Raumbeispiel zugeordnet worden. Die Unterrichtsentwürfe werden durch eine kurze Sachanalyse eingeleitet, die die Leserinnen und Leser mit den grundlegenden Gegebenheiten vertraut macht.

B | Didaktische Begründung und Gesamtplanungsfeld

B.1 Didaktische Begründung

Von kaum einer Raumkategorie ist jeder Einzelne so unmittelbar betroffen wie von der Kategorie der 'politischen' bzw. 'auch politisch bestimmten Räume'. So ist zunächst der Staat, in dem der Einzelne jeweils lebt, ein politisch bestimmter Raum. Ebenso ist die in der Regel mehrstufige administrative Struktur und Organisation des Staates politisch bestimmt. Stadt, Landes- und Regionalplanung beeinflussen und gestalten als Instrumente raumwirksamer Staatstätigkeit in erheblichem Maße die jeweiligen lebensräumlichen Strukturen. Wie die wirtschaftliche Struktur eines Raumes beschaffen ist und welche Lebensmöglichkeiten sich aus ihr ergeben, ist weithin auch eine Funktion des jeweils gegebenen Wirtschaftssystems. Strukturschwächen in grenznahen Gebieten sind ebenfalls größtenteils politisch bedingt, und zwar durch die Zentrum (Hauptstadt)-Peripherie-Spannung innerhalb eines jeden politischen Raumes. Räumliche Gegebenheiten etwa hinsichtlich Rohstoffausstattung, Meereslage oder Verkehrsregelung bestimmen in erheblichem Maße politische Entscheidungen und Handlungen. Politische Entscheidungen vergangener Zeiten wirken über entsprechende Raumstrukturen in die Gegenwart fort, ebenso wie politische Entscheidungen der Gegenwart zukünftige räumliche Strukturen mitbestimmen.

Es erübrigt sich, weitere Beispiele und Belege für die unmittelbare Lebensbedeutung politisch bestimmter räumlicher Strukturen und Prozesse aufzuführen. Schon diese wenigen Stichworte genügen, um die Notwendigkeit der unterrichtlichen Beschäftigung mit politischen Räumen ersichtlich werden zu lassen. Darüber hinaus erfordert auch das konkrete räumliche Verhalten weithin raumpolitische Urteils- und Entscheidungsfähigkeit und die dementsprechende Befähigung des Schülers (vgl. *Hausmann* 1978, S. 259-265). So ist es nur folgerichtig, wenn dem Geographieunterricht neben anderen auch die Aufgabe zugesprochen wird, einen Beitrag zur politischen Bildung des Schülers zu leisten (vgl. z.B. *Friese* 1984, S. 331; *Schramke* 1978, S. 9-48; *Thöneböhn* 1986, S. 217/218).

Dabei läßt sich die Thematik dieses Bandes allerdings nicht mit dem 'traditionellen' Schema des Prinzips 'Vom Nahen zum Fernen' erfassen, auch nicht mit einer 'Zehnweltenlehre' (vgl. dazu die Kritik von *Dürr* zum *Newig*'schen Lehrplankonzept in GR 1987, S. 228 ff). Vielmehr müssen wir heute ganz selbstverständlich vom 'Welt-Raum' und vom 'Welt-Bürger' ausgehen, für den die 'Raum'-Informationen etwa über die Dürre-Katastrophe in der Sahel-Zone, per Fernsehbild hautnah und realistisch übermittelt, näher liegen können als beispielsweise die landwirtschaftlichen Probleme des dörflichen Nachbarn nebenan.

Insofern dürfte auch die 'hierarchische Raumgliederung', wie sie von *Birkenhauer* (1971, Teil I, S. 95), vorgeschlagen wurde, zu ersetzen sein durch eine 'Didaktik der Interdependenzen': "Der Wandel der Weltentwicklung vom undifferenzierten zum organischen Wachstum könnte eine Angelegenheit des guten Willens oder der freien Wahl der einzelnen Nationen und keine für alle zwingende Notwendigkeit sein, wäre nicht die Welt inzwischen zu einem eng gekoppelten System zusammengewachsen, in dem die Nationen und Regionen sich nicht nur gegenseitig beeinflussen, sondern auch stark voneinander abhängen" (*Mesarovic/Pestel* 1974, S. 24). Somit hat die unterrichtliche Einteilung der Welt in Kontinente, die es dem Lernenden bisher ja ermöglichte, von Afrika oder Lateinamerika, von Australien und Asien, von der 'Welt da draußen', weitab der eigenen, zu sprechen und sein Denken und Handeln auf diese Distanzierung einzurichten, heute nur noch statisch-ordnende Bedeutung.

Die Diskussion um die 'Raumsicht', vor allem unter dem Gesichtspunkt einer 'Konfliktdimension' aus geographischer und politischer Sicht, hat in der didaktischen Forschung zur Wiederentdeckung von anwendungsbezogenen Regionalkonzepten geführt. Dabei werden 'homogene Räume' und 'übergeordnete Raumeinheiten' unterschieden (vgl. dazu: *Gerdes* 1987, S. 526 ff). Unüberhörbar wird dabei eine fächerübergreifende Kooperation gefordert: "Die Einheit unseres Weltbildes hat sich im lebensweltlichen Kontext noch erhalten. Diese Einheit auf wissenschaftlicher Ebene wieder herzustellen, erfordert ein Denken in natürlichen, ökologischen Systemen in Raum und Zeit, die nicht fein säuberlich entlang disziplinären Grenzen gegen eine abstrakte Umwelt abgeschirmt werden ..." (*Pieper* 1987, S. 538).

Raumordnende Gedanken, Konzepte und Methoden gelten für die angewandte Geographie genauso (vgl. dazu: *Stiens* 1986, S. 437 ff und andere Beiträge in dem GR 9/1986 - Schwerpunktheft 'Angewandte Geographie'). Daß dabei der 'Konflikt als paedagogicum' in den Lernbereichen auch unserer Thematik zu beachten ist, ist offensichtlich: "In den Beziehungen zwischen Staaten bzw. Staatengruppen gibt es eine Fülle von Konflikten. Wer die gedankliche und engagierte Beteiligung Heranwachsender an den Problemen in der Welt ernsthaft will, muß die Mär von der heilen Welt angesichts der Fülle konfliktartiger Auseinandersetzungen als eine Unmöglichkeit realer Erziehung betrachten." (*Bönsch* 1981, S. 99; vgl. dazu auch: *Frenz* 1980; *Behr* 1980)

Ein Blick auf die Krisenherde der Welt macht deutlich: "Heute und in Zukunft können wir (...) die Welt nicht mehr als eine Ansammlung von mehr als 150 Nationen

B — Didaktische Begründung und Gesamtplanungsfeld

und eine Reihe von politischen und Wirtschaftsblöcken sehen. Sie ist ein aus untereinander abhängigen und sich gegenseitig beeinflussenden Nationen und Regionen bestehendes System geworden, in dem keiner von den Auswirkungen eines größeren Ereignisses oder einer weitreichenden Aktion an irgendeinem anderen Punkt der Erde verschont bleibt" (*Mesarovic/Pestel* 1974, S. 25). Schließlich: "Wenn sich die gegenwärtigen Entwicklungstrends fortsetzen, wird die Welt im Jahr 2000 noch übervölkerter, verschmutzter, ökologisch noch weniger stabil und für Störungen anfälliger sein als die Welt, in der wir heute leben" (*Kaiser* 1980, S. 25).

Mittlerweile gibt es einige Ansätze für Problemlösungen, die dem Systemcharakter der Welt Rechnung tragen und die mit dem Konzept des 'Systemdenkens' (vgl. hierzu Geographie und Schule, Heft 33/1985) inzwischen auch in die Geographie-Didaktik eingegangen sind. Die sogenannten 'Weltmodelle' sollen z.B. die Variablen Bevölkerung, Wirtschaft, Landwirtschaftliche Technologie, Ökologie, soziopolitische Verhältnisse, Individuum miteinander in Beziehung bringen und so die 'Evolution des Weltsystems' ('Menschheit am Wendepunkt') durchschauen helfen. Da "der Mensch ... von einer defensiven Position, in der er sich der Natur hauptsächlich unterzuordnen hatte, in eine neue und beherrschende

Schema der 'räumlichen Kategorien' (nach Global 2000)

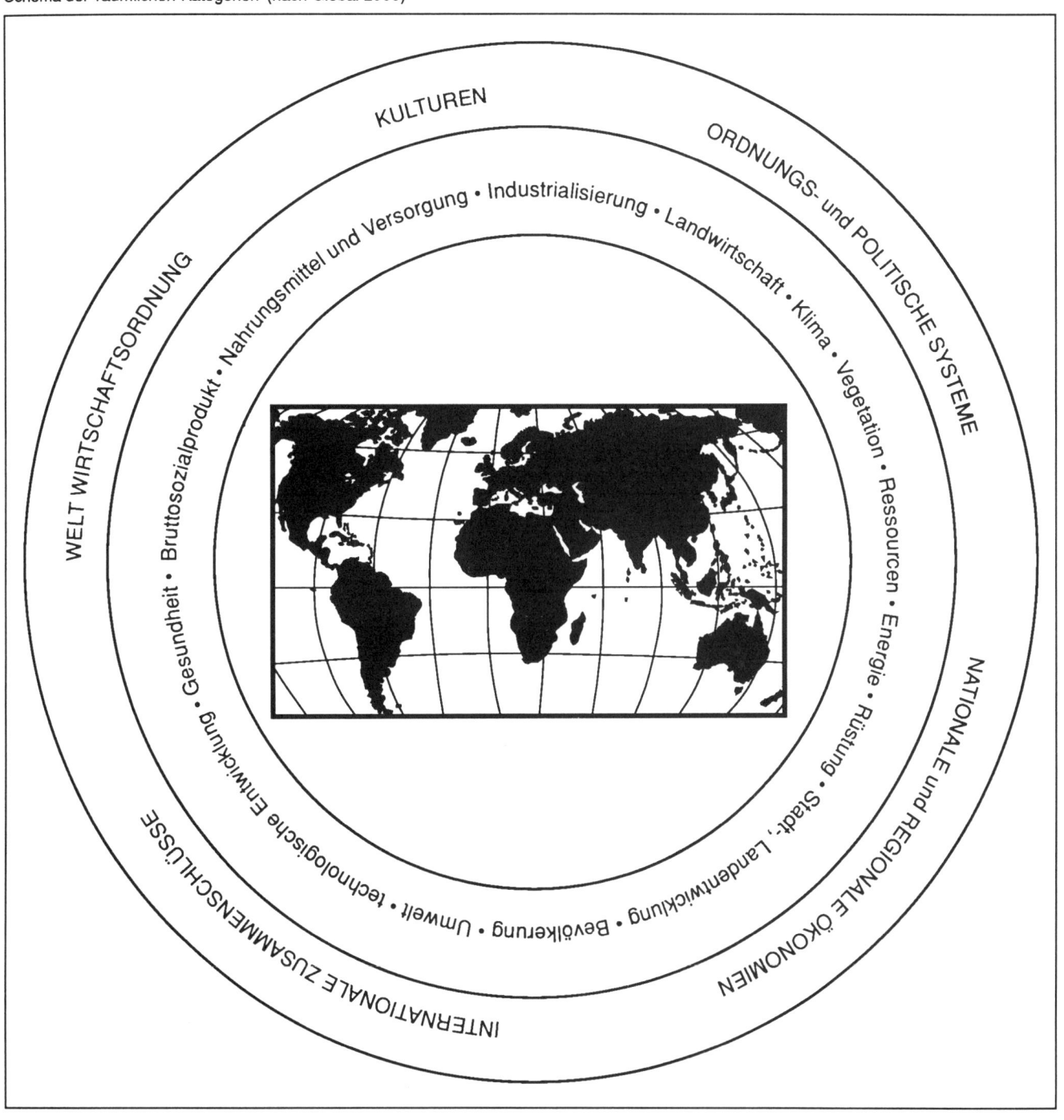

Didaktische Begründung und Gesamtplanungsfeld B

katapultiert worden" ist, kann er wissentlich und unbewußt nicht nur seine Zukunftschancen bestimmen und tut dies auch, er muß letztlich auch seine Zukunftsalternative wählen; "diese neue Machtposition zwingt ihn praktisch, neue Regelfunktionen zu übernehmen" bzw. solche neu zu erfinden. (*Peccei* zit. n. *Kaiser* 1980, S. 1171)

Wenn es stimmt, daß die Zukunft der Menschheit davon abhängt, ob es den Menschen gelingt, nationale und ideologische Grenzziehungen zu überwinden, den vielzitierten 'Weltbürger' zu schaffen, dann muß das Lernverfahren zur Thematik 'politische Räume' auch vom 'internationalen Lernen' ausgehen. Das heißt nicht, national und historisch geprägte und gewordene Eigenschaften und kulturspezifisches Verhalten aufzugeben; es heißt vielmehr, sich durch das Bewußtwerden der Stärken und Schwächen des eigenen politischen und persönlichen Verhaltens auch dessen 'Grenzen' im Hinblick auf die Existenz des Anderen in seinem *Raum* klar zu werden. Das Toleranz-Gebot ist gefordert! Toleranz jedoch, und damit das Überwinden der *Grenzen*, entsteht nicht von alleine, sondern nur durch Information und Reflexion.

Vor diesem Hintergrund sollen die Lernenden mit den hier entwickelten Lernangeboten erkennen,

— daß politische Räume immer auch *Macht*-Räume sind, deren Triebfeder und Ursachen meist auf Egoismen und Machtstreben zurückgeführt werden können;

— daß es zur Bestimmung einer eigenen Position und Bewertung des Raumes, in dem der Einzelne lebt, immer auch der politischen Stellungnahme bedarf;

— daß die Welt nicht mehr eingeteilt werden kann in 'da draußen' und 'hier', also die Distanz gegenüber politischen Situationen in anderen Ländern und Kontinenten kein Kriterium mehr für politisches Verhalten sein kann;

— daß schließlich jeder Mensch gefordert ist, die Perspektiven der eigenen Existenz und der Existenz der Welt in 'Weltmodellen' zu denken, in denen sich der Einzelne in seinem Raum und mit seiner von Geschichte, Religion und Kultur geprägten 'Welt' wiederfinden muß.

Letztlich gilt es, Strukturen und Prozesse, Probleme und Konflikte im politischen Raum zu verdeutlichen und Einsichten, Haltungen und Fähigkeiten aufzubauen, die der Toleranz gegenüber anderen Völkern, der Friedenserziehung und der Völkerverständigung verpflichtet sind.

B.2 Gesamtplanungsfeld

Die didaktische Begründung verweist bereits auf Auswahlkriterien für die Unterrichtsvorschläge. Grundlegend sind Kenntnisse über die territoriale Struktur räumlicher politischer Systeme. Da die Ergebnisse früherer politischer Entscheidungen häufig Ausgangs-

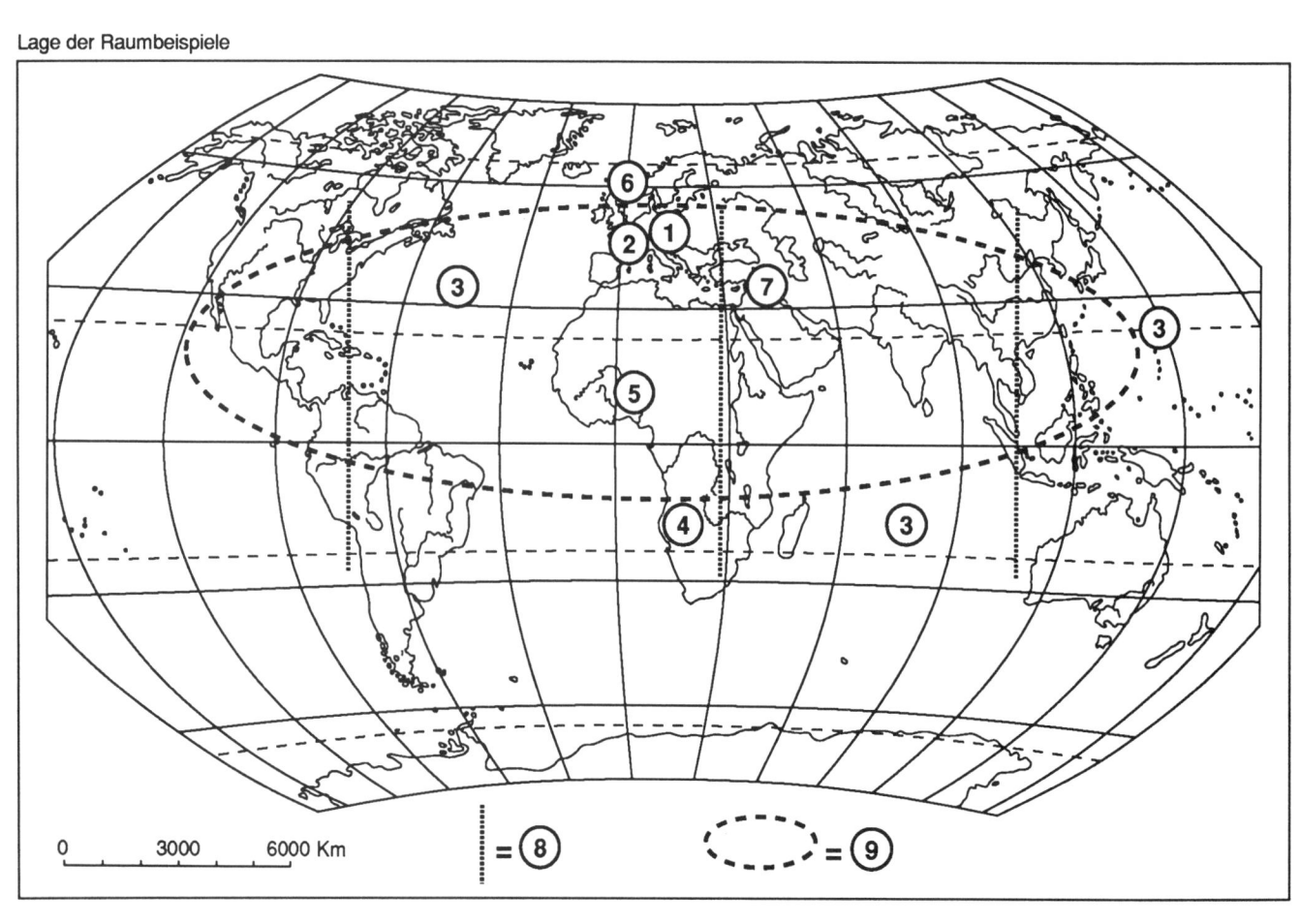

Lage der Raumbeispiele

B — Didaktische Begründung und Gesamtplanungsfeld

punkt für nachfolgende politische Handlungen sind, treten hier formalfunktionale und prozeßhafte Betrachtungsweisen gleichberechtigt nebeneinander.

Politische Systeme sind in der Regel bemüht, sich zu erhalten. Sie unternehmen daher große Anstrengungen, Disparitäten im Innern abzuschwächen. Die so motivierten 'landschaftsgestaltenden' und 'raumwirksamen' Tätigkeiten (*Hassinger*) stellen einen weiteren relevanten Themenkreis dar.

Neben dieser inneren findet sich auch eine äußere — gleichfalls auf Erhaltung ausgerichtete — Handlungsdimension. Dabei sind sowohl die Außenbeziehungen zwischen gleichberechtigten Systemen zu betrachten als auch die Wirkungen, die von supranationalen Zusammenschlüssen ausgehen.

Bei der Wahl der Untersuchungsräume waren für die Autoren folgende Gesichtspunkte maßgebend:

— geeignet zur Vermittlung wichtiger Einsichten,
— lehrplanrelevant,
— aktuell,
— in Schulbüchern bislang wenig aufgearbeitet.

Weiterhin sollte die politische Situation und Entwicklung in den zu behandelnden Räumen einigermaßen abgeschlossen und somit überschaubar sein, um sie so unterrichtlich aufarbeiten zu können. Da dies z.B. für das Gebiet der ehemaligen Sowjetunion zur Zeit immer noch nicht festgestellt werden kann, ist die Sowjetunion, wie manches andere relevante Raumbeispiel, nicht in den Kanon der Unterrichtsvorschläge aufgenommen worden. Letzte Abgeschlossenheit ist freilich aus der Natur der Sache, um die es hier geht, nicht denkbar, so daß der Lehrer gezwungen sein wird, sich zu vergewissern, ob sich bei diesem oder jenem Raumbeispiel nach Abschluß des Manuskriptes (Ende 1991) wieder neuere Entwicklungen ereignet haben.

Im einzelnen legt dieser Band nun folgende Unterrichtsvorschläge, zugeordnet zu dem konzeptionellen Raster, vor:

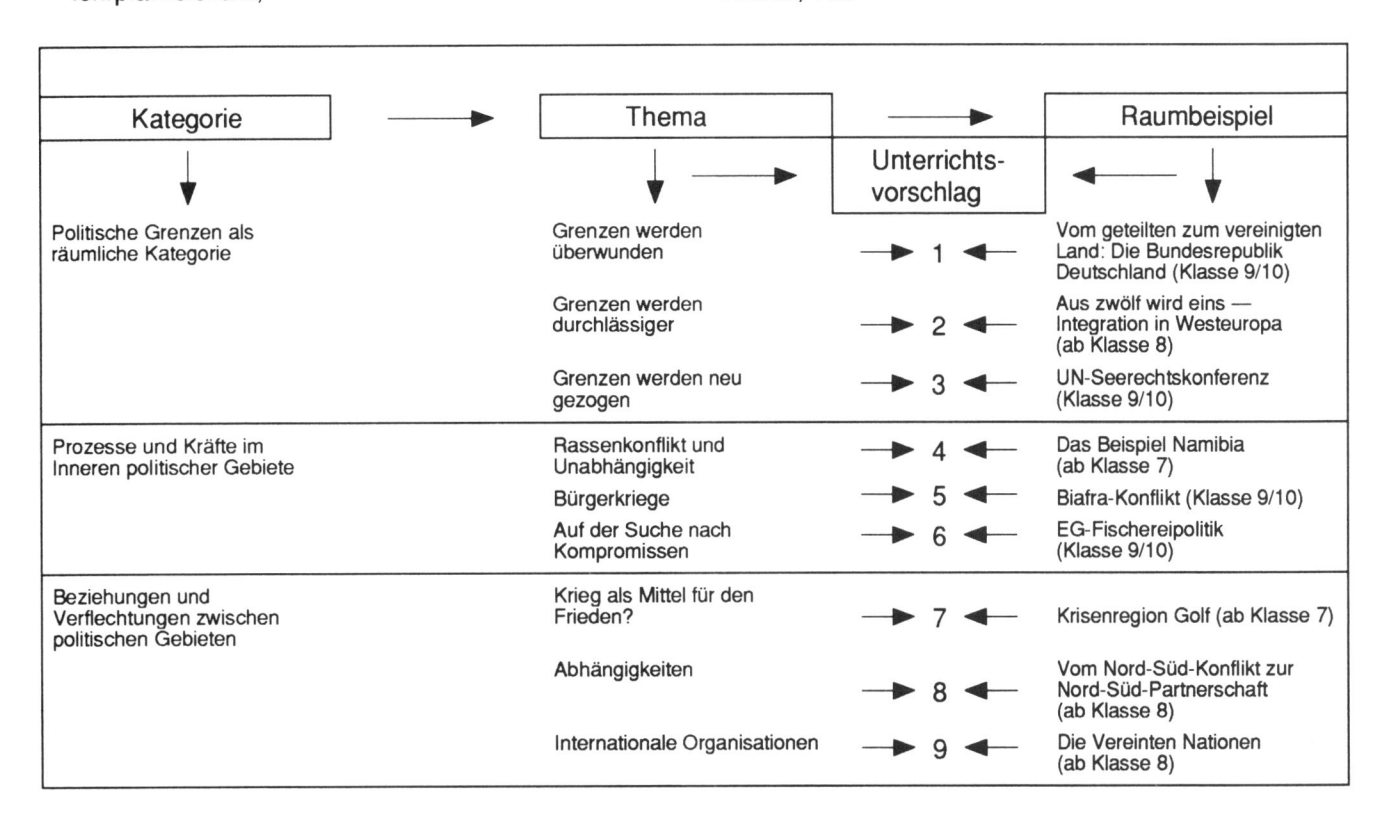

Kategorie	Thema	Unterrichtsvorschlag	Raumbeispiel
Politische Grenzen als räumliche Kategorie	Grenzen werden überwunden	1	Vom geteilten zum vereinigten Land: Die Bundesrepublik Deutschland (Klasse 9/10)
	Grenzen werden durchlässiger	2	Aus zwölf wird eins — Integration in Westeuropa (ab Klasse 8)
	Grenzen werden neu gezogen	3	UN-Seerechtskonferenz (Klasse 9/10)
Prozesse und Kräfte im Inneren politischer Gebiete	Rassenkonflikt und Unabhängigkeit	4	Das Beispiel Namibia (ab Klasse 7)
	Bürgerkriege	5	Biafra-Konflikt (Klasse 9/10)
	Auf der Suche nach Kompromissen	6	EG-Fischereipolitik (Klasse 9/10)
Beziehungen und Verflechtungen zwischen politischen Gebieten	Krieg als Mittel für den Frieden?	7	Krisenregion Golf (ab Klasse 7)
	Abhängigkeiten	8	Vom Nord-Süd-Konflikt zur Nord-Süd-Partnerschaft (ab Klasse 8)
	Internationale Organisationen	9	Die Vereinten Nationen (ab Klasse 8)

C Basiswissen (mit Glossar)

C.1 Ziel der Politischen Geographie

Das Verhältnis von Politik und Raum umschreibt den Rahmen, in dem sich die Aufgabenfelder der Politischen Geographie finden lassen.

Erste Versuche, den Zusammenhang zwischen 'Raum' und 'Politik' in einem politisch-geographischen Modell zu beschreiben, gehen auf *Ritter* (1852) und *Ratzel* (1896) zurück. Lage, Raum, geschichtliche Bewegung und Grenzen sind die wesentlichen Kategorien der von *Ratzel* beeinflußten Geographie, die Zusammenhänge zwischen staatlichen Lebensvorgängen und Naturgrundlagen erfassen will.

Heute geht es der Politischen Geographie darum, die räumlichen Grundlagen und Wirkungen politischer Strukturen und Prozesse zu erfassen. Sie fragt dabei auch nach dem Zustandekommen dieser Prozesse und erkennt im politischen Handeln ein durch die Herausforderungen des räumlichen Potentials und der politischen Zielvorgaben motiviertes raumwirksames Tun.

Zur Verdeutlichung dieser Zusammenhänge wird häufig auf das von dem amerikanischen Politikwissenschaftler *Easton* (Abb. 1) entwickelte Modell der dynamischen Verknüpfung eines politischen Systems verwiesen. Im Mittelpunkt seiner Überlegungen steht das politische System (Regierung, Verwaltung). Die von diesem empfangenen Inputs werden durch in nationalen wie internationalen Dimensionen auftretende ökologische und gesellschaftliche Umweltfaktoren bestimmt. Die vom politischen System initiierten Outputs beeinflussen wiederum durch eine Rückkopplungsschleife die Umwelt.

Weiterentwickelt im Hinblick auf die räumliche Fragestellung der Politischen Geographie wurden die Überlegungen von *Easton* u.a. von *Cohen* und *Rosenthal* (Abb. 2). Sie stellen sowohl den geographischen Raum (Ort — Gebiet — Region) als auch den politischen Prozeß (Kräfte — Strukturen — Handlungen) differenziert dar und führen beide im politischen Wirkungsfeld zusammen. Dabei wird deutlich, daß die Umwelt im politischen System neben einer gesellschaftlichen auch eine räumliche Dimension hat. "Beide sind vielfach miteinander verflochten; häufig werden sie nicht direkt 'wahrgenommen', d.h. in ihren realen Zuständen erkannt, sondern werden erst dann zu 'Inputs' für das politische System, wenn sie sozial transformiert sind und von Interessengruppen vertreten werden. Über Parteiprogramme oder Bürgerinitiativen werden raumstrukturelle Probleme zu wahrnehmbaren Parametern für das politische System. Beispiele aus der jüngeren Vergangenheit sind in großer Menge vorhanden, z.B. die verstärkte Berücksichtigung von Gesichtspunkten der Landschaftserhaltung und des Landschaftsschutzes bei zahlreichen 'outputs' des politischen Systems: Über die Rückkoppelung wird die Tätigkeit des politischen Systems dann unmittelbar raumwirksam" (*Boesler* 1983, S. 30).

Abb. C1.1: **Modell der dynamischen Verknüpfung eines politischen Systems nach *Easton*, 1965 (aus: Boesler 1983, S.19)**

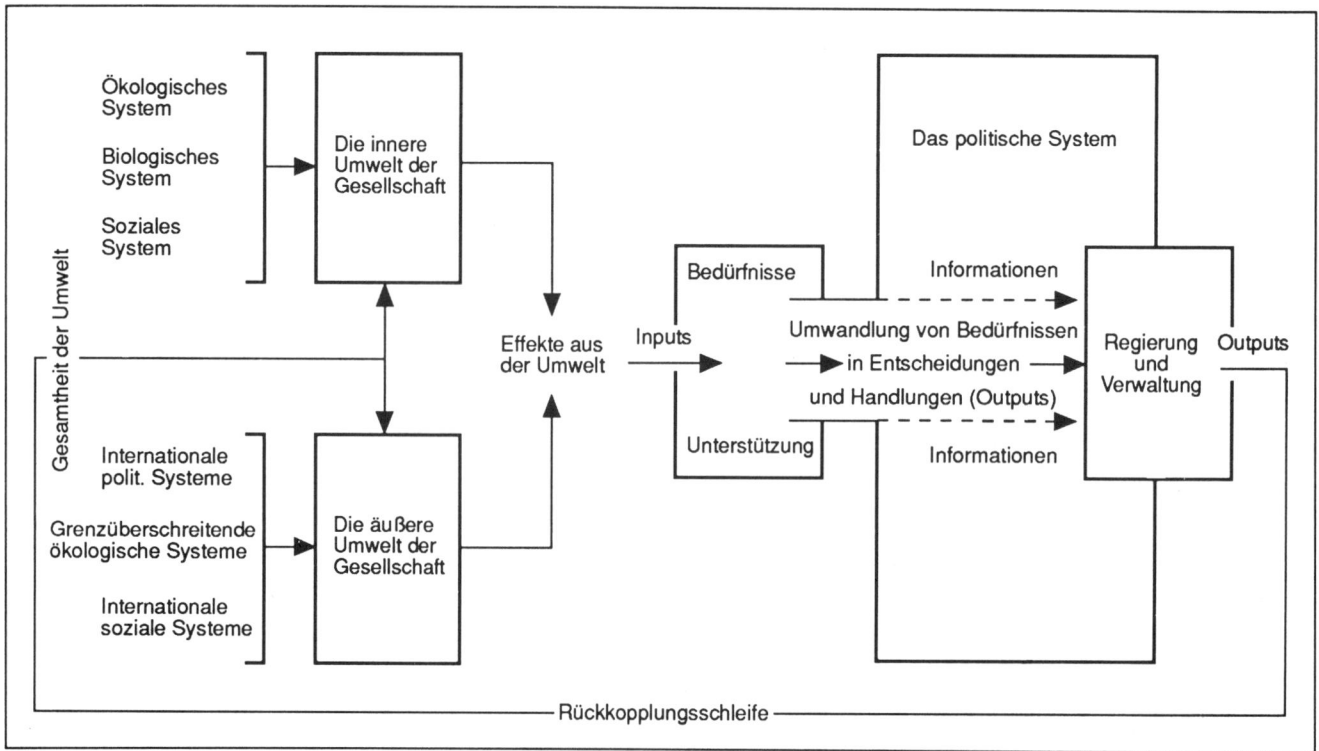

C

Basiswissen (mit Glossar)

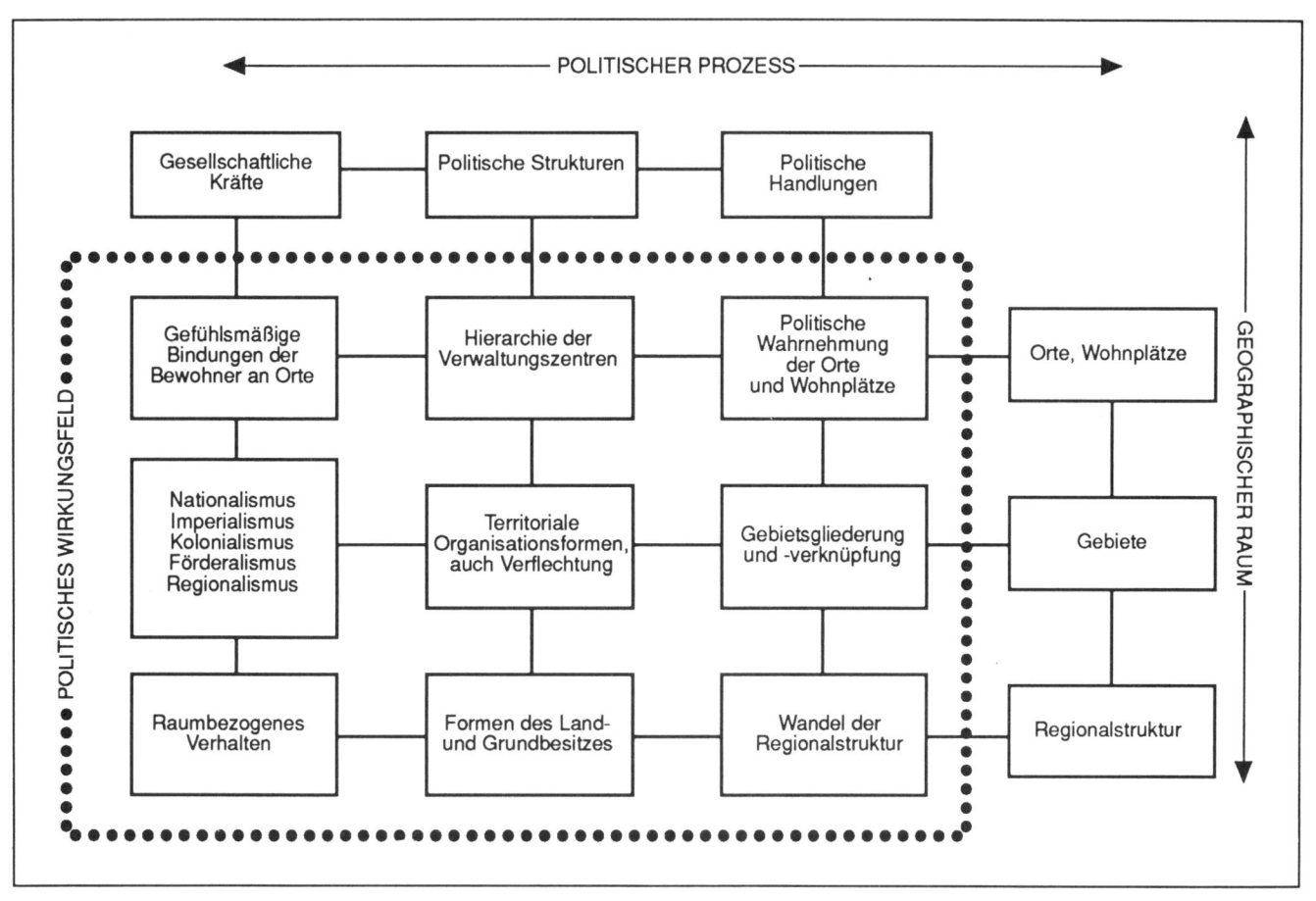

Abb. C1.2: Die Verknüpfung von Politischem Prozeß und Raum nach *Cohen* und *Rosenthal*, 1971 (aus: *Boesler* 1983, S. 31)

C.2 Beziehungen zwischen Strukturmerkmalen politischer Räume und staatlicher Raumwirksamkeit

Räumliche Grundlage der staatlichen Herrschaftsentfaltung ist das *Gebiet*, über das ein Staat die Souveränität besitzt, wobei die Ausübung der Staatsgewalt zentralistisch, dualistisch oder nach dem Subsidiaritätsprinzip erfolgen kann. Die Gebietshoheit erstreckt sich auf das Landterritorium (einschließlich innerstaatlicher Gewässer), den Untergrund, die territoriale See und den darüber liegenden Luftraum. Umstritten ist die Ausübung der Souveränität im Hinblick auf den Kontinentalen Schelf, die Hoheitsgewässer auf offener See, die Fischereizonen, den Weltraum.

Wesentliches Merkmal eines Staatsgebietes ist seine *Lage* im Raum. Diese läßt sich zwar durch Breiten- und Längengrade bestimmen und durch die feststellbaren Beziehungen zu einzelnen Geofaktoren beschreiben. Bedeutsamer als direkte Beziehungen zwischen Geofaktoren und politischen Entscheidungen ist jedoch die Lage eines Staatsgebietes in/zu seiner Umgebung wie beispielsweise:

— die Lage innerhalb eines bestimmten Kulturraumes;
— die Lage zum Meer und zu bedeutsamen Handelswegen;
— die Lage zu Nachbarstaaten und anderen politischen Systemen.

So stellt — um nur ein Beispiel zu nennen — Israels Lage zu seinen Nachbarn sicherlich eine wesentliche Herausforderung zur Raumentwicklung dar.

Auch die *Größe* eines Staatsgebietes kann politische Handlungen beeinflussen. Kommunikationsschwierigkeiten infolge unterschiedlicher Zeitzonen und die Erschließung schwach entwickelter Regionen sind dabei ebenso zu thematisieren wie imperialistische Ausdehnung des eigenen Staatsgebietes auf Kosten anderer oder ethnische, konfessionelle und sprachliche Konflikte in (großdimensionierten) Vielvölkerstaaten.

Gerade die letztgenannten Auseinandersetzungen stellen auch für viele kleinere Nationalstaaten mit Minderheitengruppen eine ernste Herausforderung dar, weil sie wirtschaftlichen Niedergang (z.B. Libanon), Separatismus oder das Auseinanderbrechen des Staates (z.B. Pakistan/Bangladesch; Jugoslawien) fördern.

Erwähnenswert sind in diesem Zusammenhang auch Wanderungsbewegungen, die staatlicherseits behindert, gefördert oder erzwungen (Vertreibung/Umsiedlung) werden.

Die Einflüsse, die von der *Gestalt* eines politischen Raumes ausgehen, zeigen sich sowohl an Inselstaaten (z.B. Indonesien) als auch an langgezogenen Küstenstaaten (z.B. Chile). In beiden Fällen bereitet es Mühe,

Basiswissen (mit Glossar) | C

die Verbindung zwischen den einzelnen Landesteilen ausreichend zu sichern.

Noch problematischer ist die Verbindung in Staaten aufrechtzuerhalten, deren Staatsgebiet durch andere Territorien getrennt ist und die deshalb auf Transitwege angewiesen sind.

Einflüsse besonderer Art gehen von *Grenzen* aus. Von seiten der Geographie stehen nach *Prescott* (1975, S. 71) bei der Betrachtung von Grenzen zwei Aspekte im Mittelpunkt des Interesses: "Zunächst sind Lage und Beschaffenheit jeder Grenze und jedes Grenzsaumes Ergebnis der Interaktion zahlreicher Faktoren, von denen einige geographischer Natur sind ... Zum Zweiten können jede Grenze und jeder Grenzsaum ... den Raum, dessen Teile sie sind, sowie Entwicklung und politisches Handeln der durch sie getrennten Staaten beeinflussen." Außerdem, so ergänzt *Boesler* (1983, S. 54), "betrachtet die Politische Geographie die Grenze nicht nur in ihrer Wirkung nach außen, sondern auch unter dem Gesichtspunkt, daß sie gewissermaßen von innen her der Staatsgewalt und der raumwirksamen Staatstätigkeit ein Ende setzt."

Minghi (1977, S. 355) nennt folgende Problemfelder politisch-geographischer Grenzforschungen:

— umstrittene Gebiete,
— Auswirkungen von Grenzveränderungen,
— Entwicklung der Grenzen,
— Festlegung und Demarkation von Grenzen,
— Exklaven und Zwergstaaten,
— Grenzen im Meer,
— Grenzen bei Streitigkeiten um Bodenschätze und Wasser,
— innere Grenzen.

Im Hinblick auf die Gestalt der Grenzen kann zwischen geometrischen und nichtgeometrischen unterschieden werden. Die geometrischen Grenzen, die häufig gerade Linien darstellen oder Längen- und Breitenkreisen folgen, ignorieren dabei sehr oft gewachsene Strukturen (z.B. durch Teilung von Stammesgebieten) und begründen so langandauernde Konflikte. Die nichtgeometrischen Grenzen folgen in der Regel kultur- (z.B. Sprachgrenzen) oder naturgeographischen (z.B. Höhenzügen, Flüssen) Gegebenheiten, wobei unstrittig ist, daß es keine Grenze gibt, "die von der Natur befohlen wird, (denn) jede politische Grenze ist die Objektivierung eines politischen Willens" (*Schwind* 1950). Grenzen sind so vorteilhaft oder schlecht, wie das Verhalten der politischen Systeme, die ihre Interessen durch den Grenzverlauf berührt sehen.

Grenzen trennen Räume und Menschen voneinander. Die Intensität dieser Trennung (bzw. die Durchlässigkeit einer Grenze) ist abhängig vom Verhältnis der Staaten und ihrer Bewohner zueinander. Zu den Grenzen, die zu einer auch im Satellitenbild erkennbaren Umprägung der Kulturlandschaft führten, zählte z.B. die Grenze zwischen der Bundesrepublik Deutschland und der früheren DDR. (Neu-)Festlegungen von Grenzen zeigen jedoch nicht nur Veränderungen im Grenzbereich, sondern auch Fernwirkungen, die z.B. dadurch entstehen, daß ein Hafen sein Hinterland (oder umgekehrt dieses seinen Hafen) verliert, so daß Verkehrslinien unterbrochen werden. Grenzräume sind aufgrund ihrer peripheren Lage häufig Problemgebiete, die durch staatliche Förderprogramme besonders gestützt werden. Als Beispiel einer solchen Förderung können die Bemühungen der Bundesrepublik Deutschland um die Entwicklung des früheren 'Zonenrandgebietes' angesehen werden.

Einen Bedeutungsverlust und damit eine Verwischung der strukturellen Unterschiede beiderseits der Grenze verzeichnen dagegen die bundesdeutschen Grenzen zu den nördlichen, westlichen und südlichen Nachbarn.

Integrationsbemühungen unterschiedlicher Art finden wir bereits im vergangenen Jahrhundert (z.B. Deutscher Zollverein, 1834). Insbesondere in den letzten Jahrzehnten ist es zu einer erheblichen Intensivierung wirtschaftlicher Integrationsbestrebungen gekommen. In Abhängigkeit von der Intensität des Zusammenschlusses ist zu unterscheiden zwischen Präferenzraum, Freihandelszone, Zollunion, Gemeinsamer Markt und Wirtschaftsunion. Eine enge Zusammenarbeit läßt sich auch auf militärischem Sektor beobachten. Zurückhaltender verlaufen hingegen bislang Bemühungen, suprastaatliche politische Organisationen zu schaffen.

Für die Politische Geographie stehen bei der Betrachtung dieser verschiedenen Zusammenschlüsse nach *Boesler* (1983, S. 91) vier Aspekte im Vordergrund:

— die Entstehung neuer Wirtschafts- und Sozialräume, die zu einer Veränderung der Beziehungen zwischen Wirtschaftsgebieten führt;
— die Vorteile, die sich die beteiligten Staaten erhoffen;
— die Entwicklung neuer wirtschaftlicher und/oder strategischer Machtstrukturen;
— die Nachbarschafts- und/oder Interessenlage (z.B. Ähnlichkeiten in der Ausstattung mit Ressourcen) der an den Zusammenschlüssen beteiligten Staaten.

C.3 Weltmodelle als Orientierungs- und Bezugseinheiten raumpolitischen Handelns

Neben hoheitlich bestimmten Staaten und Staatensystemen spielen in jüngerer Zeit - und künftig noch mehr - strukturell bestimmte Weltmodelle eine zunehmend bedeutende Rolle als Grundlagen wie Bezugseinheiten raumpolitischen Handelns. Die hinreichende Berücksichtigung der hierin zugrundegelegten globalen Dimension der Problem- wie der Problemlösungsebene wird von entscheidender Bedeutung sein für den Erfolg künftigen politischen Handelns im Raum.

Die wichtigsten der seit den frühen 70er Jahren entwickelten Weltmodelle werden nachfolgend vorgestellt. Die Darstellung wird dabei je Weltmodell untergliedert in die Spalten 'Aussagen/Prognosen', 'Methoden' und 'Besonderheiten'.

Tab. C. 3.1: Weltmodelle zur Bewertung und Beurteilung von politischen Räumen

Weltmodell	Aussagen/Prognosen	Methoden	Besonderheiten
GLOBAL 2000 Auftrag des Präsidenten der USA, *Carter*, vom 23.5.1977 'The Global 2000 Report to the President', Washington 1980 (dt. Ausgabe: Frankf./M. 8. Aufl., 1981)	Der Bericht macht keine Aussage darüber, was geschehen wird, sondern schildert die Verhältnisse, die sich wahrscheinlich spätestens zum Jahr 2000 einstellen werden, wenn es nicht zu politischen, institutionellen oder entscheidenden technischen Wandlungen kommt und wenn es keine Kriege oder andere tiefgreifenden Störungen gibt. Die wichtigsten Aussagen: — Das schnelle Wachstum der Weltbevölkerung wird sich bis zum Jahr 2000 kaum verlangsamen. Dabei fallen 90% dieses Wachstum auf die ärmsten Länder der Erde. — Das Wirtschaftswachstum wird sich nur unwesentlich verändern. Das bedeutet: die schon bestehenden Unterschiede zwischen den Industrie- und den Entwicklungsländern werden sich noch vergrößern. — Obwohl sich die Nahrungsmittelproduktion bis zum Jahre 2000 um 90% erhöhen wird, steigt der Pro-Kopf-Verbrauch an Nahrungsmitteln in den unterentwickelten Ländern kaum. — Besonders die weniger entwickelten Länder werden zum Jahr 2000 erhebliche Schwierigkeiten haben, den Energiebedarf zu decken. — Große Probleme wird die Wasserknappheit bringen. — Die Wälder der Erde werden weiter verschwinden, besonders die tropischen Wälder, was zu einer Veränderung des Klimas auf der Erde führen dürfte. — Wegen der Ausbreitung der Wüsten und anderen Verschlechterungen der Böden wird es weltweit zu einer Reduzierung der landwirtschaftlichen Nutzflächen kommen. — Die Ausrottung von Pflanzen- und Tierarten wird dramatisch zunehmen.	Es handelt sich um Trendprognosen aufgrund der Analysen von der Regierung der USA zur Verfügung stehenden Daten. Die Studie basiert auf drei Annahmen: 1. Die Politik ändert sich weltweit nicht. 2. Die technologischen und Marktentwicklungen schreiten weiterhin so fort wie bisher. 3. Es kommt zu keinen weltweiten Störungen. Die Studie läßt "keinen Zweifel darüber, daß die Welt — und auch unser Land — in den unmittelbar bevorstehenden Jahrzehnten mit ungeheuer dringlichen Problemen von großer Komplexität zu kämpfen haben wird. Prompte und mutige Wandlungen in der Politik auf der ganzen Welt sind erforderlich, um diese Probleme zu umgehen oder zu reduzieren, bevor sie sich nicht mehr bewältigen lassen..." (S. 32).	Zwar wurde der Bericht für die Regierung der USA geschrieben, die Ergebnisse haben jedoch auch die politische und ökologische Diskussion in Deutschland erheblich beeinflußt. So wurden Forderungen laut, die Ergebnisse von Global 2000 auf die Entwicklung in Deutschland anzuwenden: "Wir brauchen die Unterstützung aller gesellschaftlichen Gruppen in unserem Lande." (*T.Neumaier*, Es verbleiben noch 17 Jahre; in: E+Z 6/83, S. 23)
DIE GRENZEN DES WACHSTUMS *Dennis Meadows*, u.a., Stuttgart 1972 'World 3' Vorläufer: Vom Club of Rome in Auftrag gegebene Studie (World 2) von: *Jay W.Forrester*, World Dynamics, Cabridge/Mass., 1971	Computersimulationsmodell. Modell über die langfristigen Relationen zwischen Bevölkerung, Ressourcen und Umwelt. "Es läßt sich kaum etwas über die praktischen Schritte aussagen, die zur Erreichung eines weltweiten Gleichgewichtszustandes unternommen werden könnten..." (S. 35) Zu den Problemen von World 3 gehört 1. die Tatsache, daß sie auf einer Reihe von widersprüchlichen Annahmen beruhen; 2. die Schwerpunktsetzung auf metallische Bodenschätze, bei Vernachlässigung von mineralischen Brennstoffen; 3. die Auslassung sozialer Faktoren wie Einkommensverteilung und internationale Ordnung; 4. die schwache Datengrundlage; 5. die Nichtberücksichtigung qualitativer Veränderungen der Natur des Wirtschaftswachstums, die dazu führen könnten, daß die als an der Grenze ihrer Belastbarkeit liegend definierten Ressourcen geringer beansprucht werden.	Kybernetisches Modell, das von folgenden Grundannahmen ausgeht: 1. das vorherrschende Wertsystem begünstigt das Wachstum von Bevölkerung und Kapital; 2. die negativen Folgen des Wachstums werden als Wachstumshemmnisse signalisiert; 3. die negativen Rückmeldungen über die Folgen des Wachstums kommen zu spät, um gegensteuern zu können. "Die Welt als ein homogenes Ganzes anzusehen... ist eine unzulässige Vereinfachung und kann außerdem zu irreführenden Resultaten führen" (*Mesarovic/Pestel*, a.a.O., S. 43).	Die Kritiker von World 2: "Im Grunde lautet die Prognose, daß die Menschheit vielleicht noch 40 oder 50 Jahre vor sich hat... Die Menschheit wird bis zum Jahre 2100 fast oder vollständig ausgestorben sein". Vgl. auch: *Eduard Pestel*, Jenseits der Grenzen des Wachstums; DVA, Stuttgart 1988, 208 S.

Basiswissen (mit Glossar) — C

Tab. C. 3.1: Fortsetzung

Weltmodell	Aussagen/Prognosen	Methoden	Besonderheiten
MENSCHHEIT AM WENDEPUNKT *Mihailo Mesarovic/Eduard Pestel*: 2. Bericht an den Club of Rome zur Weltlage; DVA, Stuttgart 1974, 184 S. 'World integrated model' (WIM) 'Mankind at the Turning Point'	Weltmodell als Belastbarkeitsmodell mit Populationen von Menschen und Maschinen: "Die Menschheit kann nicht darauf warten, daß eine Veränderung spontan und zufällig eintritt. Vielmehr muß der Mensch selbst rechtzeitig Veränderungen von notwendiger, aber erträglicher Größenordnung einleiten, um unerträgliche und massive und von außen bewirkte Veränderungen zu vermeiden. Eine Strategie für derartige Veränderungen kann nur im Geiste wahrhaft weltweiter Zusammenarbeit entwickelt werden, in freier Partnerschaft der verschiedenen Regionalgemeinschaften der Welt gestaltet und von einem vernünftigen Gesamtplan für langfristiges organisches Wachstum geleitet entwickelt werden..." Das Modell bildet die Welt als ein System ab, das aus unterschiedlichen, untereinander abhängigen Teilen aufgebaut ist. Das Weltsystem wird in untereinander abhängigen Subsystemen dargestellt. Die Regionalisierung des Weltsystems ist notwendig, wenn man sich mit den wichtigen Problemen, denen die Welt gegenübersteht und noch stehen wird, effektiv auseinandersetzen will. Dabei werden 10 Regionen gebildet: Nordamerika — Westeuropa — Japan — Australien, Südafrika und der Rest der marktwirtschaftlich entwickelten Welt — Osteuropa, einschl. der Sowjetunion — Lateinamerika — Nordafrika u. Mittlerer Osten — Tropisch-Afrika — Südasien — China, Nord-Korea u.a.	Kybernetisches Modell: Das Modell schichtet nach fünf hierarchisch gegliederten Ebenen (von oben nach unten): — Individuum — Gruppe — Bevölkerung, Ökonomie — Technologie — Umwelt. "Die Verfasser haben sich auf mehrere Problemfelder konzentriert, die - wenn man sie nicht meistert - allein ausreichen, unvorstellbare Katastrophen hervorzurufen ... zwei der grundlegenden Schlußfolgerungen: 1. Eine fundamentale Besserung der Weltsituation und der Aussicht der Menschheit wird ohne weltweite, langfristig angelegte Kooperation nicht möglich sein. 2. Nicht nur die politisch und wirtschaftlich meßbaren Kosten, sondern vor allem auch die, welche im menschlichen Leiden ihren Ausdruck finden, werden einfach monströse Ausmaße annehmen, wenn man weiter zögert, ausreichende Maßnahmen zur Bekämpfung der Weltkrisen zu ergreifen." (Stellungnahme von *Aurelio Peccei* und *Alexander King* zum WIM; in: *Mesarovic/Pestel*, a.a.O., S. 183).	"... diesen Grenzkrisen liegt eine Kluft zwischen Mensch und Natur zugrunde, die sich in beunruhigendem Tempo erweitert. Um diese Kluft zu überbrücken, muß der Mensch eine neue Einstellung zur Natur gewinnen, die auf harmonischen Beziehungen und nicht auf Eroberungen beruht" (*Mesarovic/Pestel*) "Vom Standpunkt des Umweltschützers läßt das Modell viel zu wünschen übrig. Es schließt Waldungen, Fischerei und Ressourcen von Boden, Wasser und Luft entweder aus oder behandelt sie sehr oberflächlich..." (Global 2000, S. 1190).
DAS LATEIN-AMERIKANISCHE WELTMODELL *Amilcar O. Herrera* u.a., Catastrophe or New Society? Ottawa 1976 Zit. in: Global 2000, S. 1223 ff und *Gerhard Drekonja*, Lateinamerikas Gegenutopie zu den 'Grenzen des Wachstums', E+Z 10/74, S. 16 ff und: *Lisandro Bril*, Das Lateinamerikanische Weltmodell zur Befriedigung der Grundbedürfnisse; in: E+Z 10/76, S. 14 ff.	Von Bedeutung ist das Lateinamerikanische Weltmodell vor allem für das Problem von Bevölkerung, Ressourcen und Umwelt auf der Grundlage einer sowohl sozial als auch international auf dem Gleichheitsprinzip beruhenden Weltgesellschaft. Dabei wird betont, "daß die Welt bestrebt sein sollte, mit ihren Ressourcen und ihrer Umwelt in einer Art und Weise hauszuhalten, die die Grundbedürfnisse aller Menschen erfüllt". (Global, S. 1242) Dabei soll die Produktion ausschließlich von den menschlichen Bedürfnissen und nicht vom Gewinnstreben bestimmt sein: "Es ist eine Gesellschaft aufzubauen, die nicht dem Konsumzwang unterliegt, und in der Konsum keinen Wert an sich darstellt". (Drekonja, S. 17) Es wird in dem Modell festgesetzt, welche Mindestmengen an materiellen, kulturellen und geistigen Gütern jeder Mensch braucht, um sich als menschliches Wesen voll entfalten zu können: 'Funktion der Grundbedürfnisse'. (Bril, S. 14)	Das Lateinamerikanische Weltmodell verwendet optimale Regeltechniken als mathematisches Hilfsmittel. Es geht von der Annahme aus, daß eine gut funktionierende und auf den Menschen orientierte Gesellschaft in der Bewirtschaftung der Ressourcen umsichtig genug sein wird, nicht an natürliche Grenzen zu stoßen: "Das Hauptproblem, vor dem die Welt steht, ist nicht physischer, sondern soziopolitischer Art. Diese Probleme beruhen auf der ungleichen Verteilung von Macht sowohl innerhalb der Nationen als auch zwischen ihnen. Das Ergebnis ist Unterdrückung und Entfremdung, die hauptsächlich auf Ausbeutung beruhen". (Drekonja, S. 17)	"Die Hindernisse, die einer harmonischen Entwicklung der Menschheit entgegenstehen, sind — zumindest in absehbarer Zeit — nicht materieller, sondern gesellschaftspolitischer Natur und werden durch die derzeitige Machtverteilung sowohl im internationalen Raum als auch in den einzelnen Nationen bedingt. Sollten diese Trends anhalten, wird es lange bevor irgendwelche Grenzen im Ökosystem sichtbar werden, zu einer wahren Katastrophe für die Menschheit kommen..." (Global, S. 1241)
DAS WELTMODELL DER UNO *Wassily Leontief*, Structure of the World Economy; Dez. 1977 Zit in: Global 2000, S. 1245 ff.	Das Weltmodell der UNO setzt bei dem Unbehagen an den Schlußfolgerungen der anderen Weltmodelle an, daß wirtschaftliches Wachstum die armen Länder nicht aus ihrer Unterentwicklung herausbringt. Das Modell besteht aus 15 regionalen Modellen, die zusammengenommen die ganze Welt darstellen. Die regionalen Modelle sind durch Welthandelsgleichungen miteinander verbunden.	Input-output-Sicht der Weltwirtschaft: System von wechselseitig abhängigen Prozessen. Die Konstruktion beruht auf der Sammlung von Daten und das Auffüllen von Lücken, dort, wo es keine Daten gibt. Problem: Subjektive Beurteilungen und ein "Gefühl für die Fähigkeiten des mehr künstlerisch als wissenschaftlich zu benutzenden Modells und ... was in der Wirklichkeit von Bedeutung ist". (Global 2000, S. 1246 f.)	"Um eine beschleunigte Entwicklung zu gewährleisten, müssen zwei allgemeine Bedingungen geschaffen werden: erstens ein umfassender innerer Wandel gesellschaftlichen, politischen und institutionellen Charakters in den Entwicklungsländern und zweitens bedeutende Veränderungen der Weltwirtschaftsordnung". (S. 1257)

Tab. C. 3.1: Fortsetzung

Weltmodell	Aussagen/Prognosen	Methoden	Besonderheiten
DAS ÜBERLEBEN SICHERN Bericht der Nord-Süd-Kommission, Köln 1980, 381 S.	Der Bericht der "Unabhängigen Kommission für Internationale Entwicklungsfragen" (Nord-Süd-Kommission) unter dem Vorsitz von Willy Brandt und unter Mitarbeit von Wissenschaftlern aus aller Welt, steht unter dem Motto: "Wandel tut not". Der Bericht "handelt von großen Gefahren, aber er gibt sich keinem Fatalismus hin, sondern wendet sich gegen die Neigung, die Dinge laufen zu lassen. Er will nachweisen, daß die tödlichen Bedrohungen, denen unsere Kinder und Enkel ausgesetzt sind, abgewendet werden können. Und daß wir eine gute Chance haben — ob wir im Norden oder Süden leben, im Osten oder Westen — wenn wir sie zu nutzen bereit sind. Wenn wir entschlossen sind, die Zukunft der Welt so zu gestalten, daß sie durch Frieden und Wohlfahrt, durch Solidarität und Würde geprägt sein wird". (S.11)	Das Arbeitsmandat, das sich die Kommissionsmitglieder in einer Sitzung im Dez. 1977 selbst gegeben haben, bestand darin, "die ernsten Probleme von globalen Ausmaßen zu untersuchen, wie sie sich aus den wirtschaftlichen und sozialen Ungleichgewichten der Weltgemeinschaft ergeben, und Wege dafür aufzuzeigen, wie angemessene Lösungen für die Entwicklungsprobleme und zur Überwindung der Armut vorangetrieben werden können... Sie sollte wünschenswerte und realistische Orientierungen für die internationale Entwicklungspolitik des nächstens Jahrzehnts aufzuzeigen suchen und dabei berücksichtigen, was die Industrie- und Entwicklungsländer aus einem gemeinsamen Interesse heraus tun sollten". (S. 368)	"Ob es uns paßt oder nicht: Wir sehen uns mehr und mehr Problemen gegenüber, welche die Menschheit insgesamt angehen, so daß folglich auch die Lösungen hierfür in steigendem Maße internationalisiert werden müssen. Die Globalisierung von Gefahren und Herausforderungen — Krieg, Chaos, Selbstzerstörung — erfordert eine Art 'Weltinnenpolitik', die über den Horizont von Kirchtürmen, aber internationale Grenzen weit hinausreicht. Dies vollzieht sich bisher nur im Schneckentempo..." (S. 27)

Glossar

Agrarreform: Veränderung der Besitzverhältnisse an Land und Wasser in einem Staat. z.B. durch Auflösung der Großgrundbesitzverhältnisse. Verschiedene (kapitalistische und sozialistische) Modelle.

Akkulturation: soziologischer Begriff des Kulturwandels in einer Gesellschaft. Prozesse der A. können gewaltsam (Kolonialismus) oder durch freiwillige Veränderung der eigenen Kultur zugunsten einer ursprünglich fremden erfolgen.

AKP-Staaten: Diie Staaten in Afrika, im karibischen und pazifischen Raum, die 1975 das Abkommen von Lomé mit der EG schlossen.

ANC African National Congress (Afrikanischer National-Kongreß): Älteste und wichtigste der südafrikanischen Befreiungsbewegungen, 1912 entstanden. Über Jahrzehnte erfolgloser Versuch, durch friedlichen Protest Verbesserungen der Lage der Schwarzen zu erreichen. In den 50er Jahren Entwicklung zu einer vom afrikanischen Nationalismus beeinflußten und an Ghandis Methoden des gewaltfreien Widerstandes orientierten Massenbewegung. 1960 Verbot, Untergrundtätigkeit, Führer im Gefängnis oder im Exil. Nach 1960 Beschluß, die Gewalt des Apartheid-Systems mit einer Strategie der begrenzten Gegengewalt — in Unterstützung politischer und diplomatischer Aktivitäten — zu beantworten. Grundlegendes Programm ist die Freiheits-Charter von 1955. Im ANC sind Christen ebenso vertreten wie nationalistische 'Afrikanisten' und Marxisten. Viele Anzeichen deuten auf wachsenden ANC-Rückhalt bei der schwarzen Bevölkerung. Der afrikanische Nationalkonkreß wird von der UNO als legitimer und authentischer Vertreter der südafrikanischen Bevölkerung anerkannt. Der ANC gilt, seit der Freilassung Nelsons Mandelas aus dem Gefängnis, als wichtige politische Kraft bei der Schaffung einer neuen, gerechteren südafrikanischen Gesellschaft. (Quelle: Misereor, Südafrika).

Apartheid: Begriff bezeichnet die Politik der Rassentrennung. Das Wort kommt aus dem Afrikaans, ein aus dem Holländischen entstandener Burendialekt, ist neben Englisch Amtssprache in Südafrika.

Außenpolitik: Gesamtheit der Handlungen eines Staates, die sein Verhalten zu anderen Staaten und Staatensystemen betreffen.

Befreiungsbewegungen: politische Gruppen, die entweder im Lande selbst oder von außerhalb die (meist) gewaltsame Veränderung der Machtverhältnisse herbeiführen wollen. Umstritten ist die politische Anerkennung von B. durch das Ausland; z.B. erfolgt vielfach eine Anerkennung erst nach erfolgreichem Kampf gegen die bisherigen Machtträger (Vietcong in Vietnam, Sandinistas in Nicaragua, ZANU in Zimbabwe); aus den 'Terroristen' werden Staatsmänner.

Bevölkerungsexplosion: Bezeichnung für die Tatsache, daß sich die Bevölkerung der Erde explosionsartig vermehrt. Dies wird meist durch die Gegenüberstellung von jährl. Wachstumsrate und Verdoppelungszeit ausgedrückt.

zu 'Bevölkerungsexplosion':

Blockfreie Staaten: politischer Zusammenschluß von mehr als 80 Ländern, der 'non-aligned-countries', die keinem militärischen Bündnis angehören. Die auf den Konferenzen der 'Blockfreien' gefaßten Beschlüsse (Bandung: 1955; Belgrad: 1961; Kairo: 1964; Lusaka: 1970; Algier: 1973; Colombo: 1976; Havanna: 1979) stellen das Programm und die Legitimation der Gruppe dar. Im letzten Jahrzehnt schwand der Einfluß dieser Staaten auf die Weltpolitik.

Bruttosozialprodukt (BSP): Summe aller in einer Volkswirtschaft innerhalb eines Jahres erzeugten bzw. erbrachten Güter und Dienstleistungen. Das BSP gilt als ein Maßstab für das Wirtschafts- und Entwicklungsniveau und

Jahr	Gesamtbevölkerung der Erde	Jährliche Wachstumsrate	Verdoppelungszeit
8000 v. Chr.	8 Mio. Menschen	0,0007 %	100.000 Jahre
1000 n. Chr.	300 Mio. Menschen	0,046 %	1.500 Jahre
1750	800 Mio. Menschen	0,06 %	1.200 Jahre
1900	1.650 Mio. Menschen	0,48 %	150 Jahre
1970	3.600 Mio. Menschen	1,9 %	70 Jahre
2000	6.200 Mio. Menschen	1,7 %	35 Jahre

Basiswissen (mit Glossar) C

den Lebensstandard eines Volkes; es sagt jedoch nichts über die Einkommensverteilung und damit den Lebensstandard einzelner Bevölkerungsgruppen aus.

Commonwealth: freiwilliger Zusammenschluß von unabhängigen Staaten, die vormals zum britischen Kolonialreich gehörten. Die britische Königin ist das symbolische Oberhaupt des C.; 1980 gehörten dem C. 45 Mitgliedsstaaten an. Ein 1971 geschaffener Fonds für Technische Zusammenarbeit (CFTC) hilft bei der Entwicklung der Länder.

Community Development: Entwicklungsstrategie, die optimale Nutzung der menschlichen Ressourcen in Form von Eigeninitiative und einer 'Entwicklung von unten' propagiert.

Enklave: Vom eigenen Staatsgebiet umschlossenes eigenes Territorium, das ohne Verbindung zum Mutterland ist; vom Standpunkt des besitzenden Staates aus gesehen: Exklave.

Entwicklungshilfe: ursprüngl. Bezeichnung von Hilfsmaßnahmen der (reichen) Industrieländer gegenüber den (armen) Entwicklungsländern. Der Begriff wurde wegen des 'Einbahnstraßen-Charakters' der (reichen) Helfer zu den (armen) Empfängern kritisiert. Heute werden deshalb Begriffe wie 'Entwicklungs-Kooperation', 'Entwicklungszusammenarbeit', 'Entwicklungspolitik' verwandt.

Entwicklungsstrategie: aufeinander abgestimmte Maßnahmen, die insgesamt dazu dienen sollen, die Entwicklung eines Landes oder einer Region voran zu treiben.

Freihandel: Außenwirtschaftsordnung mit freiem Handelsverkehr ohne staatliche Behinderungen wie Zölle, Kontingentierungen u.ä.

Gebietshoheit: Völkerrechtlicher Grundsatz, daß sich die Herrschaftsbefugnis eines Staates auf alles erstreckt, was sich innerhalb seines Gebietes befindet.

Grundbedürfnisstrategie: ursprüngl. von der ILO (Internationale Arbeitsorganisation der UN) ausgehendes Aktionsprogramm. Ziel ist, die wirtschaftliche und soziale Entwicklung in einem Lande miteinander zu verbinden, um das wirtschaftliche Wachstum mit der Befriedigung der Grundbedürfnisse armer Bevölkerungsgruppen in Einklang zu bringen.

Homelands: 'Heimatländer' — zerstückelte, öde und überbevölkerte Gebiete für die etwa 23 Millionen schwarzen Südafrikaner, die dort nach Sprachen- und 'Rasse'-Kriterien leben müssen. Millionen Schwarze wurden bereits dorthin zwangsumgesiedelt und aus dem 'weißen Südafrika' ausgebürgert. Nach Vorstellung des Arpartheid-Regimes sollen sie nur dort ihre politischen Rechte wahrnehmen können. Es gibt derzeit 10 Homelands: Lebowa, Qwa-Qwa, Gazankulu, Bophuthatswana, Venda, Transkei, Ciskei, Kwazulu, KaNgwane und KwaNdebele. Vier davon wurden von der südafrikanischen Regierung für 'unabhängig' erklärt. Die Homelands werden völkerrechtlich nicht anerkannt. Die Homelands können wirtschaftlich nicht überleben, da es keine Industrie gibt und Landwirtschaft aufgrund der schlechten Bodenqualität nicht möglich ist. Im Rahmen der Verfassungsdiskussion gibt es in Südafrika Überlegungen, die Homelands in das Staatsgebiet zu integrieren oder ihnen einen förderatischen Status zuzugestehen.

Imperialismus: (Latein.: imperiom = Macht, Herrschaft, Reich, im engeren Sinn 'Weltreich'). Begriff für das Streben nach weltweiter Vorherrschaft; immer verbunden mit politischen Ideen und Ideologien, z.B. des Kapitalismus, des Kommunismus, des Neokolonialismus und/oder von religiösen Programmen (Islam...).

Industrialisierung: Die Auffassung, daß I. in einem Land bereits eine Entwicklung einleitet, hat sich — zumindest für die Entwicklungsländer, aber nicht nur dort (wie die Diskussion über industrielles Wachstum und Ökologie auch in den Industrieländern zeigt) — als ein Trugschluß erwiesen. So bewirkt eine moderne Industrie z.B. in den Entwicklungsländern zwar Wachstum im Sinne der Erhöhung des Bruttosozialprodukts, jedoch meist nur für bestimmte Wachstumsinseln mit geringer Ausstrahlungskraft für die gesamte Volkswirtschaft. Das für eine I. benötigte Investitionskapital kann meist nicht aufgebracht werden, was z.B. auch zu einer enormen Verschuldung führt, die eine Volkswirtschaft zum Erliegen bringen kann. Nicht als Alternative, jedoch als gleichwertiges Gegengewicht zur I. muß die Entwicklung von sogenannter angepaßter, alternativer und mittlerer Technik vorangetrieben werden, auch um den enormen Beschäftigungsbedarf für die Menschen auf der Erde zu befriedigen; nach einer Statistik müssen bis zum Jahr 2000 in den Entwicklungsländern (ohne China) 767 Millionen neue Arbeitsplätze geschaffen werden, um den neu ins erwerbsfähige Alter eintretenden Menschen eine Beschäftigung zu sichern.

Infrastruktur: notwendiger wirtschaftlicher und organisatorischer Unterbau einer hochentwickelten Gesellschaft (z.B.: Vekehrsnetz, Schulen, Gesundheitswesen).

Integration: Vorgang, der zum Zusammenwirken bis zur Zusammenfassung verschiedener Teile zu einem übergeordneten Ganzen führt. — Im Politischen kennzeichnet 'Integration' eine wachsende politische, wirtschaftliche oder militärische Verflechtung von Staaten, im engeren Sinne der Europapolitik, die Übertragung von Entscheidungsbefugnissen der beteiligten Staaten an gemeinsame Organe, wie es die Mitgliedsstaaten der EG für wichtige Teile ihrer Wirtschaftspolitik getan haben. Im weiteren Sinne wird der Begriff gebraucht für die zwischenstaatliche Zusammenarbeit zum Beispiel im Rahmen des Europarates.

Internationale Arbeitsteilung: Aufgliederung der Weltproduktion bei jeweiliger Spezialisierung einzelner Länderproduktionen. Die traditionelle Arbeitsteilung besteht darin, daß die Entwicklungsländer überwiegend als Anbieter von Rohstoffen und Halbfertigprodukten auftreten, während die Industrieländer Fertigwaren erzeugen. Die sogenannte 'Neue I.A.' wird von der Bedeutung und Verfügbarkeit des Kapitals bestimmt, z.B.: Verfügbarkeit von billigen Arbeitskräften in den Entwicklungsländern, Verfügbarkeit und Entwicklung von Neuen Technologien, exportorientierte Industrialisierung, freie Produktionsbedingungen. Diese Form der Arbeitsteilung verschärft den Gegensatz von armen und reichen Gesellschaften. Die Antwort darauf ist die Forderung nach einer sogenannten Neuen Weltwirtschaftsordnung.

Kulturelle Identität: Versuch, sich der eigenen Sprache, Geschichte und Kultur bewußt zu werden und ggf. an verlorengegangene oder verschüttete Kulturformen und -Äußerungen anzuknüpfen (z.B.: 'Negritude' in Westafrika).

Latifundium: Landwirtschaftlicher Großgrundbesitz, bei dem der Großgrundbesitzer seine regionale Umwelt beherrscht und auf Land und Menschen großen Einfluß ausübt. Der 'Patron' besitzt wirtschaftliche und gesellschaftliche Macht. Forderungen nach Veränderung der Bodenbesitzverhältnisse.

LLDC - Least Developed Countries: Liste von ursprünglich (1971) 25 am wenigsten entwickelten Ländern der Welt. Der Superlativ 'least' wird durch die 'LL' ausgedrückt, im Gegensatz zu den 'Less Developed Countries' (LDC), d.s. alle Entwicklungsländer. Die Liste wurde mittlerweile auf 32 Länder erweitert. Verschiedene Programme der Vereinten Nationen und anderer Ländergruppen zielen darauf, die Entwicklung in diesen Ländern in besonderem Maße zu fördern.

Metropolen: ursprüngliche (griech.) Bedeutung 'Hauptstadt'; die 'innerstaatlichen' Machtverhältnisse von Hauptstadt und Provinz' (z.B.: Frankreich) haben sich heute auch auf das Verhältnis von Ländern und Ländergruppen zueinander übertragen, etwa der Industrieländer ('Metropolen') zu den Entwicklungsländern ('periphere Länder').

Minifundium: Landwirtschaftliche Klein- und Kleinstbetriebe, die es z.B. dem 'Campesino' ermöglichen, nur kleine, abgelegene und minderwertige Böden zu bestellen, was seine Abhängigkeit zum Großgrundbesitzer zementiert.

Nahost-Konflikt: Arabisch-israelischer Konflikt, der seine Wurzeln in der national-jüdischen Bewegung des politischen Zionismus des 19. Jahrhunderts hat und zur Gründung des Staates Israel in Palästina führte (1948). Mehrere Kriege der Israeli und der arabischen Nachbarstaaten haben bisher zu keiner Lösung des Konflikts geführt, ja diesen sogar verschärft.

Nationalisierung: Überführung der in privater ausländischer Hand befindlichen Produktionsmittel (Sachkapital) und Ressourcen (Grund und Boden, Rohstoffvorkommen) in die Verfügungsgewalt des Staates. Diese Verstaatlichung kann entweder auf Verhandlungs- und Vereinbarungsebene oder revolutionär erfolgen. Besonders die Unabhängigkeitsbewegungen der ehem. Kolonialstaaten forderten eine N. von Boden und Kapital und führten diese auch durch. In der UNCTAD-Konferenz 1972 (III) wurde eine Charta der wirtschaftlichen Rechte und Pflichten der Staaten verabschiedet, die als Ergänzung der Erklärung der Menschenrechte (UN) gilt und in der das Recht eines jeden Staates bestätigt wird, ausländisches Eigentum zu nationalisieren.

Nationalismus: Politik, die sich die Durchsetzung nationaler Ziele zur Aufgabe gemacht hat. Der N.-Gedanke steht im Gegensatz zu den sogenannten 'Pan-Bewegungen', die Zusammenschlüsse und Vereinigungen von nationalen Staaten anstreben; z.B.: panamerikanische, panafrikanische, panislamische Bewegungen.

Neokolonialismus: Fortsetzung der kolonialen Abhängigkeit unabhängiger Staaten von den ehemaligen Kolonialmächten. Der N. wirkt auf politischem, wirtschaftlichem und kulturellem Gebiet.

Neue Weltwirtschaftsordnung (NWWO): Seit der UNCTAD-Konferenz (III) von Chile, 1972, fordern insbesondere die Entwicklungsländer eine Veränderung der traditionellen Weltwirtschaftsordnung dahingehend, daß sie stärker als bisher am Nutzen der Weltwirtschaft teilhaben. Die Perspektiven, zu einer gerechteren Weltwirtschaftsordnung zu kommen, sind bisher nicht sehr ermutigend: So erscheint in der Resolution der UNCTAD-Konferenz von 1987 der Begriff NWWO nicht mehr.

Nord-Süd-Dialog: Weiterentwicklung vom 'Nord-Süd-Konflikt' zum 'Nord-Süd-Dialog'. Aus der Konfrontation zwischen den Interessen der Industrie- (Nord-) und Entwicklungs-(Süd)-Länder und der Verringerung der Kluft zwischen 'reichen' und 'armen' Ländern sollen sich das Gespräch und die Vereinbarung zum gegenseitigen Nutzen entwickeln (z.B.: Verhandlungen der UNCTAD).

OECD-Organization for Economic Cooperation and Development: 1960 gegründete Organisation von 24 Staaten aus Europa, USA, Kanada, Australien und Neuseeland zum Zwecke der wirtschaftlichen Zusammenarbeit und Entwicklung.

Pädagogik der Befreiung: Von dem brasilianischen Rechtsanwalt und Pädagogen *Paulo Freire* (geb. 1921) entwickelte pädagogische Theorie der Alphabetisierung von Slumbewohnern und Landarbeitern mit dem Ziel der gesellschaftlichen Befreiung von Fremdherrschaft und ökonomischer Abhängigkeit. Auch der lange Jahre in Mexiko wirkende Priester *Ivan Illich* (1926) erarbeitete eine Lerntheorie der Erwachsenenbildung zu einem radikalen Humanismus. Der ehemalige senegalesische Präsident *Leopold Sédar Senghor* (1906) schuf eine Pädagogik, die traditionelles afrikanisches Denken mit europäischer Kultur zu verbinden suchte (Négritude), während der damalige tansanische Präsident und Lehrer *Julius Nyerere* (1922) mit seinem Ujamaa ('Afrikanischer Sozialismus') neben der individuellen Bildung vor allem die nationale Erziehung und nationales Bewußtsein fördern wollte. Auch *Gandhis* Pädagogik (Indien) gehört in diese Kategorie, mit den Werten Selbstlosigkeit, Ausdauer und Disziplin ('Gewaltloser Widerstand').

Partizipation: Mitwirkung und Teilhabe am politischen Prozeß wie an kulturellen und materiellen Gütern in einer Gesellschaft. Nach einer Definition des UN-Sekretariats von 1976 wird P. als ein Handlungsprozeß definiert, der es der Bevölkerung ermöglicht, in aktiver Weise politisch mitzuentscheiden, sich an der gesellschaftlichen Entwicklung zu beteiligen und die gerechte Verteilung der erwirtschafteten Güter mitzubestimmen. Mit dem entwicklungspolitischen Begriff des 'selfreliance' wird ausgedrückt, daß die Entscheidung über die Entwicklung eines Staates und einer Gesellschaft nicht von außen bestimmt werden darf, sondern Sache der Bevölkerung ist.

Protektionismus: Handelspolitik, die inländische Produzenten und Produkte durch Zölle, Einfuhrverbote oder -begrenzungen vor der ausländischen Konkurrenz schützen soll.

Säkulare Ökumene: Im Laufe der Diskussion um die Frage von 'Entwicklung', 'Unterentwicklung', 'Entwicklungsländer' wird immer drängender die Forderung nach der gerechten Verteilung der Güter auf der Erde gestellt. Die Differenzierung in 'Erste', 'Zweite', 'Dritte' und 'Vierte Welt' wird abgelöst von der Erkenntnis, daß wir in *einer Welt* leben — und der Verpflichtung aller Menschen, die Lebensbedingungen auf dieser Erde für alle Menschen human zu gestalten.

Schwellenländer: Oder 'NIC-Länder' (Newly Industrializing Countries) sind Staaten, die sich auf dem Weg zur Industrialisierung befinden und ein mittleres Einkommen aufweisen: Dabei wird ein Pro-Kopf-Einkommen von über 1000 US-Dollar, ein wachsender Anteil an der Weltindustrieproduktion und am Weltfertigwarenexport zugrunde gelegt. Nach einer Liste des BMZ sind dies zur Zeit rund 30 Länder auf der Erde (z.B.: Taiwan, Singapur, Südkorea, Brasilien, Mexiko, Spanien, Portugal, Griechenland).

Staatsgrenze: Diejenige Linie, die das Gebiet eines Staates umgibt und vom Gebiet des/der an ihn angrenzenden Staates/Staaten trennt. Die Staatsgrenze verläuft auf der Erdoberfläche (hier zumeist durch Grenzzeichen markiert), unterhalb der Erdoberfläche keilförmig zum Erdmittelpunkt zu, oberhalb der Erdoberfläche senkrecht in den Luftraum, bei an das Meer grenzenden Staaten in einem bestimmten Abstand der Küste entlang im Meer.

Strukturelle Gewalt: Von dem Norweger *Johan Galtung* im Zusammenhang mit der Friedensforschung in die Diskussion gebracht: Danach liegt strukturelle Gewalt vor, "wenn Menschen so beeinflußt werden, daß ihre aktuelle somatische und geistige Verwirklichung geringer ist als ihre potentielle Verwirklichung"; s.G. ist also Ursache für die Diskrepanz zwischen den Möglichkeiten des Menschen und deren Verwirklichung.

Subsistenzwirtschaft: Wirtschaft, die nur für den eigenen Bedarf produziert; z.B. bei bäuerlichen Betrieben, die Nahrungsmittel, Bekleidung und Behausung nur zum eigenen Überleben erzeugen. Geld und Warenaustausch spielen nur eine untergeordnete Rolle.

SWAPO: South West Africa People's Organisation, Befreiungsbewegung Namibias, von der UN anerkannt.

Terms of Trade: Das internationale Austauschverhältnis (Verhältnis von Importpreisindex zu Exportpreisindex) für Waren und Dienstleistungen.

Teufelskreis: Theorie, wonach sich die Armut in einem Land durch verschiedene Faktoren selbst verewigt; z.B.: Kapitalmangel erzeugt niedriges Volkseinkommen, dieses wiederum eine niedrige Spar- und Vorsorgequote und schließlich eine geringere Investitionsquote. Oder: Armut — Unterernährung — große Krankheitsanfälligkeit — Mangelkrankheiten — niedrige Arbeitsleistung — geringere Bildung — Armut (circulus vitiosus).

Township: ghettoartige Wohnsiedlung für schwarze Südafrikaner.

Tribalismus: Bezeichnung für eine Art stammesgruppengebundene und von Stammesdenken bestimmte Politik, die besonders in den nach dem zweiten Weltkrieg unabhängig gewordenen afrikanischen Staaten in Erscheinung tritt. Besonders beim Staatenbildungsprozeß (siehe: Biafra/Nigeria) spielt T. eine wichtige Rolle.

Turnhallen-Konferenz: Von Südafrika bestelltes Gremium von schwarzen und weißen Namibiern, die eine an den Vorstellungen der südafrikanischen Regierung orientierte 'Unabhängigkeit Namibias' vorbereiten sollten. 1977 legte die 'Turnhallen-Konferenz' einen Verfassungsentwurf vor, der die Apartheid nicht antastete. Der Entwurf stieß außerhalb Südafrikas auf Ablehnung.

UNCTAD-Konferenzen: United Nations Conference of Trade and Development; UN-Konferenz über Handel und Entwicklung. Verhandlungen der Industrieländer mit den Entwicklungsländern unter dem Dach der Vereinten Nationen mit dem Ziel, zu einer gerechteren Verteilung der Weltressourcen zu kommen. Die erste UNCTAD-Konferenz (I) fand 1964 in Genf statt, II (1968) in Neu-Delhi, III (1972) in Santiago de Chile, IV (1976) in Nairobi, V (1979) in Manila, VI (1983) in Belgrad und VII (1987) wiederum in Genf.

Urbanisierung: Regionalräumlicher Begriff, der die Verstädterung bezeichnet, wobei Verstädterung im Sinne einer Ausbreitung städtischer Verhaltensweisen und Lebensformen der Bevölkerung und der sich daraus ergebenden räumlichen Strukturen und Prozesse zu verstehen ist.

Vierte Welt: Besonders rohstoff-, kapital- und exportschwache Länder (LLDC-Länder) innerhalb der Dritten Welt (Entwicklungsländer).

Wachstum, Wachstumstheorien, Wachstumstrategie: Die Diskussion um Wachstum als ein Anzeiger für 'Entwicklung' ist erst mit der politischen Unabhängigkeit der ehemaligen Kolonialgebiete aufgekommen, als Erklärungsversuch für die ökonomische Entwicklung eines Landes oder Gebietes. Dabei hatte ursprünglich Wachstumsauffassung Vorrang, wonach die Kapitalbildung einen Prozeß der Wirtschafts- und Gesellschaftsentwicklung ermöglicht, der in fünf Stufen abläuft:

1. traditionelle Gesellschaft;
2. Übergangsgesellschaft;
3. Startgesellschaft;
4. reife Industriegesellschaft;
5. Massenkonsumgesellschaft
   (*Rostow's* Stadientheorie).

Basiswissen (mit Glossar) C

Erst im letzten Jahrzehnt gewinnt die Auffassung mehr Bedeutung, daß nicht mehr das Kapital als Voraussetzung für Wachstum und Entwicklung dient, sondern die Einkommensverteilung in einer Gesellschaft (Weltbank: redistribution with growth).

Weltbürgertum: Kosmopolitismus, ein über alle nationale Gebundenheit hinausreichendes Bewußtsein von der Zusammengehörigkeit der Menschen unter dem Grundsatz der Freiheit und Gleichheit.

Wanderarbeiter: Meist durch Elend und mangelnde Beschäftigungsmöglichkeiten erzwungene zeitweise Wanderung von Männern und Frauen in Gebiete, in denen sie Arbeits- und Verdienstmöglichkeiten haben bzw. suchen. Der traditionelle W. ist abzugrenzen von dem Arbeitsemigranten (Gastarbeiter): W. im traditionellen Sinne sind insbesondere in Westafrika und Südafrika zu finden, wobei der 'Zugewanderte' meist saisonal beschäftigt wird und als billige, austauschbare Arbeitskraft gilt, für deren soziale Absicherung keinerlei Verpflichtung besteht.

Wirtschaftsblöcke: Zusammenschluß von mehreren Staaten zu Wirtschaftsvereinigungen mit unterschiedlichen Zielsetzungen. Neben Vereinbarungen zum Handelsaustausch, zu Zollerleichterungen und Produktionsabsprachen spielen auch die Zugehörigkeit zu politischen Blöcken und die Wahrung von politischen und ökonomischen Interessen im Rahmen der Weltwirtschaft eine Rolle; z.B.: EG (Europäische Gemeinschaft), EFTA (Europäische Freihandelszone), COMECON (Rat für gegenseitige Wirtschaftshilfe, mittlerweile aufgelöst), ECOWAS (Wirtschaftsgemeinschaft westafrikanischer Staaten), u.a.

Zivilisation: Nach den klassischen Gesellschaftstheorien beginnt Z. von dem Zeitpunkt an, von dem die Ausdehnung der gesellschaftlichen Kooperation der bäuerlichen Gesellschaften auf ein größeres Gebiet übergreift. Dies machte z.B. den Bau von Deichen, Kanälen und Dämmen erforderlich und eine andersartige Nahrungsmittelproduktion größeren Maßstabs; schließlich die Bildung von Städten, Reichen, Handelssystemen. Diese Z. konnte sich (nach gängiger Auffassung) in den Stromtälern des Nils (Ägypten), an den Berghängen Perus (Inka), in den Tälern des Indus (Indien) und des Gelben Flusses (China) entwickeln.

D Unterrichtsbeispiele

D.1 Grenzen werden überwunden — Vom geteilten zum vereinigten Land: Die Bundesrepublik Deutschland (Klasse 9/10)

1. Sachanalyse

Die deutsche Teilung war das Ergebnis der politischen Entwicklungen in Europa seit Beginn der Hitler-Diktatur: Am 8. Mai 1945 kapitulierte das Deutsche Reich. Die Gebiete östlich von Oder und Neiße wurden unter polnische und sowjetische Verwaltung gestellt. Die anderen Teile Deutschlands wurden von den Siegermächten in vier Besatzungszonen eingeteilt und jeweils einer Militärregierung unterstellt. Damit wurden Verabredungen eingelöst, die 15 Monate vor Kriegsende im November/Dezember 1943 zwischen *Roosevelt*, *Churchill* und *Stalin* in Teheran vereinbart worden waren. Eine Sonderstellung nahm Berlin ein. Die ehemalige Reichshauptstadt wurde gleichfalls in vier Zonen eingeteilt und den Siegermächten unterstellt.

Über die Zukunft Deutschlands versuchten sich die Siegermächte in den nachfolgenden Jahren zu einigen. Doch die Vorstellungen der UdSSR auf der einen und der Westmächte auf der anderen Seite waren in entscheidenden Punkten unvereinbar. Die Verhandlungen scheiterten; ein gemeinsamer Friedensvertrag mit Deutschland kam nicht zustande.

So wurde — unter Ausklammerung des Saarlandes, das bis 1957 eine Sonderstellung innehatte — am 23.5.1949 aus den drei Westzonen die Bundesrepublik Deutschland gegründet. Wenige Monate später, am 7.10.1949, entstand aus der sowjetischen Besatzungszone die Deutsche Demokratische Republik.

Seit diesen Tagen gab es zwei deutsche Staaten — getrennt durch eine Grenze, die über 1393 km von Lübeck über Helmstedt und Eisenach bis Hof — auf östlicher Seite scharf bewacht — verlief. Sie zerteilte Landschaften, Siedlungen, Verkehrs- und Handelsverbindungen.

Am 7.10.1989 feierte die DDR-Führung nochmals in alter Pracht — den 40. Jahrestag der Staatsgründung. Doch bereits wenige Tage später war klar, daß der alte Machtapparat nicht mehr in der Lage war, gegen die "Wir sind das Volk"-Bewegung der Bürgerinnen und Bürger zu bestehen.

Am 4.11.1989 trat die DDR-Regierung zurück, am 9.11.1989 wurde die innerdeutsche Grenze geöffnet, am 18.3.1990 fand die erste freie Volkskammerwahl statt.

Die weiteren Ereignisse überschlugen sich. Zum 1.7.1990 trat die Währungs-, Wirtschafts- und Sozialunion in Kraft. Am 23.8.1990 beschloß die frei gewählte Volkskammer mit 294 Stimmen bei 62 Gegenstimmen und 7 Enthaltungen mit Wirkung zum 3.10.1990 den Beitritt der DDR nach Art. 23 GG zur Bundesrepublik Deutschland. Es folgten am 2.12.1990 die ersten gesamtdeutschen Wahlen nach dem Zweiten Weltkrieg.

Ermöglicht wurde diese rasche Entwicklung dadurch, daß die Siegermächte des 2. Weltkrieges den Vereinigungsprozeß mit Zustimmung begleiteten und in den "2

Arbeitsplan

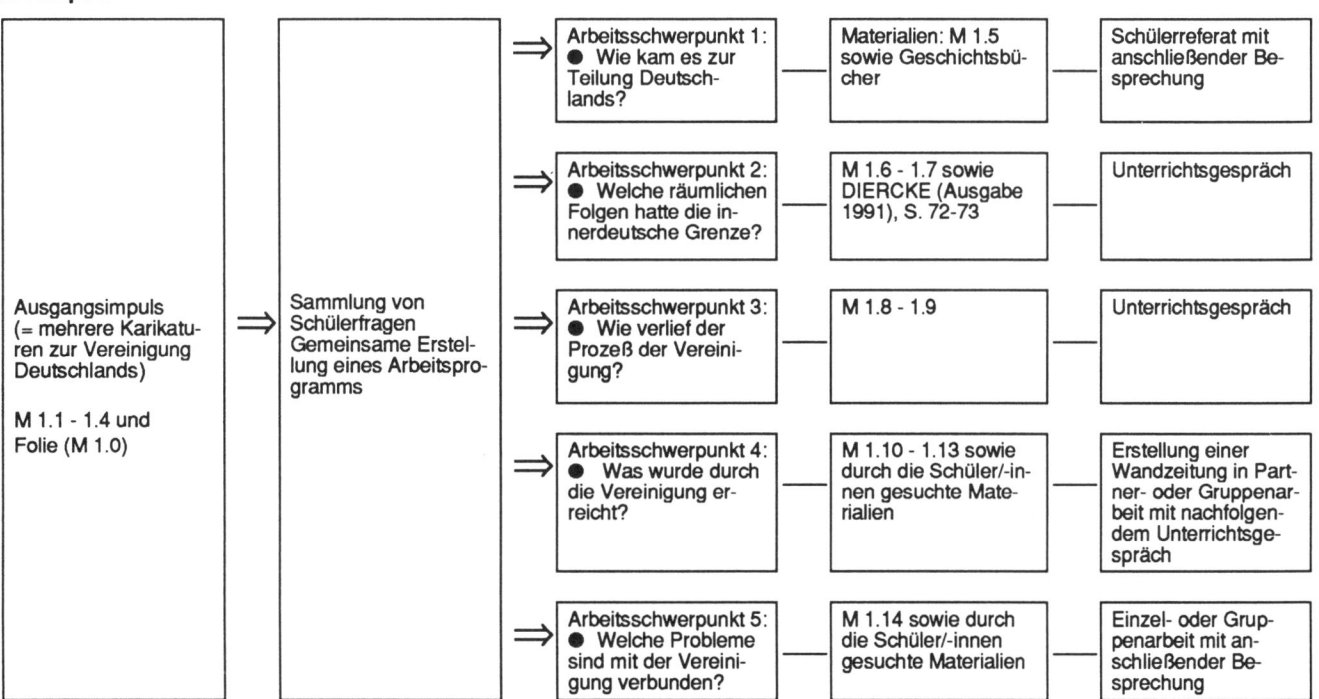

Ausgangsimpuls	Sammlung von Schülerfragen	Arbeitsschwerpunkte	Materialien	Methode
Ausgangsimpuls (= mehrere Karikaturen zur Vereinigung Deutschlands) M 1.1 - 1.4 und Folie (M 1.0)	Sammlung von Schülerfragen Gemeinsame Erstellung eines Arbeitsprogramms	Arbeitsschwerpunkt 1: ● Wie kam es zur Teilung Deutschlands?	Materialien: M 1.5 sowie Geschichtsbücher	Schülerreferat mit anschließender Besprechung
		Arbeitsschwerpunkt 2: ● Welche räumlichen Folgen hatte die innerdeutsche Grenze?	M 1.6 - 1.7 sowie DIERCKE (Ausgabe 1991), S. 72-73	Unterrichtsgespräch
		Arbeitsschwerpunkt 3: ● Wie verlief der Prozeß der Vereinigung?	M 1.8 - 1.9	Unterrichtsgespräch
		Arbeitsschwerpunkt 4: ● Was wurde durch die Vereinigung erreicht?	M 1.10 - 1.13 sowie durch die Schüler/-innen gesuchte Materialien	Erstellung einer Wandzeitung in Partner- oder Gruppenarbeit mit nachfolgendem Unterrichtsgespräch
		Arbeitsschwerpunkt 5: ● Welche Probleme sind mit der Vereinigung verbunden?	M 1.14 sowie durch die Schüler/-innen gesuchte Materialien	Einzel- oder Gruppenarbeit mit anschließender Besprechung

Unterrichtsvorschläge — D

plus 4-Verträgen" die Voraussetzungen dafür schufen, daß Deutschland seine volle Souveränität wiedererhielt.

2. Methodisch-didaktische Hinweise

Eine Auswahl verschiedener Karikaturen, die im Zusammenhang mit der Vereinigung Deutschlands entstanden, steht am Anfang der UE. Die dazu von den Schülerinnen und Schülern spontan gemachten Äußerungen werden — in Frageform — gesammelt und dienen dann als Grundlage für die Erstellung eines Arbeitsprogramms:

— Wie kam es zur Teilung Deutschlands?
— Welche räumlichen Folgen hatte die innerdeutsche Grenze?
— Wie verlief der Prozeß der Vereinigung?
— Was wurde durch die Vereinigung erreicht?
— Welche Probleme sind mit der Vereinigung verbunden?

Über das weitere methodische Vorgehen kann anschließend mit der Lerngruppe gesprochen werden. Ein mögliches Vorgehen, das durch ein Schülerreferat, Unterrichtsgespräche, Einzel- und Gruppenarbeit geprägt ist, kann dem Arbeitsplan entnommen werden.

Die darin vorgeschlagenen Arbeitsschwerpunkte können im wesentlichen auf der Grundlage der beigefügten Materialien thematisiert werden. Wünschenswert und für den 5. Arbeitsschwerpunkt sogar zwingend erforderlich ist es jedoch, die Schülerinnen und Schüler anzuregen, selbst Materialien zu suchen.

Geprüft werden sollte auch, inwieweit sich das Thema als fächerübergreifendes Projekt in Kooperation mit den Fächern Geschichte sowie Politik/Sozialkunde durchführen läßt.

D.2 Grenzen werden durchlässiger: Aus zwölf wird eins — Integration in Westeuropa
(ab Klasse 8)

1. Sachanalyse

Bereits in den sich gegen Hitler-Deutschland formierenden Widerstandsbewegungen war die Überwindung der 'anachronistischen' nationalstaatlichen Teilung der europäischen Völker gefordert worden. Nach Beendigung des Krieges fiel es den einzelnen Staaten jedoch schwer, sich über die Abgabe von Rechten ihrer nationalen Parlamente zu einigen und ein gemeinsames Ziel für den angestrebten Einigungsprozeß zu formulieren.

Der am 23.7.1952 in Kraft getretene Vertrag der Europäischen Gemeinschaft für Kohle und Stahl (EGKS, auch 'Montanunion' genannt) wurde letztlich nur von sechs Staaten (Belgien, Bundesrepublik Deutschland, Frankreich, Italien, Luxemburg, Niederlande) unterzeichnet. Der Abschluß der Römischen Verträge zwischen den EGKS-Staaten setzte mit der zum 1.1.1958 erfolgten Gründung der Europäischen Wirtschaftsgemeinschaft (EWG) und der Europäischen Gemeinschaft für Atomenergie (EAG, auch 'Euratom' genannt) die Begrenzung des Einigungsprozesses auf dem ökonomischen Sektor fort. So wurde auf den Versuch, mit einem Schlag ein politisch geeintes Europa aufzubauen, zugunsten einer (zunächst) ökonomischen Integration verzichtet.

Die Attraktivität dieser EG wird unterstrichen durch ihre Erweiterungen 1973 (Großbritannien, Irland, Dänemark), 1981 (Griechenland) und 1986 (Portugal, Spanien).

Trotz der anhaltenden Kritik am Integrationsprozeß ist die Absicht zum institutionellen Ausbau der EG zu einer politischen Union nicht aufgegeben worden. Besondere Erwartungen verknüpfen viele mit dem seit 1979 durch Direktwahl zusammengesetzten Europäischen Parlament. Von ihm werden am ehesten Impulse für den Aufbau einer Europäischen Union erwartet.

2. Methodisch-didaktische Hinweise

"Außer Frage steht, daß die Europäische Gemeinschaft bei aller Offenheit ihrer weiteren Gestaltung bereits heute einen festen Bestandteil der uns bestimmenden — und von uns bestimmbaren — politischen Wirklichkeit und institutionellen Ordnung darstellt. ...

Damit gehört die Auseinandersetzung mit der Europäischen Gemeinschaft zum Kanon unserer staatsbürgerlichen politischen Bildung. Sie ist zugleich ein besonders fruchtbarer, exemplarischer Gegenstand politischer Bildung, wenn es darum geht, Einsichten zu gewinnen in die wachsende wechselseitige Abhängigkeit der Staaten und in Zusammenhänge zwischen Wirtschaft und Politik."
(Informationen zur politischen Bildung, H. 213, S. 1).

Mit diesen Sätzen sind wesentliche Aspekte, mit denen sich die unterrichtliche Behandlung dieses Themas legitimieren läßt, genannt (siehe auch KMK-Beschluß "Europa im Unterricht" vom 7.12.1990).

Zunächst wird ein Arbeitsblatt (vgl. S. 23 f.) vorgestellt, das zugleich eine Verlaufsstruktur beinhaltet und mit dessen Hilfe sich die Schüler/-innen relativ selbständig mit der Entwicklung, dem Aufbau und der Funktion der EG vertraut machen können. Eine Problematisierung einzelner Aufgabenfelder der Gemeinschaft kann sich dann im Rahmen eines Unterrichtsgespräches anschließen. Zu denken ist in diesem Zusammenhang z.B. an die Thematisierung der regionalen Disparitäten, der umweltpolitischen Initiativen, des Agrarmarktes oder der Fischereipolitik (s. Unterrichtsvorschlag D.6).

Geprüft werden sollte dabei auch, ob die Behandlung dieser Problemfelder in Form eines fächerübergreifenden Projektes in enger Kooperation mit den Fächern Geschichte und Sozialkunde durchgeführt werden kann.

3. Verlaufsplanung (zugleich Arbeitsblatt)

Lösung zu Teil II des Arbeitsblattes:

1 J	6 E	11 H
2 C	7 M	12 F
3 A	8 L	13 B
4 N	9 I	14 D
5 K	10 G	15 O

D   Unterrichtsvorschläge

Aus zwölf wird eins — Integration in Westeuropa

I. Ausgangssituation bei Kriegsende

Bei Ende des zweiten Weltkrieges gab es in den europäischen Staaten eine Vielzahl von Anregungen, das nationalistische Gegeneinander der Vergangenheit zukünftig durch ein Miteinander der europäischen Staaten und Völker zu ersetzen.

Anknüpfen konnten diese Stimmen an Pläne, die bereits während des Krieges in Widerstandsbewegungen gegen Hitler-Deutschland entworfen worden waren.

1. Informiere Dich mit Hilfe eines Lexikons über den Autor von M 2.2!
2. Nenne Gründe, mit denen in M 2.1 und 2.2 für die europäische Integration geworben wird!
3. Die Idee eines vereinten Europas war jedoch nicht unumstritten. Welche Befürchtungen äußert der britische Historiker *Toynbee* (M 2.3)?

II. Der Weg zur Europäischen Gemeinschaft

Stelle mit Hilfe von Geschichtsbüchern eine 'Zeittafel der europäischen Integration' zusammen, indem Du den genannten Daten jeweils eines der folgenden Ereignisse zuordnest:

A   Frankreich, Großbritannien und die Beneluxstaaten unterzeichnen den 'Brüsseler Pakt' zur kollektiven Verteidigung sowie wirtschaftlichen, sozialen und kulturellen Zusammenarbeit.

B   Griechenland wird EG-Mitglied.

C   Der Außenminister der USA, *Marshall*, verkündet das amerikanische Wiederaufbauprogramm für Europa ('Marshall-Plan').

D   Spanien und Portugal werden EG-Mitglieder.

E   Die Bundesrepublik Deutschland, Frankreich, Italien und die Benelux-Länder unterzeichnen den Vertrag über die Gründung der Montanunion.

F   Erste Direktwahlen zum Europäischen Parlament.

G   Verwirklichung der Zollunion in der EG.

H   Großbritannien, Dänemark und Irland werden EG-Mitglied.

I   Konstituierende Sitzung des Europäischen Parlamentes in Straßburg als gemeinsame parlamentarische Vertretung der drei Gemeinschaften EGKS, EWG und EURATOM.

J   *Churchill* fordert in einer Rede in Zürich die Schaffung der Vereinigten Staaten von Europa.

K   Zehn westeuropäische Staaten gründen den Europarat mit dem Ziel engerer Zusammenarbeit der Mitglieder auf allen Gebieten (ausgenommen Verteidigung).

L   Die sechs Montanunion-Staaten unterzeichnen die Verträge über die Gründung von EWG und EURATOM.

M   Die Bundesrepublik Deutschland und Italien werden zusammen mit den Staaten des Brüsseler Vertrages Mitglieder der neugeschaffenen 'Westeuropäischen Union' (WEU) - 'Pariser Verträge'.

N   17 westeuropäische Staaten schließen sich in der OEEC (Organization for European Economic Cooperation) zusammen. Ihre Ziele sind die Verteilung der Marshallplanmittel sowie eine enge wirtschafts- und währungspolitische Zusammenarbeit.

O   Durch die staatliche Einheit Deutschlands wächst die EG um ca. 16,2 Mio. Bürger und ca. 108.000 km^2 an.

Daten:

(1) September 1946: _____

(2) Juni   1947: _____

(3) März   1948: _____

(4) April   1948: _____

(5) Mai   1949: _____

(6) April   1951: _____

(7) Oktober 1954: _____

(8) März   1957: _____

(9) März   1958: _____

(10) Juli   1968: _____

(11) Januar   1973: _____

(12) Juni   1979: _____

(13) Januar   1981: _____

(14) Januar   1986: _____

(15) Oktober 1990: _____

Unterrichtsvorschläge   D

3. Verlaufsplanung (zugleich Arbeittsblatt) — Fortsetzung

III. Die Staaten der EG

1. Gib den Kästchen in der Legende der Karte (M 2.4) eine Farbe und koloriere dann jeden EG-Staat mit der entsprechenden Farbe!
2. Trage die Hauptstädte der EG-Mitgliedsländer in die Karte ein!
3. Über die Größe der Staatsfläche und der Einwohnerzahl informiert M 2.5. Veranschauliche die Angaben mit Hilfe von Stabdiagrammen!

IV. Aufbau und Funktion der EG

1. Stelle mit Hilfe der Materialien 2.6 — 2.8 und weiterer Informationen, die Du selbst besorgst, folgende Tabelle zusammen!

Organe der europäischen Gemeinschaft

EG-Organ	Zusammensetzung	Aufgaben

2. Beschreibe die Zusammensetzung des Europäischen Parlaments nach nationalen und politischen Gliederungspunkten (M 2.6/2.8)!
3. Stelle die wichtigsten Funktionen des Europäischen Parlaments dar (M 2.6/2.8)!
4. Im Hinblick auf die Befugnisse des Europäischen Parlaments wird von Kritikern von einer "unterentwickelten Demokratie" gesprochen. Nenne Rechte, die das Europäische Parlament Deiner Meinung nach zusätzlich erhalten sollte!

V. Stellung der EG in der Welt

Beschreibe anhand der Materialien M 2.9 — 2.14 sowie weiterer selbstgesuchter Informationen die Stellung der EG im Vergleich zu anderen politischen Einheiten.

D — Unterrichtsvorschläge

4. Kontaktanschriften

Kommission der Europäischen Gemeinschaften
Presse- und Informationsbüro
Zitelmannstr. 22
5300 Bonn 1

Europäisches Parlament
Informationsbüro
In der Raste 12
5300 Bonn 1

Institut für europäische Lehrerbildung
der Europäischen Akademie Berlin
Bismarckallee 46-48
1000 Berlin 33

D.3 Grenzen werden neu gezogen: UN-Seerechtskonferenz (Klasse 9/10)

1. Sachanalyse

Die Weltmeere bedecken mit etwa 360 Mio. km² rund 71% der Erdoberfläche. Mit Ausnahme schmaler Küstenstreifen stand diese Fläche lange Zeit Menschen aller Nationalitäten zur freien Verfügung. 'Freiheit der Meere' hieß die allseits anerkannte Rechtsnorm. Diese Situation hat sich mittlerweile dadurch geändert, daß zahlreiche Küstenstaaten große Seegebiete in ihre nationalen Hoheitsbereiche eingegliedert haben.

Ein bedeutender Meilenstein dieser Entwicklung war im Jahre 1945 die sogenannte 'Truman-Proklamation', mit der die USA ihren Festlandsockel in einer küstenparallelen Zone bis zu einer Tiefe von 11 Faden (ca. 185 m) der ausschließlichen nationalen Nutzung unterstellten. Andere Staaten folgten dem Beispiel.

Die dadurch entstandene Rechtsunsicherheit veranlaßte die UN 1957 zu einer Überprüfung des internationalen Seerechts. Auf drei UN-Seerechtskonferenzen (1958, 1960, 1973-1982) wurde nach langwierigen Verhandlungen eine neue Seerechtskonvention erstellt. Beschlossen wurde die erzielte Übereinkunft am 30.4.1982 von 130 Staaten; 17 Staaten enthielten sich der Stimme (u.a. die Bundesrepublik Deutschland), und 4 Staaten (Israel, Türkei, USA, Venezuela) lehnten ab. Das Vertragswerk faßt in 320 Paragraphen, 9 Anhängen und 5 Resolutionen bestehendes und neugeschaffenes Völkerrecht über Küstengewässer, die Hohe See, den Festlandsockel, Wirtschaftszonen und den Meeresboden zusammen.

Die UN-Seerechtskonvention will auf diese Weise
— Konflikte verhindern, die sich aus dem Anspruch von Küstenstaaten nach internationaler Anerkennung ihrer maritimen Hoheitsregionen ergeben;
— die maritime Umwelt schützen;
— verbindliche Regeln für die Rohstoffausbeutung im Bereich der Meere aufstellen.

Wird gegen das Übereinkommen verstoßen, kann das Problem vor dem Internationalen Seegerichtshof, dessen Sitz in Hamburg liegen soll, verhandelt werden.

Mittlerweile ist das Vertragswerk von 159 Staaten und Organisationen unterschrieben worden. Es tritt 12 Monate nach Hinterlegung der 60. Ratifikationsurkunde in Kraft. 42 Staaten haben bislang ratifiziert. Führende westliche Industrieländer, darunter die Bundesrepublik Deutschland, die USA, Japan und Großbritannien, verweigern dem Vertragswerk bislang wegen einer ihrer Ansicht nach unbefriedigenden Regelung des Meeresbodenbergbaus ihre Unterschrift. Gewünscht werden von diesen Staaten Verbesserungen insbesondere in der Frage des Technologietransfers, der Verteilung der finanziellen Lasten und der Rohstoff- und Produktionspolitik. Insgesamt geht es ihnen um ein mehr marktwirtschaftlich ausgerichtetes Abbausystem.

Tafelbild 1

Thema: Grenzen werden neu gezogen: UN-Seerechtskonferenz	
Arbeitsfragen (geordnet):	**Unterrichtsschwerpunkte**
— Welche Regelung sah das internationale Seerecht bislang vor? — Welche Interessen wurden durch das bisherige Seerecht bevorzugt?	I. Bisherige Regelungen des Seerechts: — Erarbeitung der Sachverhalte — Bewertung der Regelungen
— Warum kam es zu Bemühungen, das Seerecht neu zu regeln?	II. Seerecht im Zeichen neuer Nutzungsansprüche
— Zu welchen Ergebnissen kam die 3. Seerechtskonferenz? — Wer zieht die größten Vorteile aus der Seerechtskonvention, wer wird benachteiligt? — Wie beurteilen Politiker und Interessenverbände unseres Landes die Konvention?	III. 3. UN-Seerechtskonferenz — Ergebnisse — Bewertung der Ergebnisse aus der Sicht verschiedener Staaten und Interessengruppen
— Wie bewerten wir die Ergebnisse der 3. UN-Seerechtskonferenz?	IV. Seerecht im Wandel — Erarbeitung von Kriterien zur Bewertung seerechtlicher Regelungen — Entwicklung einer eigenen Stellungnahme

Unterrichtsvorschläge **D**

Meereszonen nach der UN-Seerechtskonvention von 1982

	← 12 sm →	← 188 sm →	← max. 150 sm →	
	Küstenmeer	Wirtschaftszone	äußerer Festlandsockel	Hohe See
Küstenstaat	volle Souveränität	— Nutzungsrechte über alle mineralischen und lebenden Ressourcen — Kontrollrechte (u.a. Forschung, Umweltschutz)	Nutzungsrechte (gegen Auflagen) für nicht lebende Ressourcen, wenn Festlandsockel 200 sm	
übrige Staaten	friedliche Durchfahrt	— freie Navigation/ freier Überflug — Ausnahmerechte zugunsten von Binnenstaaten		— lebende Ressourcen allen zugänglich (Prinzip: 'Freiheit der Meere') — Mineralische Ressourcen: zugänglich über internationale Meeresbodenbehörde Prinzip: ('Menschheitserbe')

Tafelbild 2

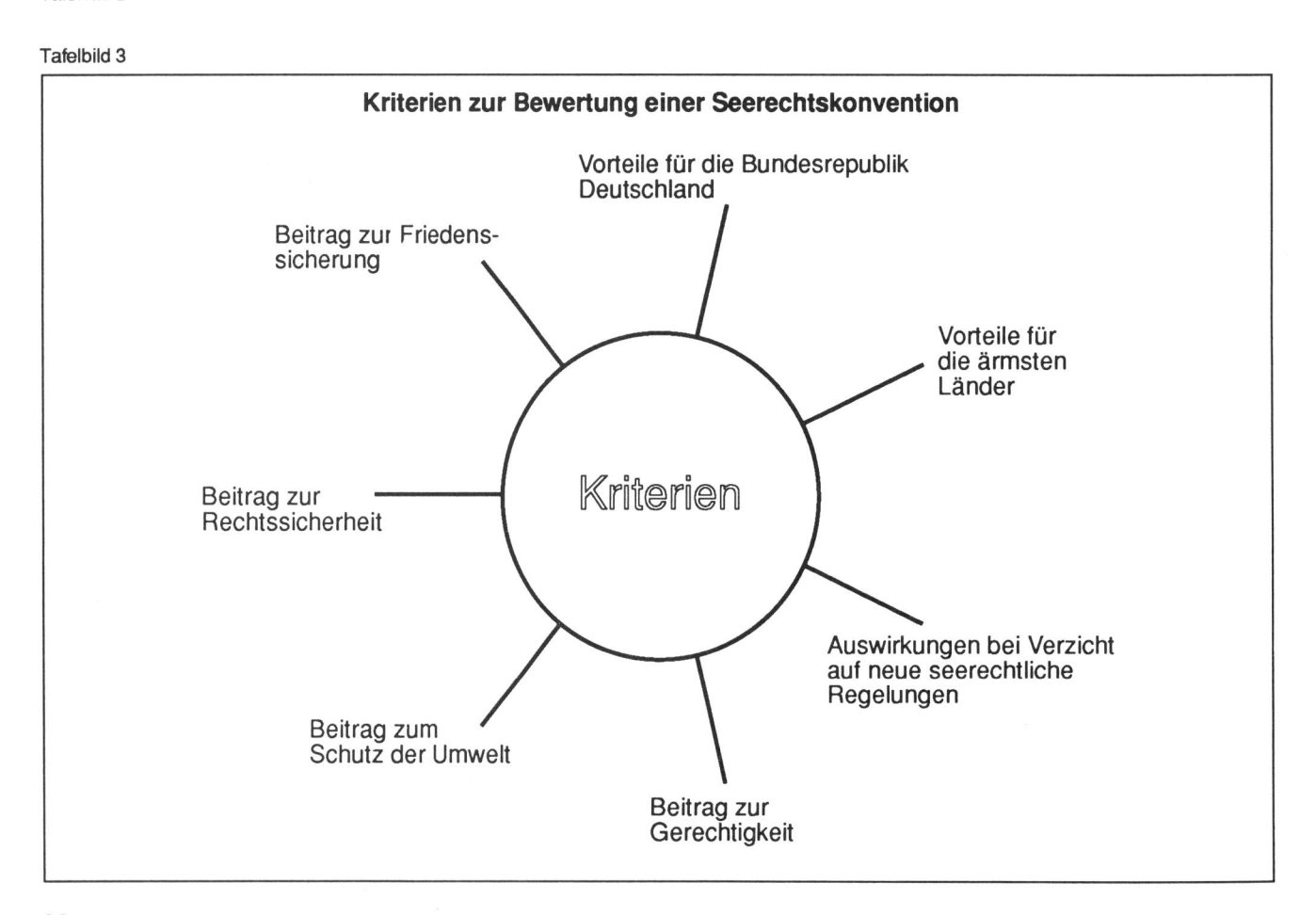

Tafelbild 3

Kriterien zur Bewertung einer Seerechtskonvention

- Vorteile für die Bundesrepublik Deutschland
- Beitrag zur Friedenssicherung
- Vorteile für die ärmsten Länder
- Beitrag zur Rechtssicherheit
- Auswirkungen bei Verzicht auf neue seerechtliche Regelungen
- Beitrag zum Schutz der Umwelt
- Beitrag zur Gerechtigkeit

(Kriterien)

D | Unterrichtsvorschläge

2. Methodisch-didaktische Hinweise

Zur Formulierung des Themas und zur Einführung in die Problemstellung dient M 3.1. Der kurze Text soll die Schüler auch veranlassen, ihre Interessen am Thema in Form von Fragen zu formulieren, mit denen sich dann — unter Hilfestellung des Lehrers — die Unterrichtseinheit gliedern läßt:

— Welche Regelungen sah das internationale Seerecht bislang vor?
— Welche Interessen wurden durch das bisherige Seerecht bevorzugt?
— Warum kam es zu Bemühungen, das Seerecht neu zu regeln?
— Zu welchen Ergebnissen kam die 3. UN-Seerechtskonferenz?
— Wer zieht die größten Vorteile aus der neuen Seerechtskonvention, wer wird benachteiligt?
— Wie beurteilen Politiker und Interessenverbände unseres Landes die Konvention?
— Wie bewerten wir die Ergebnisse der 3. UN-Seerechtskonferenz?

Die Arbeitsfragen lassen sich mit Hilfe der beigefügten Materialien bearbeiten. Die Wahl der geeigneten Unterrichtsmethode muß jeweils von der konkreten Lernsituation abhängig gemacht werden. Die Materialien für die Unterrichtsschwerpunkte I bis III können sowohl im Unterrichtsgespräch als auch im Rahmen von Einzel- oder Kleingruppenarbeit sinnvoll eingesetzt werden. Während der Einzel- oder Gruppenarbeit sollten den Schülern Fremdwörterbuch und (Fach-)Lexika zur Verfügung stehen.

Wenn die Schüler die Antworten auf die Arbeitsfragen relativ selbständig in Kleingruppen — oder in Einzelarbeit — gefunden haben, ist es notwendig, daß die Arbeitsergebnisse im Rahmen eines Unterrichtsgesprächs vorgestellt und besprochen werden.

3. Verlaufsplanung

Arbeitsschritte	Materialien	Methodische Hinweise
Formulierung der Themenstellung und der Arbeitsfragen zur Gliederung der Unterrichtseinheit	M 3.1	Unterrichtsgespräch Mögliches Ergebnis: Tafelbild 1
Unterrichtsschwerpunkt I Bisherige Regelungen des Seerechts: — Erarbeitung der Sachverhalte — Bewertungen der Regelungen	Fremdwörterbuch / Fachlexika M 3.2 — M 3.5	Unterrichtsgespräch und Einzel-/Partner-/Gruppenarbeit (einzelne Unterrichtsschwerpunkte können auch als Hausarbeit bearbeitet werden). Wenn die Erarbeitung nicht im Unterrichtsgespräch erfolgt, sollte am Ende der einzelnen Unterrichtsschritte (oder — zusammenfassend — am Ende des Unterrichtsschwerpunktes III) eine Besprechung der Arbeitsergebnisse durchgeführt werden.
Unterrichtsschwerpunkt II Seerecht im Zeichen neuer Nutzungsansprüche	Fremdwörterbuch / Fachlexika M 3.6 — M 3.7	
Unterrichtsschwerpunkt III Dritte UN-Seerechtskonferenz — Ergebnisse — Bewertung der Ergebnisse aus der Sicht verschiedener Staaten und Interessengruppen	Fremdwörterbuch / Fachlexika M 3.8 — M 3.17	Mögliches Ergebnis zu Unterrichtsschwerpunkt III Tafelbild 2
Unterrichtsschwerpunkt IV Seerecht im Wandel — Erarbeitung von Kriterien zur Bewertung seerechtlicher Regelungen — Entwicklung einer eigenen Stellungnahme		Unterrichtsgespräch Mögliches Ergebnis: Tafelbild 3

D.4 Rassenkonflikt und Unabhängigkeit: Das Beispiel Namibia (ab Klasse 7)

1. Sachanalyse

Die Darstellung der Geschichte und der aktuellen Situation Namibias kann nicht isoliert, sondern muß im Rahmen der historischen, kulturellen und politischen Entwicklung im südlichen Afrika gesehen werden. Dabei sind zwei Stränge bedeutsam, die den Verlauf der Unabhängigkeitsbestrebungen im ehemaligen 'Deutsch-Süd-West-Afrika' bestimmten, und die zudem die weitere Entwicklung des am 21. März 1990 unabhängig gewordenen Landes Namibia beeinflussen werden:

Zum einen die Entwicklung der nach der Beendigung der deutschen Schutzherrschaft (1884—1920) vom Völkerbund Südafrika zur Verwaltung übergebenen Mandatsgebiete und der politische, wirtschaftliche und rechtliche Einfluß Südafrikas auf die Region; zum anderen die Entwicklung der im südlichen Afrika unabhängig gewordenen Staaten, insbesondere Angola, Zimbabwe, Botswana, Sambia, Mocambique und der damit verbundene 'nationale' Druck auf die 'letzte Kolonie' Afrikas.

Beide Einflüsse wirkten und wirken auf die Politiker in Namibia im Sinne von Abhängigkeiten: die wirtschaftliche Abhängigkeit von Südafrika genauso wie die politi-

Unterrichtsvorschläge | D

sche Abhängigkeit durch die Staatenentwicklung im südlichen Afrika.

Wenn hier dennoch versucht wird, die politische Entwicklung Namibias gesondert darzustellen, dann ist das unter der Voraussetzung möglich, daß es eine Fülle von Materialien und Analysen zur Situation in Südafrika gibt. Angezeigt ist diese gesonderte Darstellung auch deshalb, weil die politische Entwicklung in Südafrika durch die Verhandlungsbereitschaft der beiden wichtigsten politischen Kräfte, des ANC-Vizepräsidenten *Nelson Mandela* und des Staatspräsidenten *de Klerk*, nunmehr in eine neue Phase treten könnte. Das Ergebnis dieses Prozesses, bei dem es "um Kompromisse, um ein Geben und Nehmen (gehe), das letztlich alle Teilnehmer zu Gewinnern mache" (*Anton Christen*, Parteien auf Einigungskurs in der Verfassungsfrage, in: Hildesheimer Allgemeine Zeitung vom 16.2.1991), könnte schließlich tatsächlich dazu führen, daß "die weiße Vorherrschaft fällt" und der erlösende Ruf "Apartheid — ade!" (*Marion Gräfin Dönhoff*, in: *Die Zeit* vom 8.2.91) berechtigt ist.

Die Unabhängigkeit Namibias ist bestimmt von den beiden Elementen, die überall in Afrika die Staatenwerdung, positiv und negativ, beeinflußt haben: zum einen von der Konfrontation mit der 'weißen' (westlichen) Macht, die sich in der Kolonialzeit als politische, wirtschaftliche und kulturelle Macht darstellte, und deren Auswirkungen auf Abhängigkeiten, die das Leben der Menschen in allen Bereichen bestimmten; zum anderen aber auch durch die Hoffnungen und Wünsche der Menschen, ein besseres Leben führen, eine gesicherte Existenz ermöglichen und eine Identifikation mit ihrem Land erreichen zu können. Die vielfältigen Versuche dazu reichen von der Übernahme westlicher oder östlicher Systeme, der Anlehnung an 'neutrale' Lösungen bis hin zur "Suche nach den eigenen Quellen" (vgl. dazu Unterricht Geographie, Band 6, Entwicklungsländer).

Die Geschichte der Unabhängigkeit Namibias stellt sich als ein Kampf gegen die Vorherrschaft der Weißen dar. Sie kann hier nur skizziert werden. Der hierarchische Konflikt

Weiß =	**Schwarz =**
Macht	Abhängigkeit
Reichtum	Armut
Herrschaft	Unterordnung

bestimmte im Laufe der letzten beiden Jahrhunderte immer wieder die Auseinandersetzungen.

Entdeckung und Abbau von Bodenschätzen Ende des 19. Jahrhunderts führten bald zur Verschärfung der Konflikte zwischen den Bergwerksgesellschaften, Siedlern und der schwarzen Bevölkerung. So kam es von 1904 bis 1906 zum großen Aufstand der Herero und Hottentotten gegen die Weißen. Nach anfänglichen Überraschungserfolgen endete der Kampf für die Schwarzen verheerend: durch die Kämpfe wurde ihre Zahl stark verringert; sie verloren ihre traditionelle Stammesstruktur und -kultur; sie verloren ihre Stammesgebiete. Ihnen wurde verboten, Großviehzucht zu betreiben und in ihren ehemaligen Stammesgebieten zu siedeln. Es blieb ihnen damit nichts anderes übrig, als sich als Arbeiter auf den ausschließlich im Besitz der Weißen befindlichen Farmen oder als Bergwerksarbeiter in den Minen und Diamantenfeldern zu verdingen.

Im Zuge der Homelandpolitik Südafrikas wurden in SWA ab 1963 für die verschiedenen Stammesgebiete Homelands geschaffen, die heute rund 40% der gesamten Fläche Namibias einnehmen. Doch auch hier, wie in den Homelands Südafrikas, zeigte sich eine eindeutige Benachteiligung der schwarzen gegenüber der weißen Bevölkerung: "Diese Pro-Kopf-Flächen sind eindeutig zu klein, gemessen am begrenzten natürlichen Potential eines semiariden Landes und der notwendigen extensiven Wirtschaftsweise" (*Leser* 1982, S. 53). So müssen auch heute noch die Schwarzen ihren Lebensunterhalt weitgehend als Vertragsarbeiter bei weißen Farmern und Bergwerksgesellschaften verdienen.

1966 nun erklärte die UNO die Vertragsherrschaft Südafrikas über SWA als beendet; 1970 verurteilte der Internationale Gerichtshof die südafrikanische Machtausübung in SWA/Namibia; 1973 erhielt die Befreiungsorganisation SWAPO (South West African People's Organization) von der UNO das Recht zugesprochen, als Vertreterin des namibischen Volkes aufzutreten; 1976 kam es zur Verabschiedung der Resolution 385 im Sicherheitsrat der Vereinten Nationen, die einstimmig die Herstellung der Unabhängigkeit und Freiheit in Namibia "unter Aufsicht und Kontrolle der Vereinten Nationen" fordert; in der sogenannten 'Turnhallen-Konferenz' (wegen des Tagungsortes, der ehemaligen Turnhalle in Windhoek) legten die dort vertretenen Parteien (die SWAPO war nicht beteiligt) einen Verfassungsentwurf vor, der von der OAU (Vereinigung der afrikanischen Staaten) und dem UN-Rat für Namibia zurückgewiesen wurde; gleichzeitig ernannte Südafrika einen General-Administrator für Namibia. Anfang 1978 wurde, unter Abwesenheit der SWAPO und von UN-Vertretern, eine Wahl zur Verfassungsgebenden Versammlung abgehalten, die international nicht anerkannt wurde. Immerhin konnten alle Einwohner des Landes nach dem Prinzip — das in der Republik Südafrika nicht gilt — "One Man, one Vote" ihre Stimme abgeben. Am 1.6.80 bildete sich in Namibia ein zwölfköpfiger Ministerrat, das Land erhielt erstmals eine eigene Regierung. Doch Südafrika ermöglichte es nicht, die im November 1982 auslaufende Legislaturperiode zu verlängern bzw. durch freie Wahlen zu erneuern. Die 'Regierung' in Namibia trat zurück; und kurz darauf löste der südafrikanische Generaladministrator die Nationalversammlung auf und übernahm wieder alle Regierungsfunktionen alleine.

D — Unterrichtsvorschläge

Die Verhandlungen zwischen den Vereinten Nationen und Südafrika führten zu einem Waffenstillstandsabkommen mit dem Ziel, den Unabhängigkeitsprozeß Namibias ab 1. April 1989 einzuleiten. "Niemand konnte sich vorstellen, daß eine Freiheitsbewegung, die jahrelang mit brutalen Guerilla-Methoden gekämpft hat, zu einer pragmatischen Regierung werden würde und der angebliche 'Banden-Chef' zu einem gütigen Landesvater. Niemand hätte auch für möglich gehalten, daß bei der ersten Wahl in Namibia, dessen Bevölkerung zur Hälfte weder schreiben noch lesen kann, 97 Prozent sich beteiligen ...", das ist die Analyse im August 1990 (*Die Zeit*, vom 17.8.90). So gilt denn auch die Unabhängigkeit Namibias, der Weg in die Selbständigkeit, der freilich nicht ohne Schwierigkeiten verläuft, auch für viele Menschen in Südafrika als Musterbeispiel.

Die Wahlen zur verfassungsgebenden Versammlung am 9. November 1989 wurden von den UN-Beobachtern als eine der freiesten und liberalsten bezeichnet, die es bislang in Afrika gab. Die SWAPO errang 57% der Stimmen und stellte mit ihrem Führer *Sam Nujoma* den Staatspräsidenten. Es vollzog sich ein "Übergang ohne Panne und Störung", und Kommentatoren, wie etwa die kenntnisreiche *Marion Gräfin Dönhoff*, stellten gar fest: "Wenn man beobachtet, wie *Nujoma* in Namibia, wie der Guerilla-Führer *Mugabe* in Simbabwe und wie *Nelson Mandela* nach 27jähriger Gefängnishaft in Südafrika — wie sie alle drei sich umgestellt haben, sobald politische Entscheidungen möglich wurden und Verhandlungen an die Stelle von Gewalt traten, dann muß man doch wohl feststellen: Schwarze sind weit pragmatischer als Weiße, die meist eine bestimmte Weltanschauung im Hinterkopf haben oder einer Ideologie verhaftet sind". (*Die Zeit* vom 17.8.90)

2. Methodisch-didaktische Hinweise

Die Darstellung der jahrzehntelangen Auseinandersetzungen auf dem Hintergrund eines Rassenkonflikts (Schwarz-Weiß; Schwarz-Schwarz; Weiß-Weiß) muß auf der Grundlage der Erarbeitung von vielfältigen Informationsmaterialien und Quellenanalysen erfolgen. Dies bedingt, wie fast immer bei der Betrachtung von internationalen Situationen, eine fachübergreifende Zugangsweise.

Hierfür bieten sich erfahrungsgemäß die Methoden des projektorientierten Unterrichts, der Gruppen- und Partnerarbeit an. Die Materialien sind deshalb auch unter diesem Gesichtspunkt ausgewählt. Sie sollen ermöglichen, daß die Schülerinnen und Schüler die Komplexität der Thematik erkennen können und so vermieden wird, in ein zu kurzschlüssiges 'Schwarz-Weiß'-Denken zu verfallen.

Das Beispiel ermöglicht auch, daß sich nicht unbedingt ein bei dieser Thematik oft beobachtetes 'Ohnmachtsgefühl' — "Das Problem ist ja sowieso nicht zu lösen!" — oder gar ein 'Überheblichkeitsgefühl' — "Die Schwarzen können das ja doch nicht!" — einstellt. Vielmehr wird die positive Entwicklung in Namibia in besonderer Weise herausgestellt, wenn auch die Probleme nicht verschwiegen werden dürfen.

Das Thema bietet sich auch als längerfristige Schülerarbeit an, entweder als Einzelarbeit oder als Partner- und Gruppenarbeit. Dazu sollte die bei den jeweiligen Materialien angegebene Literatur benutzt werden. Es empfiehlt sich, daß der Fachlehrer bei der Beschaffung behilflich ist. Als Einstieg könnte das von *Helgard Patemann* im Hammer-Verlag Wuppertal (1985) erschienene "Lernbuch Namibia: ein Lese- und Arbeitsbuch"; 2. korr. Auflage (ISBN 3-87294-254-9) dienen.

Als ergänzendes Lehrermaterial kann auch der 'National Atlas of South West Africa' (Goodwood, Kaap, 1983) dienen, in dem sich u.a. Karten der Wohngebiete der Stämme Namibias und von Bodenschätzen sowie Stadtpläne von Windhoek u.a. befinden.

3. Verlaufsplanung

Arbeitsschritte	Materialien	Methodische Hinweise
Rassenvielfalt in Namibia	M 4.1	Auswertung der Informationsmaterialien in Gruppenarbeit
Die geschichtliche Rolle der Deutschen in Namibia	M 4.2 Lehrbuch Namibia Film Schulfunkmaterialien	Ursachen und Auswirkungen der deutschen Kolonialpolitik werden in Deutschland erst in den letzten Jahren kritisch diskutiert. Dazu gibt es auch einige Filme, die z.B. von den Medienstellen der Ev.-Luth. Kirche ausgeliehen werden ('Morenga'); der Schulfunk von Radio Bremen hat 1986 eine dreiteilige Sendung besonders zur deutschen Kolonialpolitik in Namibia ausgestrahlt; Hinweis auf: "Deutscher als die Deutschen", NDR 3, 3.4.87
Der Prozeß der Unabhängigkeit in Namibia	M 4.3 Dokumentation: "Menschenrechte im Konflikt um Südwestafrika/Namibia", Internat. Gesellschaft f. Menschenrechte, Frankf./M. 1985	Textanalyse des Abkommens vom Juli 1988. Zur Thematik bieten eine Reihe von Organisationen Materialien an, u.a.: Evang. Missionswerk, Weltmission, Hamburg 13, Mittelweg 13; UNDP, Weltweite Entwicklung, Bonn
Ist die Unabhängigkeit gelungen?	M 4.4 M 4.5	Ein Vergleich der Wahlergebnisse mit der Situation ein Jahr danach; Partnerarbeit.
Sum Nujoma — 'Terrorist' und Präsident?	M 4.6	Am Beispiel des politischen Lebens des jetzigen Präsidenten von Namibia soll die Frage diskutiert werden: "Sind Freiheitsbewegungen legitim?" — dies kann z.B. als Pro- und Contra-Diskussion erfolgen.
"Ich will mehr über Namibia erfahren!"	M 4.7 und angegebene Literatur	Zusätzliche, langfristige Schülerarbeiten, als Einzel-, Partner- oder Gruppenarbeit, auch zur Vergabe von Referaten möglich.
Zusammenstellung der Unterrichtsergebnisse in einer Ausstellung, die von der Lerngruppe in der Schule gezeigt wird, verbunden mit dem Aufruf: "Rassendiskriminierung geht uns alle an!"		

Unterrichtsvorschläge **D**

4. Weiterführende Medien

Schwarz-Weiß-Malerei. Eine Frau zwischen zwei Welten. Ein Film über eine Frau zwischen zwei Welten auf der Suche nach Identifikation und Bewahrung der eigenen kulturellen Identität. Teresa stammt aus einem Dorf auf den Kapverdischen Inseln. Durch ihre Heirat mit einem Deutschen kommt sie nach Berlin.	Film, 40 min., Farbe; Landesbildstellen und Evangel. Medienzentralen, oder: Verleihgenossenschaft der Filmemacher, Alfonsstr. 1, 8000 München 19
Weint nicht, wenn sie unsere Hütten abreißen: Schwarze Frauen in Südafrika. Der Dokumentarfilm schildert die Situation der schwarzen Bevölkerung in Südafrika, in ihrem Alltag und ihrem politischen Widerstand, aber auch die Folgen der Apartheid-Politik für die Familien.	Videokassette VHS 53 min., Farbe, (FWU Nr. 420297)
Ende des Dialogs. Schilderung der verschiedenen Auswirkungen des Apartheitssystems auf das Leben der schwarzen Bevölkerung.	Film, 25 min., Farbe; (FWU Nr. 3202351)
Katutura. Der Film untersucht das Problem der Unterdrückung der Schwarzen in Südafrika und Namibia; Katutura ist ein 'schwarzer' Vorort von Windhoek (Namibia).	Film, 39 min.; Farbe; (FWU Nr. 3280039)
Weitere kommentierte Filme und Dia-Serien sowie Hinweise auf Bezugsquellen in: AFRIKA (Hrsg), Südafrika-Handbuch, Jugenddienst-Verlag, Wuppertal 1982, 437 S. "Südafrika" (Wochenschau, Heft 1/1983) — Bad Schwalbach/Ts	

D.5 Bürgerkriege: Biafra-Konflikt (Klasse 9/10)

1. Sachanalyse

Bürgerkriege gab es in der Geschichte unzählige — und gibt es heute noch, z.B.: Äthiopien: in den Provinzen Eritrea und Tigre; Sudan: muslimischer Norden gegen den teils christlichen, teils animistischen Süden; Tschad: schwarze, hauptsächlich christliche Bevölkerung gegen die arabische, überwiegend islamischen Bewohner; Nord-Irland: zwischen der protestantischen Mehrheit und der katholischen Minderheit; Kambodscha, Nicaragua, Jugoslawien...

Wenn auch jede Bürgerkriegs- und Konfliktsituation andere Ursachen und Motive hat — und von unterschiedlichen Helfershelfern mitbestimmt wird — , so lassen sich doch gleichwirkende Stränge und 'Motoren' erkennen, die den Konflikt bestimmen und prägen:

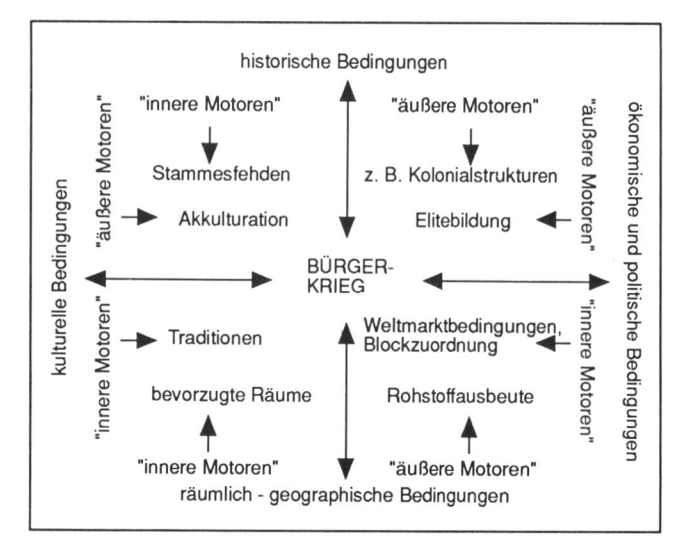

```
                    historische Bedingungen
                            ↑
        "innere Motoren"    |   "äußere Motoren"
                            |
        Stammesfehden       |   z. B. Kolonialstrukturen
   "äußere                  |                      "äußere
    Motoren"  → Akkulturation   Elitebildung ←    Motoren"
kulturelle ←————————————  BÜRGER-  ————————————→ ökonomische und
Bedingungen                KRIEG                  politische
   "innere                                         Bedingungen
    Motoren"  → Traditionen    Weltmarktbedingungen,  "innere
                               Blockzuordnung          Motoren"
                  bevorzugte Räume   Rohstoffausbeute
                            |
        "innere Motoren"    |   "äußere Motoren"
                            ↓
               räumlich - geographische Bedingungen
```

Exemplarisch soll hier der Bürgerkrieg in Nigeria-Biafra dargestellt werden, weil hierbei die in der obigen Skizze aufgezeigten Bedingungen vorfindbar sind — und weil der Konflikt 'abgeschlossen' ist. Dabei ist es erst einmal unerheblich, ob der erreichte Zustand 'befriedigend' ist oder nicht und welche ideologische Bewertung dabei eingenommen wird. — Trotzdem: Es wird aufgezeigt werden müssen, daß die 'Analyse' eines solchen Konfliktes nicht 'wertfrei' vorgenommen werden kann, sondern eine Stellungnahme und die Darstellung der eigenen Position erfordert — wie bei jeder Betrachtung eines 'politischen Raumes'.

Am Beispiel des Biafra-Konflikts läßt sich aufzeigen, daß die von den Kolonialmächten willkürlich gezogenen Grenzen nicht nur Stammesgebiete durchtrennten, sondern auch keinerlei Rücksicht auf die im Lande dominierenden Völker nahmen, etwa die Haussa-Fulbe im Norden, die Yoruba im Südwesten und die Ibo im Südosten, die in Nigeria etwa 60 % der Gesamtbevölkerung darstellen. (M 5.2 und 5.3)

So stehen Sprachenvielfalt, Völker- und Stammesabgrenzungen, unterschiedliche historische und kulturelle Entwicklungen, die Tendenz der dominierenden Völker zur Machtausweitung und schließlich unterschiedliche religiöse Bindungen einer Staatenbildung in Nigeria entgegen (M 5.3). Mit rund 434 ethnischen Gruppen gehört Nigeria auch zu den 'stammesreichsten' Ländern der Erde und mit rund 923.772 qkm und etwa 110 Mio. Einwohnern (1991) ist es das bevölkerungsreichste Land Afrikas.

Die koloniale Dreiteilung blieb auch nach der Unabhängigkeit bestehen: Im Norden (Haussa-Fulbe), Westen (Yoruba) und Osten (Ibo) existierten jeweils Regionalregierungen und -parlamente; gleichzeitig aber gab es noch die gewählte Bundesregierung und das Bundesparlament, in dem der Norden mit einer Mehrheit von 50 % der Sitze überwog. Durch diese Mehrheit gelang es den Haussa und Fulbe, auch in der Armee die Überhand zu gewinnen. Die dadurch zwischen den Völkern auftretenden Gegensätze und Konflikte verschärften sich, zumal die besser ausgebildeten Ibo, die in der Verwaltung die Spitzenpositionen besetzten, befürchten mußten, die Haussa und Fulbe würden sich mit den Yoruba gegen sie verbünden und von ihren Positionen verdrängen.

Nachdem es bereits im Mai 1966 zu Ausschreitungen gegen die Ibo-Herrschaft im Lande kam, wurde der amtierende Chef der Militärregierung, der Ibo *Ironsi*, am 29. Juli 1966 mit etwa 250 Ibo-Offizieren ermordet. Oberst *Gowon*, ein aus dem Norden stammender Angas, übernahm die Regierungsgewalt. Eine von ihm im September 1966 einberufene Verfassungskonferenz unter Beteiligung von Vertretern aus allen Regionen Nigerias ging ohne Ergebnis auseinander. Wahrscheinlich ein von Führern aus dem Norden angezettelter Pogrom führte zur Ermordung von mehreren Tausend im Norden lebenden Ibos. Dem folgte eine Massenflucht der Menschen in ihre Heimatregionen: 1,6 Mio. nach Ost-Nigeria, 10.000 nach Nordnigeria, 45.000 nach Mittelwesten und 50.000 in die Westregion und nach Lagos. Nach einem erneuten Einigungsversuch im Januar 1967 kam es am 25. Mai 1967 zur Ausrufung der Republik Biafra (Ostregion) durch Oberst *Ojukwu* (Ibo).

Die Bemühungen von Staatschef *Gowon*, das Land in kleinere regionale Einheiten zu gliedern, galten dem vornehmlichen Ziel, die reichen Ölvorkommen in der Ost-Region dem Einfluß der Regionalregierung der Ibo zu entreißen. Die Erdölfördergesellschaften, die das Öl ausbeuteten, Shell-BP, die seit 1957 in der Region förderte und den größten Anteil herausholte, die französische Safrap (seit 1964), verschiedene andere amerikanische Firmen wie Gulf, Tennessee und die italienische Firma Agip, verhielten sich in dem Konflikt zunächst abwartend, zahlten dann aber an *Ojukwu* den Förderzins — was dem Führer der Ost-Region die Ausrufung des eigenen Staates erleichterte.

Seit Mitte Mai 1968, als die unmenschlichen Bedingungen der Blockade in der Welt bekannt wurden, entstanden 'Biafra-Komitees' in 21 Ländern, die spontan Geld für Nahrungsmittel und Medikamente sammelten und diese nach Biafra schickten; 33 katholische, protestantische und jüdische Kirchen organisierten zusammen mit dem Internationalen Roten Kreuz die Hilfsmaßnahmen. Die meisten Regierungen dieser Länder stellten Millionenbeträge für diese Aktionen zur Verfügung.

Frankreich, Portugal und Südafrika leisteten Biafra, aus jeweils unterschiedlichen Motiven, Waffenhilfe: Frankreich wohl zur Verteidigung der Erdölförderrechte (Safrap); Portugal und Südafrika, so wird vermutet, um durch das Scheitern der Unabhängigkeitsbemühungen Nigerias ihre eigene Kolonialpolitik zu rechtfertigen. Die öffentliche Weltmeinung richtete sich immer mehr gegen die Regierung in Nigeria; die Niederlande stellten 1968 ihre Waffenlieferungen an die Bundesstaaten ein, die CSSR während des 'Prager Frühlings' im Juli 1968. Trotz des Drucks auf Großbritannien, seine Waffenlieferungen an Nigeria einzustellen, kam die ehemalige Kolonialmacht diesem Wunsch nicht nach; wohl auch deshalb nicht, weil England befürchten mußte, seinen wirtschaftlichen und politischen Einfluß in diesem Teil Afrikas zu verlieren. Die Sowjetunion unterstützte Nigeria massiv mit Waffen, in der Hoffnung, in Westafrika einen neuen Einflußbereich erringen und dem Westen Paroli bieten zu können. Die damalige Vereinigte Arabische Republik (VAR) stellte Personal für die von der Sowjetunion gelieferten Flugzeuge bereit. Nur fünf Staaten erkannten Biafra diplomatisch an: Tansania (April 1968), Gabun, Elfenbeinküste und Sambia (Mai 1968) sowie Haiti (März 1969).

Drei Jahre, von 1967 bis 1970, dauerte der Krieg um Biafra. Im Januar 1970 kapitulierte die Ost-Region. *Ojukwu* floh mit seiner Familie; der Generalstabschef *Effiong* unterschrieb die Kapitulationsurkunde; der siegreiche Staatschef General *Yakubu Gowon* umarmte den Besiegten und rief zur nationalen Versöhnung auf. Die Sieger verzichteten auf Bestrafung und Rache.

Und heute: Ist die Integration der Völker und die Identifikation mit ihrem Staat Nigeria schon gelungen? Wie fühlen sich die 18 Millionen Ibo (1986)? *Emeke Enejere*, Dozent für Politologie an der Universität Nsukka im Herzen des Ibo-Landes, sieht es so: "Wir sind nicht diskriminiert, aber benachteiligt! Obwohl wir das gebildetste Volk von allen sind, spielen wir überall nur eine untergeordnete Rolle ... Die Yoruba kontrollieren die Wirtschaft, und in Politik und Militär dominieren nach wie vor die aus dem Norden!" (*Die Zeit*, Nr. 9, vom 21.2.1986).

Es wird sicher noch einige Zeit erfordern, bis die Ibo, die Yoruba, Haussa, Fulbe und die Angehörigen der vielen anderen Ethnien (Volksgruppen) neben ihrer kulturellen Identität auch die nationale ihres Landes erkennen und akzeptieren. Das ist weder verwunderlich noch ein Zeichen von mangelnder Politikfähigkeit.

2. Methodisch-didaktische Hinweise

Das vorgelegte Unterrichtsbeispiel ermöglicht die Erarbeitung eines nationalen Konflikts, in dem die Elemente: Bürgerkrieg — Rassenkonflikt — wirtschaftliche Interessen — 'Stellvertreterkrieg' enthalten sind. Der Verlauf des Biafra-Konflikts zeigt alle Merkmale eines 'afrikanischen' Konflikts, der mit Ursachen und Auswirkungen des Kolonialismus beginnt und mit Weltwirtschaftsinteressen endet.

Zwar spricht man in der internationalen Analyse von einem "abgeschlossenen Konflikt"; in der Anschauung jedoch zeigt sich, daß die gewaltsame Beendigung des Biafra-Krieges nicht die Lösung des Grundproblems brachte: "Wie lassen sich unterschiedliche Regionen und Kulturen in einen Staat integrieren?" Die Antworten von Außenstehenden gehen dabei in zwei Richtungen: "Das braucht — wie auch bei uns — seine Zeit!" und "Ohne (westliche) Hilfe gelingt das nie!" Daß beide falsch sind, zeigt u.a. das Beispiel 'Namibia' (vgl. Unterrichtsvorschlag D.4). In der Gegenüberstellung lassen sich eine Reihe von Erkenntnissen herausarbeiten, die durch die Materialien angeboten werden, z.B.:

— Bürgerkriege und militärische Konflikte entstehen nicht nur aufgrund einer innerstaatlichen Problem-

Unterrichtsvorschläge   **D**

situation; sie haben ihre Ursachen oftmals in von außen in das Land bzw. die Region getragenen Interessen und Machtansprüchen (Kolonialismus, Bodenschätze usw.).
— Der Verlauf der Geschichte kann zu der Hoffnung Anlaß geben, daß sich in Afrika die politische, wirtschaftliche und kulturelle Entwicklung künftig anders vollzieht als in den Jahren nach der Unabhängigkeit (1960).
— Staatliche Integration und Staatenwerdung vollziehen sich immer nur mit den Betroffenen; der Grad der aktiven Teilnahme an diesem Prozeß bestimmt auch die Qualität ihrer Verwirklichung.

3. Verlaufsplanung

Arbeitsschritte	Materialien	Methodisch-didaktische Hinweise
Afrika — ein Kontinent: Und die Afrikaner?	M 5.1	Bewußtmachen der Situation, daß in diesem riesigen Kontinent viele Völker leben (evtl. als Folie benutzen)
Nigeria und der Biafra-Konflikt	M 5.2	Einführung in das Unterrichtsthema durch ein gelenktes Unterrichtsgespräch.
Staatenbildung	M 5.3	Partnerarbeit nach Arbeitsanweisung. Ergebnisse als Tafelbild zusammenfassen.
Ursachen?	M 5.4	Gruppenarbeit laut Arbeitsaufgaben.
Literarische Aussage	M 5.5	Interpretation des Gedichtes unter Einbeziehung der bisher erarbeiteten Informationen über Biafra und Nigeria. Kooperation mit den Kollegen des Deutsch-(Lit.) Unterrichts.
Nigeria als Staat	M 5.6	Die ausgewählten Statistiken sollen dazu dienen, zum Abschluß des Unterrichtsthemas den Blick auf das Land Nigeria zu lenken und die Integrationsbemühungen der afrikanischen Politiker zu verdeutlichen.

D.6 Auf der Suche nach Kompromissen: EG-Fischereipolitik (Klasse 9/10)

1. Sachlage

Nach mehrjährigen Verhandlungen hat die Europäische Gemeinschaft seit dem 25. Januar 1983 mit ihrer Fischereipolitik ein weiteres Feld gemeinsamer Politik. Neben dem 'grünen' gibt es nunmehr auch ein 'blaues' Europa. Bereits im römischen Vertragswerk von 1957 war im Rahmen der Agrarpolitik eine gemeinsame Fischereipolitik vorgesehen. Die ersten ausführlichen Vorschläge der EG-Kommission für die Schaffung einer gemeinsamen Fischereipolitik entstanden jedoch erst Mitte der 70er Jahre im Zusammenhang mit den von verschiedenen Nicht-EG-Staaten (u.a. Island, Norwegen, Kanada) zum Schutz ihrer Fischbestände praktizierten Erweiterung der nationalen Fischereigrenzen auf 200 Seemeilen.

Am 1. Januar 1977 folgte die EG dem Beispiel dieser Länder und dehnte ihrerseits die Fischereigebiete auf eine 200-Seemeilen-Zone (ca. 370 km) aus. Damit war sie in der Lage, den Fischfang durch Drittländer in dem nun zum EG-Meer zählenden Bereich, aus dem allein die damalige sowjetische Fischereiflotte jährlich ca. 600.000 Tonnen Fisch herausholte, zu verhindern.

Den Kern der im Januar 1983 für zunächst 10 Jahre getroffenen Vereinbarungen bilden folgende Übereinkünfte:

— Jährlich werden zur Bewirtschaftung der EG-Ressourcen im Atlantik (einschließlich Nord- und Ostsee) vom EG-Ministerrat für alle Arten, bei denen eine Überfischung droht, die zulässige Gesamtfangmenge und deren Aufteilung in Quoten festgesetzt.

Die im Januar 1983 beschlossene Quotenzuteilung, die für die folgenden Jahre als Bezugswert gilt, verteilte die Hauptfischarten wie folgt auf die damaligen Mitgliedsländer: Großbritannien 36 %, Dänemark 23 %, Bundesrepublik Deutschland 14 %, Frankreich 13 %, Niederlande 7 %, Irland 4 %, Belgien 2 %.

Im Jahre 1986 änderte sich die Situation durch den EG-Beitritt von Portugal und Spanien: Die Zahl der Fischer verdoppelte sich, die Gesamtmenge der Fänge vergrößerte sich um 30 %, die Tonnage der Gemeinschaftsflotte stieg gar um etwa 65 %. Mit Hilfe der bis 1996 geltenden Übergangsregelungen soll eine harmonische Integration der beiden Neumitglieder in die gemeinsame Fischereipolitik sichergestellt werden.

— Die gemeinschaftliche Fischereizone, die sich auf 200 Seemeilen im Atlantik und in der Nordsee erstreckt (gilt nicht für das Mittelmeer, M 6.2), steht grundsätzlich allen Fischern der Gemeinschaft offen. Lediglich eine 12 Seemeilen-Zone ist den Küstenfischern des jeweiligen Anliegerstaates zur alleinigen Nutzung vorbehalten. Eingeschränkt wird diese Bestimmung lediglich durch die 'historischen Rechte' von Fischern anderer Mitgliedsstaaten. Beispielsweise dürfen die bretonischen Fischer weiterhin ihre traditionellen Fanggebiete an Englands Küste nutzen. Zum Schutz eines außerhalb der 12-Meilen-Zone liegenden 'biologisch-gefährdeten Gebietes' um die Shetland- und Orkney-Inseln ist eine zusätzliche Einschränkung der Fangrechte vereinbart worden.

— Durch Fischereiabkommen mit Drittländern vergrößert die EG die zur Nutzung zur Verfügung stehenden Fanggebiete erheblich. Schiffe aus EG-Staaten fischen aufgrund solcher Verträge beispielsweise in den Fischereizonen von Norwegen, Schweden, den Färöer-Inseln, Senegal und Guinea-Bissau. Die Fischer aus Norwegen, Schweden und den Färöer-Inseln haben auf der Grundlage von Gegenseitigkeitsabkommen Fischereirechte in den Gewässern der Gemeinschaft. Einige Staaten der Dritten Welt erhalten für die Gewährung von Fangmöglichkeiten Ausgleichszahlungen und Ausbildungsbeihilfen. So erhält beispielsweise Marokko neben der Gewährung von Exportkonzessionen zwischen 1988 und 1992 jährlich Fanggebühren in Höhe von 70 Mio. ECU (z.Zt. ca. 143 Mio. DM).

Besondere Beziehungen gibt es gegenwärtig zu Grönland, das Anfang 1985 aus der EG ausschied. Grönland läßt die EG-Fischer weiterhin in seinen Gewässern fischen und erhält dafür von der EG einen finanziellen Ausgleich und für seine Fischereiprodukte den zollfreien Zugang zum EG-Markt.

— Durch eine neue Fischmarktordnung werden eine angemessene Lebenshaltung für die Fischer, eine Stabilisierung der Märkte und eine gesicherte Versorgung der Verbraucher zu angemessenen Preisen angestrebt.

Erreicht werden sollen diese Ziele durch:
– die Formulierung und Überwachung von Vermarktungsnormen (z.B. Qualität, Verpackung),
– die Förderung von Erzeugerorganisationen,
– die Gewährung von Ausfuhrbeihilfen bei Produktionsüberschüssen sowie
– die jährliche Festsetzung von Orientierungs- und Rücknahmepreisen.

— Normen für Fanggeräte und Mindestgrößen für die zum Fang freigegebenen Fische sollen dem Schutz der Fischbestände dienen.

— Strukturmaßnahmen, die beispielsweise die Stillegung und Modernisierung von Fischfangschiffen zum Ziel haben, sollen finanziell gefördert werden.

2. Methodisch-didaktische Hinweise

Am Beispiel der EG-Fischerei soll gezeigt werden, wie ein internationaler Konflikt durch die Bereitschaft zum Kompromiß entschärft und im wesentlichen gelöst werden kann. Zur Einführung in das Thema steht M 6.1 zur Verfügung. Mit Hilfe dieses Textes lassen sich die Konfliktträchtigkeit der EG-Fischerei und die erfolgreiche Suche nach Kompromissen gegenüberstellen. Die in diesem Zusammenhang von den Schülerinnen und Schülern geäußerten Fragen und Hypothesen sind zu sammeln und mit Hilfe des Lehrers so zusammenzustellen, daß sich eine Gliederung der Unterrichtseinheit ergibt:

— Welche Fischereikonflikte gab es, an denen EG-Staaten beteiligt waren?
— Wie werden Kompromisse für den Bereich der EG-Fischerei gefunden?
— Warum ist eine gemeinsame Politik für den Bereich der EG-Fischerei wichtig?
— Hat sich die EG-Fischereipolitik bewährt?

Die Arbeitsfragen lassen sich im wesentlichen mit Hilfe der beigefügten Materialien bearbeiten. Es wird jedoch empfohlen, die Schülerinnen und Schüler anzuregen, selbst Materialien in Büchereien und Zeitungsarchiven zu suchen und durch Schreiben an Behörden und Verbände zu beschaffen.

Tafelbild 1

Thema: Auf der Suche nach Kompromissen: Die EG-Fischereipolitik	
Arbeitsfragen (geordnet):	Unterrichtsschwerpunkte
— Welche Fischereikonflikte gab es, an denen EG-Staaten beteiligt waren?	I. Fischereikonflikte — innerhalb des EG-Meeres — einzelner EG-Staaten mit Drittländern
— Wie werden Kompromisse für den Bereich der EG-Fischerei gefunden?	II. Kompromisse — Das Verhandlungsergebnis von 1983 — Die Instrumente der EG-Fischereipolitik — Verlauf und Ergebnisse aktueller Verhandlungen
— Warum ist eine gemeinsame Politik für den Bereich der EG-Fischerei wichtig?	III. Bedeutung der EG-Fischereipolitik — ökonomisch — ökologisch — politisch
— Hat sich die Fischerei EG-Fischereipolitik bewährt?	IV. Bewertung der EG-Fischereipolitik

Unterrichtsvorschläge D

3. Verlaufsplanung

Arbeitsschritte	Materialien	Methodische Hinweise
Formulierung der Themenstellung und der Arbeitsfragen zur Gliederung der Unterrichtseinheit	M 6.1	Unterrichtsgespräch Mögliches Ergebnis: Tafelbild 1
Unterrichtsschwerpunkt I Fischereikonflikte — innerhalb des EG-Meeres — einzelner EG-Staaten mit Drittländern	M 6.2 sowie durch Schüler/-innen gesammelte aktuelle Zeitungsbeiträge und/oder FWU-Film (3202609) "Fischkrieg - Islands Kampf um seine 50-Meilen-Zone"	Unterrichtsgespräch (vorbereitet durch Hausarbeit bzw. Lesen der gesammelten Zeitungsbeiträge)
Unterrichtsschwerpunkt II Kompromisse — Das Verhandlungsergebnis von 1983 — Die Instrumente der EG-Fischereipolitik — Verlauf und Ergebnisse aktueller Verhandlungen	Schüler/-innen sammeln aktuelle Zeitungsbeiträge M 6.3 — 6.4 M 6.5 — 6.9 M 6.1 und 6.10	Unterrichtsgespräch und Einzel-/Partner-/ Gruppenarbeit (einzelne Unterrichtsschwerpunkte können auch als Hausarbeit bearbeitet werden).
Unterrichtsschwerpunkt III Bedeutung der EG-Fischereipolitik — ökonomisch — ökologisch — politisch	M 6.4; 6.11 — 6.15	Wenn die Erarbeitung nicht im Unterrichtsgespräch erfolgt, sollte am Ende von Unterrichtsschwerpunkt III — zusammenfassend — eine Besprechung der Arbeitsergebnisse durchgeführt werden.
Unterrichtsschwerpunkt IV Bewertung der EG-Fischereipolitik — Erarbeitung von Bewertungskriterien — Entwicklung einer eigenen Stellungnahme		Unterrichtsgespräch

D.7 Krieg als Mittel für den Frieden?: Krisenregion Golf (ab Klasse 7)

1. Allgemeine Vorbemerkungen

"Krieg dem Krieg" (Friedensbewegung) oder "Krieg für den Frieden" (Spiegel) — es hilft wenig, daran zu erinnern, daß Kriege als regionale, kontinentale und weltweite Auseinandersetzungen seit Jahrtausenden in der Menschheitsgeschichte gelobt und geächtet, unterstützt und behindert wurden. Auch, daß Kriege in den meisten Fällen, getragen von historischen, kulturellen, religiösen, ethnischen oder wirtschaftlichen Ursachen, immer mit Machtansprüchen zu tun haben; vielmehr müßte es bei der Analyse von Kriegen — hier am Beispiel des Golf-Kriegs — darum gehen zu fragen, ob sich im Zeichen der 'elektronischen' Kriegsführung, im Zeichen der 'Präsentation des Kriegsgeschehens im Fernseh-Wohnzimmer' etwas in der Einstellung zum Krieg geändert hat.

Die Angst vor dem 'Dritten Weltkrieg' hat die Menschen seit dem Ende des Zweiten Weltkriegs beschäftigt. Formen des 'Kalten Krieges', von 'Stellvertreterkriegen', 'Rüstungsbalance' und schließlich von Abrüstungsverhandlungen und Vereinbarungen zur Vernichtung von Waffen gelten den politischen Beobachtern als Hinweise dafür, daß Krieg kein anderes Mittel mehr zur Fortsetzung von Politik sein kann (sollte): "Da es ohne Verhinderung eines dritten Weltkrieges kein Überleben gibt, und da außerdem Entwicklung Frieden bedeutet, muß endlich damit begonnen werden, das Miteinander zu organisieren und der friedlichen Entwicklung jede Chance zu geben, die sie für uns alle bedeutet und dafür, daß es uns nachfolgende Generationen gibt" (*Willy Brandt*, anläßlich der Verleihung des Dritte-Welt-Preises, 1985).

In dieser Aussage sind mehrere Aspekte angesprochen, die uns als Leitlinie bei der Beschäftigung mit der Thematik "Krieg als raumrelevantes Phänomen" dienen:

— Krieg bedeutet Vernichtung der Menschheit;
— Krieg heißt Zerstörung der Umwelt;
— Krieg vergrößert die Ungerechtigkeiten in der Welt.

In dem "systematischen Register der kriegerischen Konflikte" (*Stiftung Entwicklung und Frieden* 1990) werden allein für die Jahre von 1985 bis 1990 46 Kriege aufgeführt, die teilweise mehrere Jahre dauerten, heute noch geführt werden und Millionen von Menschenleben forderten.

Der Golf-Krieg zwischen Irak und den alliierten Streitkräften beinhaltete alle Formen von Irrationalität, sowohl bei den direkt Beteiligten (Irak, USA und Verbündete) als auch bei der Bevölkerung. Verständnis für das Eingreifen der Alliierten in der Golf-Region und Proteste dagegen, Parteinahmen für die eine oder andere Seite — und die Fernsehmeldungen 'life' rissen den Zuschauer von einer Stimmung in die andere ... Von dieser emotionalen Stimmungslage und Einschätzung waren auch bereits Schüler und Schülerinnen in einem Maße betroffen, wie dies bei vergangenen Kriegen, etwa im Vietnam-Krieg, zumindest bei uns nicht bemerkbar war. Demonstrationen, Unterrichtsaktionen, ja sogar Hungerstreiks waren die Mittel, mit denen Schüler und Schülerinnen ihre spürbare Ohnmacht gegen die Kriegsmaschinerie zum Ausdruck brachten. Auch die Stellungnahmen und Anordnungen der Kultusministerien in den einzelnen Bundesländern waren zwiespältig: Während in dem einen Land den Lehrern im Fall der Teilnahme an Demonstrationen während der Unterrichtszeit Disziplinarverfahren angedroht wurden, äußerte etwa der niedersächsische Kultusminister *Wernstedt*: "Die Demonstrationen der Schüler und Schülerinnen gegen den Krieg sind verständlich und sollten ernst genommen werden"; und er fordert alle Schulen auf, "entsprechend den schulischen und örtlichen Bedingungen in geeigneter Weise die Probleme, die mit dem Krieg zusammenhängen, mit schulischen Mitteln aufzuarbeiten" (*Pressemitteilung des niedersächsischen Kultusministeriums* 8/91, vom 18.1.1991).

2. Sachanalyse

Der Golf-Konflikt wurde ausgelöst durch die widerrechtliche Besetzung und Vereinnahmung Kuwaits als '19. Provinz' des Irak am 2. August 1990. Die Reaktion hierauf: zuerst zögerliche Proteste gegen diese völkerrechtlich zu verdammende Aktion durch die westliche und östliche Welt, dann die Entschließung des UN-Sicherheitsrats, daß sich Irak bis zum Ablauf des 15. Januar 1991 aus Kuwait zurückziehen müsse, schließlich fieberhafte diplomatische Bemühungen aus Ost und West, Süd und Nord. Auch der 'letzte' Versuch des Generalsekretärs der Vereinten Nationen, *Pérez de Cuéllar*, einen Tag vor dem 15.1.1991, *Saddam Hussein* doch noch dazu zu bringen, sich aus dem besetzten Land zurückzuziehen, brachte nicht das erhoffte Ergebnis: Der Krieg mit Luftangriffen der verbündeten Streitkräfte gegen den Irak und mit Raketenangriffen des Irak gegen Israel, Saudi-Arabien ... brach aus.

Besonders gefürchtet wurde von den Verbündeten, aber auch von der israelischen und arabischen Bevölkerung, die Drohung des irakischen Staatschefs, Vergeltungsangriffe mit chemischen und biologischen Kampfstoffen zu führen. Daß diese Ankündigungen ernst zu nehmen waren, zeigt der Einsatz von Giftgas der irakischen Regierung gegen die kurdischen Guerillas und die Zivilbevölkerung ab April 1987. Der größte Giftgasangriff auf die kurdische Stadt Helabja im März 1988 etwa forderte fünf- bis siebentausend Todesopfer und mindestens ebensoviele Verletzte. Daher gehörte die Gasmaske zum ständigen Utensil der Bevölkerung von Israel und in Saudi-Arabien.

Zuvor lagen die unmittelbaren Ursachen dieses 2. Golfkrieges in der Absicht *Saddam Husseins*, durch Aneignung Kuwaits und vor allem dessen (Öl-)Reichtümer die eigene Schuldenlast abtragen zu können, darüber hinaus jedoch auch in einem alten Grenzkonflikt zwischen Irak und Kuwait aus dem Jahre 1922. Jedoch können die Ursachen und Auswirkungen dieses Golf-Krieges letztlich nicht ohne die Informationen über die Ursachen verstanden werden, die zum Konflikt und zum Krieg des Irak gegen den Iran (1980-1988) geführt haben: Der Koran als Machtanspruch, wie er sich in der iranischen Revolution darstellte und wie er von Irak beantwortet wurde, gilt als eine der Ursachen jenes '1. Golf-Kriegs'. Von der iranischen Revolution aus verbreitete sich der islamische Machtanspruch auf andere Länder in der Region, aber auch darüber hinaus. Die "Schary'a", der Ruf nach Recht und Ordnung des Islam, ertönte nicht nur in den umliegenden Golfstaaten, in Saudi-Arabien, Kuwait, Oman; er ist heute auch bei den Fundamentalisten in Ägypten, in Pakistan, Indien, Indonesien, der Türkei ... zu hören. Dieser Machtanspruch, wonach der Koran und der Islam nicht nur eine Glaubensrichtung, sondern auch ein weltlicher Herrscherauftrag sind ("maktab", eine ganzheitliche Weltanschauung), ist keine Erfindung der iranischen Führer und keine aus unserer Zeit. Mohammed war eben nicht nur der Gründer einer religiösen Lehre, sondern einer theokratischen Staatsidee, in der die beiden Elemente "din", Religion, und "daula", Herrschaft, untrennbar zusammengehören. Diese panislamische Grundlage des Islam erhielt Auftrieb durch die politische Entwicklung der letzten hundert Jahre. Im Zeitalter der Entkolonialisierung, dem Streben der Kolonialstaaten nach Unabhängigkeit, entstanden Länder, deren Menschen traditionell Muslime waren. Die Staaten jedoch wurden nach politischen Systemen organisiert, die denen der westlichen Staaten als parlamentarische oder Volksdemokratien, entsprachen; und in diesen Staaten übernahmen Führer die Macht, die sich nicht als religiöse, sondern als politische Herrscher verstanden — und die zudem von westlichen Ideen geprägt waren. So entstanden etwa nationalistisch orientierte Staaten, die den Sozialismus zur Grundlage ihrer Politik machten, etwa der 'Nasserismus' in Ägypten, der 'Baathismus' in Syrien.

Der 'Golf-Krieg' ist zu Ende. Die Infrastruktur im Irak ist weitgehend zerstört, der Euphorie der Alliierten ist einer Ernüchterung gewichen. Die Erkenntnis wächst, daß die Lösung des 'Nahost-Problems' dringend erforderlich ist, um einen dauerhaften Frieden in dieser Region der Erde zu schaffen.

3. Hinweise zur Methodik und inhaltliche Erläuterungen

Es ist beinahe unmöglich, die vielfältigen Verflechtungen und Ursachen des Krieges am Golf unterrichtlich zu bearbeiten; historische, politische, wirtschaftliche, kulturelle, religiöse ... Gründe sind in die Analyse einzubeziehen, damit nicht so einseitige Schlagwörter, wie sie bei Demonstrationen zu sehen waren — "Kein Blut für Öl" und "Saddam, der Retter des Islam" — die Oberhand gewinnen.

Es ist deshalb angezeigt, diese verschiedenen Aspekte zu sammeln und von den Schülern aufspüren zu lassen. Dazu gehört etwa die Arbeit mit 'Chroniken', mit aktuellen Presse-Informationen, mit Mitschnitten von Nachrichten- und Magazinsendungen, aber auch die Lektüre von Geschichtswerken und Monographien.

Unterrichtsvorschläge   D

Die Auswahl der angebotenen Unterrichtsmaterialien folgt diesem Anspruch. Die Materialien sind zu verstehen als inhaltliche wie methodische Mittel zum Transfer in der unterrichtlichen Arbeit. Besonders die Methode des 'fiktiven Interviews' ist unserer Meinung nach geeignet, Texte zu verstehen und zu bearbeiten.

4. Verlaufsplanung

Arbeitsschritte	Materialien	Methodische Hinweise
Der 'Golf-Krieg 1': Vergleich Iran-Irak	M 7.1	Der 'Golf-Krieg 2' ist nicht ohne die iranisch-irakische Auseinandersetzung im Krieg von 1980-1988 zu verstehen. Dabei sollte insbesondere der 'Machtanspruch des Koran/Islam' herausgearbeitet werden.
Das militärische Kräfteverhältnis im Nahen Osten	M 7.2 M 7.3	Auseinandersetzung mit der Frage: "Können Waffen einen Konflikt lösen?"
"Blut für Öl?"	M 7.4	"Kein Blut für Öl", das war ein Slogan bei den Demonstrationen gegen den Golf-Krieg. Welche Informationen gibt uns die Graphik dazu?
Chronik der Golfkrise	M 7.5	Eine Auflistung von Daten und Fakten. Das erste Datum ist nicht der Anfang des Konflikts; das letzte nicht das Ende. Hinter jedem Datum verstecken sich Macht und Elend!
Arabiens Ehre, Arabiens Elend	M 7.6	Mit der Methode des 'fiktiven Interviews' soll eine 'arabische Stimme' Stellung beziehen. Die Schülerinnen und Schüler erhalten so die Möglichkeit, ihre eigenen Informationen und Einstellungen zur Problematik mit der im Interview zu vergleichen.
Das Für und Wider zum Golf-Krieg	M 7.7	In der Öffentlichkeit wurde das Für und Wider des Golfkrieges (auch die Frage, ob deutsche Soldaten in den Krieg einbezogen werden sollen) engagiert diskutiert. In einer Pro- und Contra-Diskussion können die Schüler und Schülerinnen diese Auseinandersetzung nachvollziehen.
Umfragen zum Krieg (Meinungsforschung)	M 7.8	Im Zusammenhang mit M 7.7. Grundsätzliche Auseinandersetzung mit dem Instrument der Meinungsumfrage. Kritische Betrachtung.
Ende des Krieges — Ende des Konfliktes?		Der Krieg gegen den Irak ist zu Ende; doch der Bürgerkrieg im Irak geht weiter! Ist dies eine Folge des internationalen Konflikts oder eine Fortsetzung des Krieges mit anderen Mitteln? Ist der Krieg, den *Saddam Hussein* und seine Anhänger gegen ihre Kritiker im Irak führen, eine inner-irakische Angelegenheit? Einen weiteren Schwerpunkt der abschließenden Reflexion dieses Krieges sollen die enormen Wiederaufbauprobleme im Irak und in Kuwait sowie die ökologischen Folgen der Ölbrände (regional, überregional) und die Verseuchung des Persischen Golfes durch Öl bilden.

Die aktuellen Auseinandersetzungen sollen die Schülerinnen und Schüler dazu anregen, die Presse- und Medienberichte aufmerksam aufzunehmen und in die Unterrichtsarbeit einzubringen. Daraus kann z.B. eine 'Aktualitätenwand' mit Zeitungsausschnitten entstehen, eine Analyse von Fernseh-Mitschnitten usw.

Anmerkungen zu Materialien (S. 84 ff.)

M 7.1: Vergleich: Iran — Irak

Mit diesem Informationsmaterial soll auf den '1. Golf-Krieg' (1980-88) zwischen dem Iran und dem Irak eingegangen werden. Eine Reihe von politischen Beobachtern (u.a. Prof. Dr. *Bassam Tibi*, "Auf der Suche nach einer Nachkriegsordnung", in: FAZ vom 28.3.91) sind z.B. der Meinung, daß *Saddam Hussein* den '2. Golf-Krieg' durch die Besetzung Kuwaits deshalb ausgelöst hat, weil er die Schuldenlast von 70 Milliarden Dollar, die durch den Konflikt mit dem Iran entstanden war, durch die Öl-Einnahmen aus Kuwait tilgen wollte.

M 7.2: Das militärische Kräfteverhältnis im Nahen Osten

In dieser Aufstellung werden die militärischen Machtverhältnisse in dieser Region deutlich. Mit M 7.3 lassen sich dabei die Kräfteverhältnisse im Golf-Krieg herausarbeiten.

M 7.3: Der Aufmarsch am Golf

Das 'Kräfte'-Verhältnis der Kriegsparteien wird in den einzelnen Nachrichten unterschiedlich angegeben; dies ist eine Gegenüberstellung. Dabei sollte vermieden werden, in 'Rambo'-Manier nun Kräfte und Waffen 'zu messen', um damit die Frage "Wer ist stärker?" und "Wer gewinnt?" zu provozieren; vielmehr geht es um die Frage: "Können Waffen, kann Gewalt, einen Konflikt lösen?"

M 7.4: Die größten Öl-Quellen der Welt

"Kein Blut für Öl", das war eine der Parolen bei den Demonstrationen gegen den Golf-Krieg. In der Graphik wird die Bedeutung der Golf-Region für die Öl-Versorgung der Welt deutlich.

M 7.5: Wie sich der Knoten schürzte

Die 'Chronik der Golfkrise' dient als Möglichkeit, die Schritte hin zum Krieg erkennen zu können. Diese Chronik beginnt allerdings nicht mit dem 'Anfang der Krise' und schließt auch nicht mit dem 'Ende'. Vielmehr kann deutlich werden, welche Möglichkeiten zur Verhinderung des Krieges unternommen und welche versäumt wurden.

Es sollte versucht werden, die Methode der 'Zukunftswerkstätten', wie sie von *Robert Jungk* beschrieben wurde, anzuwenden und der Phantasie der Schüler, "wie der Krieg hätte verhindert werden können" Spielraum zu geben.

M 7.6: Arabiens Ehre, Arabiens Elend

Das 'fiktive Interview' soll eine 'arabische Stimme' zu Gehör bringen. Das 'Interview' ist so aufgebaut, daß die verschiedenen Probleme des

D   Unterrichtsvorschläge

Krieges mit je einer 'Frage' angesprochen werden. Die Methode ist besonders für die Bearbeitung von politischen Themen geeignet und für solche, bei denen eine 'Bewertung' schwierig ist.

M 7.7: Das Für und Wider im Golf-Krieg
In einer Pro- und Contra-Diskussion sollen die Schülerinnen und Schüler die Argumente, wie sie zum Golf-Krieg in der Öffentlichkeit ausgetauscht wurden, nachvollziehen und dabei eigene Standpunkte entwickeln.

M 7.8: Umfragen zum Krieg
Ein wichtiges Mittel in der politischen Auseinandersetzung sind Meinungsumfragen und ihre Veröffentlichung. Am Beispiel der von INFAS ermittelten Einstellungen der Menschen aus verschiedenen Ländern zum Golf-Krieg soll herausgearbeitet werden, wie sich Meinungen bilden und verändern. Dazu sollen die übrigen Materialien herangezogen werden.
Die Thematik kann auch dazu dienen, grundsätzliche Informationen und Kritik am Instrument der Meinungsforschung zu diskutieren. Interessante Erfahrungen machen die Schülerinnen und Schüler auch damit, daß sie mit selbsterstellten Fragebogen Einstellungen — etwa zur Gewalt — bei ihren Mitschülern ermitteln und die Ergebnisse gemeinsam auswerten.

Ende des Krieges — doch nicht Ende des Konflikts

Die momentane Situation der 'Nachkriegszeit' ist geprägt von der Kapitulation des Irak und den Auswirkungen der ungeheuren Schäden, die der Krieg in der Golf-Region verursacht hat — und von Aufständen und Unruhen im Irak. Die oppositionellen Kräfte, insbesondere die Kurden, standen gegen *Saddam Hussein* auf und eroberten in einer ersten Phase einen Teil des Landes. Mit brutaler Macht warf der irakische Diktator diesen Aufstand nieder. Millionen von Menschen befinden sich auf der Flucht vor dieser Gewalt; Tausende von Menschen starben bei diesen Auseinandersetzungen.

Wie soll sich der Westen, wie sollen sich die Alliierten verhalten? Der Sicherheitsrat der Vereinten Nationen fordert *Saddam Hussein* auf, die Kämpfe gegen sein eigenes Volk zu beenden.

Weitere Fragen, die die weiterführende Betrachtung leiten könnten, sind etwa:

— Wie wird der Wiederaufbau der Siedlungs-, Wirtschafts- und Infrastruktur im Irak und in Kuwait bewältigt werden?
— Werden die ehemaligen ausländischen Beschäftigten wieder in der Golf-Region Arbeit finden?
— Wie werden sich die Ölbrände ökologisch auswirken im Blick auf das Klima, die Lebensmöglichkeiten, die agrarische Landnutzung usw. in der Golfregion selbst, aber auch in entfernteren Regionen?
— Wie wird sich die Ölpest im Persischen Golf auswirken?
— Wird es gelingen, in der Golfregion dauerhaften Frieden zu stiften?

D.8 Abhängigkeiten: Vom Nord-Süd-Konflikt zur Nord-Süd-Partnerschaft (ab Klasse 8)

1. Sachanalyse

Bei dem Versuch, Armut und Reichtum und den Zustand der Welt zu messen und zu vergleichen, hat es verschiedene Ansätze gegeben. Die geographischen Methoden legten etwa die Gliederung der Erde nach Regionen nahe. Dabei ist immer der wirtschaftlich-politische Zustand der jeweiligen Region systembestimmend gewesen:

— Zweiteilung der Erde in Nord und Süd (Nord-Süd-Konflikt).
— Dreiteilung der Erde in die Erste, Zweite und Dritte Welt (Westliche Industrieländer — Kommunistische Länder — Entwicklungsländer).
— Fünfteilung der Erde mit einer Unterteilung der sogenannten Dritten Welt in drei Welten:
   a) Westliche Industrieländer mit kapitalistischer Marktwirtschaft.
   b) Kommunistische Länder mit zentralistischer Planwirtschaft.
   c) Schwellenländer mit reichen, abbaubaren Bodenschätzen und der Chance, mit Hilfe von außen zu entwickelten Ländern zu werden.
   d) Gering entwickelte Länder mit einigen Bodenschätzen und Ansätzen für eine wirtschaftliche Entwicklung, bei starkem Bedarf an Geld und Technologie.
   e) Ärmste Länder mit besonders ungünstigen Voraussetzungen für eine Entwicklung (vgl. *Bratzl/Müller* 1979, S. 131 ff.).

Abhängigkeit als Kennzeichen politischer Räume soll hier — ausgewählt — am Beispiel der Rohstofforientierung eines Raumes dargestellt werden. Dies vor allem deshalb, weil die Rohstofforientierung in der Vergangenheit politische Räume geschaffen, verändert und geprägt hat; aber auch, weil sich mittlerweile ein Umdenken anzubahnen beginnt, das nicht mehr ausgeht von dem Besitzanspruch, etwa in einem Leserbrief am 10.6.88 in der *Zeit* ausgedrückt: "In der Bundesrepublik leben ca. 60 Millionen Menschen auf einem Fleckchen Erde, das 248.000 qkm umfaßt und dazu noch rohstoffarm ist. Wenn die Menschen nicht ihr Wissen und ihre Ausbildung hätten, wären sie bettelarm. Wieviel reicher ist da Indonesien oder Brasilien", sondern stärker bestimmt wird von der Erkenntnis, daß die "gegenseitige Abhängigkeit zwischen Nationen im allgemeinen und zwischen regionalen Ländergruppen steigt" (*Bratteli* 1976, S. 42).

Die Wurzeln des Imperialismus und Kolonialismus liegen — das ist eine Binsenweisheit — in den Besitzansprüchen nach Rohstoffen. Kriege wurden darum geführt, unendliches Leid hat diese Gier nach immer mehr Zinn, Kupfer, Eisenerz, Erdöl, Gold ... gebracht — auch Vielen unendlichen Reichtum beschert. Die Geschichte der Eroberungen, Land- und Machtausweitung ist eine Geschichte des Kampfes um Rohstoffe. Und dieser Kampf ist nicht zu Ende: In einer Artikelserie im *Stern* 1981 heißt es: "Der dritte Weltkrieg könnte ein Krieg um die Rohstoffe sein. Darin sind sich die meisten Staatsmänner einig. Kein einziges Industrieland hat sich bisher darauf eingestellt, daß der Nachschub an

Unterrichtsvorschläge D

Naturschätzen irgendwann versiegen wird. Schon heute kostet der Kampf um die Rohstoffe von Tag zu Tag immer mehr Geld, mehr Natur und mehr Menschenleben".

Im *Diercke*-Weltatlas (1991) wird bei der Weltverteilung der Rohstoffe unterschieden in
— Agrarische Rohstoffe (S. 228/2)
— Energierohstoffe (S. 229/1)
— Metallische Rohstoffe (S. 229/2).

Die bekannte Formel "Die Industrieländer verbrauchen vier Fünftel der Reichtümer der Erde" (vgl. dazu: *Strahm* 1985, S. 12) verdeutlicht anschaulich das Problem; aber nur die Umkehrung "Mehr als zwei Drittel aller materiellen Bodenschätze liegen in den Ländern der Dritten Welt" vervollständigt das Bild.

Auf Drängen der Entwicklungsländer wurde im Rahmen der Vereinten Nationen 1964 eine regelmäßig tagende Konferenz, die 'UN-Konferenz für Welthandel und Entwicklung', UNCTAD (UN-Conference on Trade and Development), eingerichtet. Im Abstand von vier bzw. drei Jahren gab es bisher die UNCTAD-Konferenzen I bis VII (August 1987). Die Diskussionen und Verhandlungen auf den Konferenzen werden mehr und mehr von einer Interessen- und Gruppenbildung der teilnehmenden Länder bestimmt:

A+C-Länder: ursprünglich die 'Gruppe der 77', Entwicklungsländer; unterteilt noch in die am wenigsten entwickelten Länder (Least Developed Countries, LLDC), 1988: 125 Länder;

B-Länder: westliche Industrieländer bzw. OECD-Länder (21 Länder);

D-Länder: sozialistische Länder Osteuropas (7).

Die VR China tritt als eigene Gruppe auf.

Die Einschätzung, daß "die Ergebnisse von UNCTAD VII aus der Sicht der Entwicklungsländer und ihrer dringenden Probleme als bescheiden angesehen werden (müssen)" (BMZ, Entwicklungspolitik: UNCTAD VII, Mat.Nr.78, S. 12), gilt nicht nur für die letzte Konferenz. Die 'Orientierung an der Tagesopportunität' (*Neue Züricher Zeitung* vom 10.5.88) läßt die entwicklungsstrategische Weltansicht vermissen. Die Forderung nach einer neuen Weltwirtschaftsordnung (NWWO) bestimmt seit langem die Diskussion. Sie trifft den Nerv der bisherigen Weltwirtschaftsordnung, die bestimmt ist von den Prinzipien der 'Freiheit des internationalen Handels', die zurückgehen auf die von den USA angeregte Konferenz von Havanna/Kuba, 1947, an der 58 Staaten mit ca. 90% des Anteils am Welthandel beteiligt waren. Aus dieser Konferenz ist GATT, 'General Agreement on Tariffs and Trade', eine Sonderorganisation der Vereinten Nationen, entstanden.

Der IWF, Internationaler Währungsfonds ('International Monetary Fund'), der 1944 auf einer Konferenz in Bretton-Woods/USA gegründet wurde, soll ein System fester Wechselkurse beim freien Geld- und Kapitalverkehr zwischen den einzelnen Ländern garantieren. Die NWWO soll es den Entwicklungsländern ermöglichen, aus ihren Rohstoffexporten höhere Einnahmen zu erzielen und die Weltmarktpreise für diese Rohstoffe zu stabilisieren. Dies soll erreicht werden durch die Bildung von Kartellen (ähnlich dem Erdölkartell der OPEC) und die Schaffung eines 'integrierten Rohstoffprogramms' (Rohstoff-Fonds). Der Fonds soll wie folgt funktionieren: Es werden Lager für die 10 bis 18 wichtigsten Rohstoffe gebildet (die 10 Rohstoffe sind: Kakao, Kaffee, Tee, Baumwolle, Jute, Naturkautschuk, Hartfasern (wie Sisal u.a.), Kupfer, Zinn, Zucker; die weiteren 8 Rohstoffe: Bananen, Rindfleisch, Pflanzenöle, Tropenhölzer, Bauxit, Eisenerz, Manganerz, Phosphat). Wird von einem bestimmten Rohstoff ein Überschuß erzeugt und fällt dadurch der Weltmarktpreis unter eine bestimmte Untergrenze, kauft der Fonds diese Rohstoffe zu einem festgesetzten Preis auf. Wenn die Rohstoffpreise auf dem Weltmarktpreis überhöht sind, verkauft der Fonds die jeweiligen Rohstoffe, um den Weltmarktpreis zu drücken. Das bereits 1980 unterzeichnete Abkommen konnte bisher nicht in Kraft treten, weil noch nicht genügend Staaten das Abkommen im nationalen Rahmen ratifiziert haben. Dabei läge eine langfristige und faire Übereinkunft über die Nutzung der nicht regenerierbaren Rohstoffe nicht nur im Interesse der rohstoffliefernden Staaten, z.B. der Entwicklungsländer, sondern auch der rohstoffverbrauchenden Länder, der Industrieländer. So fragt etwa das Bundesministerium für wirtschaftliche Zusammenarbeit (BMZ) in der Broschüre 'Partner der Dritten Welt' (1983): "Was ... wäre, wenn die Entwicklungsländer ihre sämtlichen Rohstoffe für unser Land sperrten?" Und stellt dann — unter Hinweis darauf, daß die Bundesrepublik im Verbrauch von Rohstoffen der Drittgrößte der Welt sei, unter den Rohstoffbesitzern aber zu den Kleinsten gehöre — fest: "Daß wir keinen Kaffee mehr trinken und keine Bananen mehr essen könnten, wäre noch zu verschmerzen. Die Kupfererze aus den Ländern wie Papua-Neuguinea, Chile und Indonesien würden uns schon mehr fehlen. Keine Kupferdrähte mehr, keine Elektromotoren. Ebenso schwerwiegend wäre der Ausfall des Rohzinns aus Indonesien, Thailand und Malaysia. Oder des Bauxits aus Guinea, Sierra Leone und Guyana. Oder der Baumwolle aus Guatemala, der Türkei, Kolumbien und dem Sudan." (M 8.3(t) und 8.4)

Bereits in den EWG-Gründungsverhandlungen bestand Frankreich, gegen den Willen der Bundesrepublik, auf der Einbeziehung seiner Kolonialgebiete in die Römischen Verträge. Das erste Assoziierungsabkommen von Jaundé (1963) bezog lediglich die 18 damals unabhängigen afrikanischen Staaten und Madagaskar in die Vereinbarungen ein, die im wesentlichen den assoziierten Staaten für 11 Agrarprodukte Zoll- und Einfuhrvergünstigungen gewährten. Die Lomé-Abkommen (1975, 1979, 1984, 1989) erweiterten die Abkommen auf Staaten in der Karibik, im Pazifik und bisher nicht beteiligte Staaten Schwarzafrikas. Die Lomé-Abkommen wurden von den internationalen Beobachtern einerseits als Modell einer Nord-Süd-Partnerschaft gefeiert, andererseits als 'Spaltpilz' und Gegenmodell zur Neuen Weltwirtschaftsordnung beargwöhnt. Die Verhandlungen zu Lomé III formulieren als Ziel, "die wirtschaftliche, kulturelle und soziale Entwicklung der AKP-Staaten zu fördern und zu beschleunigen und ihre Beziehungen im Geiste der Solidarität und im beiderseitigen Interesse

D — Unterrichtsvorschläge

auszubauen und zu diversifizieren" (Art. 1). Die Hilfe zur Selbsthilfe wird dabei in den Mittelpunkt gestellt und den AKP-Ländern Unterstützung in ihren Bemühungen zugesagt, "sich regional zu organisieren und ihre Zusammenarbeit auf regionaler und interregionaler Ebene auszutauschen" (Art. 6). Die Grundprinzipien der Gleichheit der Partner, der Achtung ihrer Souveränität und des Rechtes jeden Staates, die eigene politische, soziale, kulturelle und wirtschaftliche Entwicklung selbst zu bestimmen, stehen im Vordergrund. Es wird sich zeigen, ob die Unzulänglichkeiten des Abkommens — z.B. die unzureichende finanzielle Ausstattung zur Verwirklichung der im Vertrag angesprochenen Bereiche — in der Realität die zukünftige Zusammenarbeit behindern können. Trotzdem: Die Lomé-Abkommen dürfen als ein positives Beispiel einer überregionalen, globalen Zusammenarbeit von Entwicklungs- und Industrieländern angesehen werden, bei dem das beiderseitige Interesse an der Entwicklungskooperation Leitmotiv ist. (M 8.5)

2. Methodisch-didaktische Hinweise

Die Thematik, die in Band 6 'Entwicklungsländer' bereits behandelt wurde, wird unter der Themenstellung 'politische Räume' hier erneut aufgenommen. Dabei geht es um die Vermittlung der Tatsache, daß der 'Nord-Süd-Konflikt' mittlerweile ein stärkeres Gewicht erhält als der 'Ost-West-Konflikt'.

Die Erkenntnis, daß wir Menschen in *Einer Welt* leben, hat sich in vielen Bereichen unseres Lebens noch nicht durchgesetzt. Die 'politische Kalkulation' hat die 'Caritas' noch nicht abgelöst.

Das Unterrichtsbeispiel ergänzt deshalb die in Band 6 vorgelegten Einheiten und will den **globalen** Aspekt verdeutlichen. Auch hier jedoch gilt der Slogan: "Die Dritte Welt beginnt bei uns" und ist zu ergänzen durch: "Unsere Eine Welt".

Für den Fachlehrer dürfte dabei besonders der Versuch interessant sein, die bisher vorliegenden 'Weltmodelle' (s. Teil C: Basiswissen) nach einem vorgegebenen Raster gegenüberzustellen. Hier bietet sich eine für Schülerinnen und Schüler sicher anspruchsvolle Aufgabe an, Aspekte der 'Zukunftsforschung' und 'Futurologie' in die Diskussion einzubringen.

3. Verlaufsplanung

Arbeitsschritte	Materialien	Methodische Hinweise
Problemdarstellung	M 8.1	Schüler/-innen lesen die beiden Texte individuell. Im Unterrichtsgespräch werden die in den Arbeitsvorschlägen gestellten Aufgaben gemeinsam gelöst. Tafelanschrieb.
Der Nord-Süd-Konflikt	M 8.2	Die beiden Graphiken zeigen die Unterschiede in der Verteilung der Güter auf der Erde. Partnerarbeit: Schüler sollen die Arbeitsaufgaben lösen. Zusammenfassung im Unterrichtsgespräch. Unterrichtsgespräch: Die drei Graphiken der Folie sprechen die drei Aspekte an, um die es bei dieser Unterrichtssequenz in besonderer Weise geht: — Welthandel und Rohstoffe — Rohstoff-Märkte — Endlichkeit der Rohstoffe.
Rohstoffe: Ihre Bedeutung und ihr Preis	M 8.4	Gruppenarbeitsphase: Herstellen einer Wandzeitung nach den Arbeitsaufgaben. Präsentation der Ergebnisse.
Europäische Gemeinschaft (EG) und AKP-Staaten	M 8.5	Gruppenarbeit: Entwicklungspolitik der EG als Beispiel von Entwicklungshilfe.
Nord-Süd-Kampagne — Nord-Süd-Partnerschaft	M 8.6 + M 8.7 Zeitung "Das Parlament", Nr. 14-15, April 1988	Gruppenarbeit (Projekt): Setzt Euch mit der Kampagne 'Nord-Süd' des Europarats auseinander und entwerft eine Kampagne, die noch bessere Chancen in den Schulen hat.
Entwicklungshilfe	M 8.8 Siehe auch Unterricht Geographie, Band 6 "Entwicklungsländer".	Öffentliche Entwicklungshilfe der Industrieländer: ein Vergleich.

Unterrichtsvorschläge **D**

4. Weiterführende Medien

Dschungelburger — Hackfleischordnung International Am Beispiel des mittelamerikanischen Staates Costa Rica werden die wirtschaftlichen, sozialen und ökologischen Folgen, die aus der rücksichtslosen, expansiven Produktion von 'industriellem Fleisch' erwachsen, aufgezeigt.	16 mm, Farbe, 50 min., FWU 3240023 Kurzfassung, 10 min. (FWU 3240024)
Arme Welt — reiche Welt: ... und die Erde wird weinen Konflikt zwischen wirtschaftlich-sozialen Zwängen in der Dritten Welt und den Erfordernissen des Umweltschutzes; Raubbau der Natur, z.B. in Brasilien, dessen langfristige Folgen auch in Europa zu spüren sind.	Video, 44 min.; 1986, Fernsehbericht, (FWU 4200573)
Aber Bananen können wir nicht verkaufen Medienhilfe — Medienzusammenarbeit; vgl. *D. Bergwanger* u.a., ... Beispiel Jamaika; in: *Dennhardt/Pater* (Hrsg), Entwicklung muß von unten kommen, rororo 7412, 1980, S. 128 ff.	16 mm, Farbe, 30 min. Landeszentralen, -medienstellen.

D.9 Internationale Organisationen: Die Vereinten Nationen (ab Klasse 8)

1. Sachanalyse

Die Forderung, eine 'Weltgesellschaft', von 'Weltbürgern' mit einer 'Weltregierung' zu schaffen, ist nicht neu, zumal in der geographischen und ökologischen Diskussion. Gleichwohl galt lange Zeit: Die Welt, die Erde gestalte ich so, wie **Ich** (die jeweilige Macht) sie meine! Und: Wie sie mir — und meinen Interessen — nutzt!. Es wundert nicht, daß sich daraus **kein** globales Denken und Handeln entwickeln konnte, sondern zwangsläufig ein egoistisches, das sich an eigenen räumlichen und politischen Interessen und Machtansprüchen orientiert.

Erst mit dem 'Zukunftsschock', der (späten) Erkenntnis nämlich, daß die Menschheit, die Erde, nur dann überleben wird, wenn es gelingt, die oftmals kleinlich formulierten (nationalen) Interessen der übergeordneten Aufgabe des Überlebens der Menschheit unterzuordnen, gewissermaßen 'neue Stoßdämpfer und Schwungräder' zu erfinden, 'neue Institutionen und Organisationsformen' (so: *Toffler* 1970), begannen die Menschen darüber nachzudenken, welche Instrumente erforderlich sind, dieses Ziel zu erreichen.

Eines ist die Gründung der Vereinten Nationen (UN: United Nations, UNO: United Nations Organization) am 24.10.1945 in San Francisco/USA, auf einer Konferenz der Siegerstaaten des Zweiten Weltkrieges; es waren 49 unabhängige und zwei Kolonialgebiete. Nach dem Stand vom November 1991 gehören 163 Staaten den Vereinten Nationen an (M 9.1).

In der Charta der Vereinten Nationen werden in der Präambel die Ziele dieses Zusammenschlusses formuliert:

Wir, die Völker der Vereinten Nationen — fest entschlossen,

— künftige Geschlechter vor der Geißel des Krieges zu bewahren, die zweimal zu unseren Lebzeiten unsagbares Leid über die Menschheit gebracht hat,
— unseren Glauben an die Grundrechte des Menschen, an Würde und Wert der menschlichen Persönlichkeit, an die Gerechtigkeit von Mann und Frau sowie von allen Nationen, ob groß oder klein, erneut zu bekräftigen,
— Bedingungen zu schaffen, unter denen Gerechtigkeit und die Achtung vor den Verpflichtungen aus Verträgen und anderen Quellen des Völkerrechts gewahrt werden können,
— den sozialen Fortschritt und einen besseren Lebensstandard in größerer Freiheit zu fördern,

und für diese Zwecke

— Duldsamkeit zu üben und als gute Nachbarn in Frieden miteinander zu leben,
— unsere Kräfte zu vereinen, um den Weltfrieden einzuführen, die gewährleisten, daß Waffengewalt nur noch im gemeinsamen Interesse angewendet wird, und
— internationale Einrichtungen in Anspruch zu nehmen, um den wirtschaftlichen und sozialen Fortschritt zu fördern —

haben beschlossen, in unserem Bemühen um die Erreichung dieser Ziele gemeinsam zusammenzuwirken ... (Deutsche UNESCO-Kommission 1972).

In Art. 2 werden die wichtigsten Säulen der Vereinten Nationen genannt: "Die Organisation beruht auf dem Grundsatz der souveränen Gleichheit aller ihrer Mitglieder" und — "Alle Mitglieder legen ihre internationalen Streitigkeiten durch friedliche Mittel so bei, daß der Weltfriede, die internationale Sicherheit und die Gerechtigkeit nicht gefährdet werden".

Das letztere Ziel und die seit Bestehen der UN hundertfach erfahrene Erkenntnis, diesem selbstgesetzten Vorsatz nicht gerecht werden zu können, verweisen auf die größte Schwäche, wie die einen sagen — oder Stärke, wie die anderen betonen: "Aus dieser Charta kann eine Befugnis der Vereinten Nationen zum Eingreifen in Angelegenheiten, die ihrem Wesen nach zur inneren Zuständigkeit eines Staates gehören, oder eine Verpflichtung der Mitglieder, solche Angelegenheiten einer Regelung aufgrund dieser Charta zu unterwerfen, nicht abgeleitet werden ...". So ist es denn auch nicht verwunderlich, daß die bei den Vereinten Nationen akkreditierten Diplomaten bei einer Umfrage über die Effektivität und Nützlichkeit der Weltorganisation das größte Hindernis im "mangelnden Einsatz bei manchen Mitgliedsstaaten in der Erfüllung der vom Sicherheitsrat gefaßten Beschlüsse" sehen und als Grund dafür "Mangel an Macht" angeben, die Resolutionen auch durchzusetzen (*Lietzmann* 1982).

Die Hauptorgane der Vereinten Nationen, gewissermaßen die Rdegierung, sind (M 9.2 und 9.3):

— die Generalversammlung (General Assembly),
— der Sicherheitsrat (Security Council),
— der Wirtschafts- und Sozialrat (Economic and Social Council),

— der Treuhandrat (Trusteeship Council),
— der Internationale Gerichtshof (International Court of Justice),
— das Sekretariat (Secretariat).

Zum UN-System gehören Ausschüsse, die von der Generalversammlung und vom Sicherheitsrat eingerichtet werden können; UNTSO: Organisation der Vereinten Nationen zur Überwachung des Waffenstillstands in Palästina, UNDOF: Beobachtergruppe der Vereinten Nationen für die Truppenentflechtung; Konferenzen, wie: UNCTAD, Konferenz der Vereinten Nationen für Handel und Entwicklung; Spezialorgane, wie: UNICEF, Kinderhilfswerk der Vereinten Nationen, und Sonderorganisationen, wie: ILO, Internationale Arbeitsorganisation (Genf); UNESCO, Organisation der Vereinten Nationen für Erziehung, Wissenschaft und Kultur (Paris); FAO, Ernährungs- und Landwirtschaftsorganisation der Vereinten Nationen (Rom); WHO, Weltgesundheitsorganisation (Genf); IDA, Internationale Entwicklungsorganisation; IBRD, Internationale Bank für Wiederaufbau und Entwicklung-Weltbank; IFC, Internationale Finanzkorporation; IMF, Internationaler Währungsfonds (alle Washington); ICAO, Internationale Zivilluftfahrt-Organisation (Montreal); UPU, Weltpostverein (Bern); ITU, Internationale Fernmelde-Union (Genf); WMO, Weltorganisation für Meteorologie (Genf), IMCO, Zwischenstaatliche Beratende Seeschiffahrts-Organisation (London); WIOP, Weltorganisation für geistiges Eigentum (Genf); IFAD, Internationaler Agrarentwicklungsfonds (Rom).

Zu einem der wichtigsten, aber auch schwierigsten Wirkungsbereiche der Vereinten Nationen und ihrer zugeordneten Einrichtungen gehört die Verteidigung der Menschenrechte auf der Erde. Die Grundlage dafür bildet die am 10.12.1948 in der Generalversammlung der UN verabschiedete 'Allgemeine Erklärung der Menschenrechte' (Universal Declaration of Human Rights), in der es in der Präambel u.a. heißt: "Da die Anerkennung der allen Mitgliedern der menschlichen Familie innewohnende Würde und ihrer gleichen und unveräußerlichen Rechte die Grundlage der Freiheit, der Gerechtigkeit und des Friedens in der Welt bildet, da ... Mißachtung der Menschenrechte zu Akten der Barbarei führten, die das Gewissen der Menschheit tief verletzt haben und da die Schaffung einer Welt, in der den Menschen, frei von Furcht und Not, Rede- und Glaubensfreiheit zuteil wird, als das höchste Bestreben der Menschheit verkündet worden ist, ... verkündet die Generalversammlung die Allgemeine Erklärung der Menschenrechte als das von allen Völkern und Nationen zu erreichende gemeinsame Ideal ...". Die Durchsetzung der Menschenrechte und die Verhinderung von Menschenrechtsverletzungen sollen durch multilaterale Staatsverträge und Internationale Organisationen sichergestellt werden. Wie schwierig das ist, zeigt bereits die Tatsache, daß die Verabschiedung der Allgemeinen Menschenrechte 1948 lediglich Resolutionscharakter hatte und ihnen damit keine bindende Wirkung zukam. Erst durch die im Dezember 1966 von der Generalversammlung angenommenen Internationalen Pakte I (wirtschaftliche, soziale und kulturelle Rechte) und II (bürgerliche und politische Rechte), die 1976 in Kraft traten, erhielten die Rechtsschutzsysteme der beiden Pakte bindenden völkerrechtlichen Charakter.

Die Organisation, die sich der Verwirklichung der Menschenrechte in besonderer Weise verpflichtet weiß, ist die UNESCO (United Nations Educational Scietific and Cultural Organization) mit Sitz in Paris. Sie wurde am 14.12.1945 als Sonderorganisation der UN gegründet. 158 Staaten (1988) gehören der UNESCO an. Die Aufgabe der Organisation besteht darin, die internationale Zusammenarbeit auf den Gebieten der Erziehung, Sozial- und Naturwissenschaften, Kultur, Kommunikation und Dokumentation zu fördern. Im Erziehungsbereich gehören hierzu u.a. Alphabetisierung und Grunderziehungsprogramme, um den gleichberechtigten Zugang aller Menschen zu Bildungseinrichtungen zu ermöglichen (M 9.6).

In der Präambel der Verfassung der UNESCO steht sinngemäß: "Weil Kriege in den Köpfen der Menschen entstehen, muß auch die Verteidigung des Friedens in ihren Köpfen großgezogen werden" (vgl. dazu: UNESCO, Texte, 1972: *J. Torney/L. Gambrell*: "Erziehung zur Abrüstung", in: UNESCO-Kurier, 9/80, S. 4). "Die Förderung der Erziehung zur internationalen Verständigung und zum Frieden gehört wie der Kampf gegen das Analphabetentum oder die Rettung von Kulturdenkmälern seit Anbeginn zu den hervorstechenden Kennzeichen des UNESCO-Programms" (*K. Hüfner/ H.W. Rissom*: "UNESCO, die Bundesrepublik Deutschland und die internationale Erziehung"; in: Zeitung für internationale erziehungs- und sozialwissenschaftliche Forschung, 2/86). Bei der Generalversammlung der UNESCO vom 19.11.74 wurde eine "Empfehlung über die Erziehung zu internationaler Verständigung und Zusammenarbeit und zum Weltfrieden sowie die Erziehung im Hinblick auf die Menschenrechte und Grundfreiheiten" verabschiedet in der es u.a. heißt: "Die Erziehung soll auf die Unzulänglichkeit der Kriegsführung zum Zwecke der Eroberung, des Angriffs oder der Beherrschung sowie der Gewaltanwendung zum Zwecke der Unterdrückung hinweisen und jedermann dazu bringen, seine Verantwortung für die Erhaltung des Friedens zu erkennen und auf sich zu nehmen" (Deutsche UNESCO-Kommission, Köln; November 1975). 1952 hat die UNESCO zur Gründung eines Schulnetzes, den "**A**ssociated **S**chool **P**rogram" aufgerufen, dem weltweit rund 2.500 Schulen angehören. In Deutschland arbeiten ca. 80 UNESCO-Projekt-Schulen mit.

2. Methodisch-didaktische Hinweise

Besonders wenn es in der Vergangenheit darum ging, bei Konfliktsituationen nach einer 'Weltpolizei' zu rufen, wurde immer wieder die ursprüngliche Zielsetzung der Vereinten Nationen beschworen und bedauert, daß diese Weltorganisation die in sie gesetzten Erwartungen offensichtlich nicht erfüllen könne.

Im Golf-Krieg (s. Unterrichtsvorschlag D.7), so scheint es, erhielten die Vereinten Nationen zum ersten Mal in ihrer Geschichte eine Wirksamkeit, die diesem Anspruch gerecht zu werden verspricht. Neben der 'Vermittlerfunktion' wuchs der UNO hier tatsächlich eine 'Vollzugsfunktion' zu.

| Unterrichtsvorschläge | | | D |

Kenntnisse über die Geschichte, Aufgaben und Möglichkeiten der Vereinten Nationen gehören deshalb zur politischen Bildung. Die Auseinandersetzung damit könnte auch eine neue Qualität darin gewinnen, daß die Bürger diese Weltorganisation bewußter wahrnehmen und die Zielsetzungen, wie sie z.B. mit der "Deklaration der Menschenrechte" von den Vereinten Nationen formuliert wurden, durchsetzen helfen.

Auch hier gilt: "Die Menschenrechte beginnen bei uns, in unserem Lebensbereich" und lassen sich nur aus dieser Position verstehen und verwirklichen — überall in der Welt. Unter diesen Gesichtspunkten wurden auch die Lernmaterialien ausgewählt.

Freundlicherweise hat die Redaktion *Die Zeit* uns für dieses Unterrichtsbeispiel das Reprint der Titelseite der Ausgabe Nr. 1 vom 21.1.1946 genehmigt (M 9.4(t)). Dort ist ein Beitrag abgedruckt ("Die erste Probe"), der sowohl die historische Bedeutung der Gründung der Vereinten Nationen nach dem Zweiten Weltkrieg ahnen läßt, der aber auch heute noch so aktuell ist wie am Anfang. Dieses Dokument kann als Anschauungsmaterial dienen und zu Vergleichen anregen.

3. Verlaufsplanung

Arbeitsschritte	Materialien	Methodische Hinweise
Zusammensetzung und Organisation der Vereinten Nationen (UNO)	M 9.1 und 9.2	Partnerarbeit: laut Arbeitsanweisungen.
Sonderorganisationen der UNO und ihre Funktionen	M 9.3	Das Interesse der Schüler an den Organisationen, ihren Zielen und Arbeitsweisen soll durch die Darstellung ihrer Symbole geweckt werden. Partnerarbeit lt. Arbeitsanweisung; evtl. Herstellung einer Wandzeitung.
Gründung der UNO	M 9.4 (t)	Die Arbeit mit einer Zeitungsseite von *Die Zeit*, vom 21.2.1946, in der die Gründung der Vereinten Nationen kommentiert und dargestellt wird, welche Erwartungen an diesen Akt für den Frieden der Menschheit geknüpft werden, lassen erwarten, daß die Lernenden etwas empfinden von der 'Geschichtlichkeit' dieses Anlasses. Der Umgang mit dem 'Original'-Material soll ermöglichen, nach Bedeutung und Wirkungsweisen der UNO zu fragen.
Menschenrechte	M 9.5	Die Darstellung der "Allgemeinen Erklärung der Menschenrechte der Vereinten Nationen" vom 10.12.1948 soll anregen, diesen Text kennenzulernen. Dazu besorgt der Fachlehrer vor Beginn der Unterrichtsarbeit die Texte kostenlos bei der "Int. Gesellschaft für Menschenrechte e.V.", Kaiserstr. 72, 6000 Frankfurt/M., Tel. 069/23 69 71—72. Gruppenarbeit.
UNESCO	M 9.6	In dieser Übersicht sind die Aufgaben der UNESCO in englischer Sprache dargestellt. Das ermöglicht eine Kooperation mit dem Englisch-Unterricht. Gruppenarbeit: Schüler sollen die Ziele und Aufgaben der UNESCO kennenlernen und auf einem Plakat darstellen (Zusammenarbeit mit dem Kunst-Unterricht).

D | Unterrichtsvorschläge

4. Weiterführende Medien und Adressen

Medien:

Die UNO: 30 Jahre alt. Arbeit und Organisation Weltweite Probleme, wie kriegerische Auseinandersetzungen, Rüstung, Naturkatastrophen, Unterentwicklung, Krankheiten, Umweltverschmutzung, Bevölkerungswachstum, Hunger, werden angesprochen. Dargestellt wird, wie die Vereinten Nationen arbeiten. Aufbau der UNO.	Video, 28 min., 1979, Instit. f. Film und Bild, (FWU 42 0072)
Freundschaft ohne Grenzen (UNESCO) Es geht um das Verständnis für die Aufgaben der UNESCO. Eine humorvolle Darstellung, die jedoch intensiver Vor- und Nachbereitung bedarf. Das Videoband klärt über Zustände der politischen Unterdrückung am Beispiel Griechenlands während der Militärjunta, Indonesiens, Paraguays, der Sowjetunion, Nordirlands und des Irans, auf. Die Arbeit einer ai-Gruppe aus Darmstadt wird dokumentiert.	Film, 16 mm, 11 min., (Zeichentrickfilm), (FWU 323 0419)
Amnesty international: Eine Organisation hilft politischen Gefangenen	Video, 41 min., 1977, (FWU 42 0065)

Adressen:

Deutsche Gesellschaft für die Vereinten Nationen (DGVN), Simrockstr. 23, 5300 Bonn 1, Tel.: 0228/213646

Amt des Hohen Flüchtlingskommissars der Vereinten Nationen (UNHCR), Rheinallee 18, 5300 Bonn 2, Tel.: 0228/364011

Deutsches Komitee für UNICEF, Steinfelder Gasse 9, 5000 Köln 1, Tel.: 0221/124081

Deutsche UNESCO-Kommission (DUK), Colmantstr. 15, 5300 Bonn 1, Tel.: 0228/631591

Informationsdienst der Vereinten Nationen, Postfach 500, A-1400 Wien

Deutsche Welthungerhilfe (DWHH), Adenauer Allee 134, 5300 Bonn 1, Tel.: 0228/22880

E Materialien zu den Unterrichtsvorschlägen

Verzeichnis der Materialien (mit Quellennachweisen)
A: Abbildung, Schaubild, Diagramm
K: Karte
S: Statistik, Tabelle
T: Text
(t): befindet sich in der Medientasche

M 1.0 (t)	A	Fotos zum Vereinigungsprozeß (Fotos: Landesbildstelle Berlin und Presse- und Informationsamt der Bundesregierung, Bonn – Bundesbildstelle –)
M 1.1	A	Das Volk (aus: Das Parlament, vom 22.2.1991), Zeichnerin: *B. Schneider*
M 1.2	A	Vorhang (aus: Das Parlament, vom 25.1.1991), Zeichner: *H. Busse*
M 1.3	A	Willkommen (aus: Das Parlament, vom 22.2.1991), Zeichnerin; *B. Schneider*
M 1.4	A	Trauerspiel (aus: Informationen für die Truppe, 2/91, S. 33), Zeichner: *H. Haitzinger*
M 1.5	K	Das zerstückelte Deutschland (Informationen zur politischen Bildung, Nr. 224, Hrsg: Bundeszentrale für politische Bildung, S. 4, ergänzt)
M 1.6	A	Raumbeziehungen der Hofer Industrie 1939/1981 (nach: *Ritter/Hajdu* 1982; zit. nach *D. Börsch/U. Brameier* (Hrsg.): Materialien zum Kursunterricht Geographie, Teil 1, 2. Aufl., Köln 1989, S. 191)
M 1.7	T	Ökoparadiese (aus: Wir in Europa Nr. 11, Dezember 1990, S. 37)
M 1.8	A	Ein historisches Jahr
M 1.9	A	Staatsvertrag Bundesrepublik Deutschland - DDR
M 1.10	T	Deutschland ist souverän
M 1.11	A	2-plus-4-Gespräche (aus: Das Parlament, 8./15.3.1991), Zeichner: *M. Mohr*
M 1.12	T	Rückblick: 1945 - Verlust der Souveränität
M 1.13	T	Ein Traum geht in Erfüllung (Karikatur: *Gottfried Scheffler*, Volksstimme (Magdeburg, 23.1.1991))
M 1.14	A	Welche Probleme sind mit der Vereinigung verbunden? (Karikatur: *Horst Schrade*, BZ am Abend, Berlin (Ost))
M 2.1	T	Der europäische Bundesstaat - eine Forderung der Widerstandsbewegungen
M 2.2	T	*W. Churchill*s Rede, Zürich, Sept. 1946 (Auszug) (nach: *Gasteyger* (Hrsg.) 1965, S. 41/42)
M 2.3	T	Rede des Historiker *Toynbee*, Mai 1947 (Auszug) (verkürzt/vereinfacht nach: *Toynbee* 1949, S. 148/149)
M 2.4	K	Die Staaten der EG
M 2.5	S	Die Gemeinschaft der Zwölf: Einwohner und Fläche (aus verschiedenen Quellen zusammengestellt)
M 2.6	A	Die wichtigsten Organe der EG
M 2.7	A	Stimmenverteilung im Ministerrat
M 2.8	T	Das Europäische Parlament
M 2.9	A	Fläche der EG im Vergleich zu anderen Räumen (zusammengestellt nach Informationen der EG-Kommission)
M 2.10	A	Bevölkerungsdichte der EG im Vergleich zu anderen Räumen (zusammengestellt nach Informationen der EG-Kommission)
M 2.11	A	Bevölkerung der EG nach Altersgruppen im Vergleich zu anderen Räumen (zusammengestellt nach Informationen der EG-Kommission)
M 2.12	A	Das Gewicht der EG im Vergleich mit den USA und Japan (nach: *Grupp, C.D*, Europa 2000 - Der Weg zur Europäischen Union, S. 64, Köln 1991, OMNIA Verlag)
M 2.13	A	Beschäftigung und Arbeitslosigkeit in EG, USA und Japan (zusammengestellt nach Informationen der EG-Kommission)
M 2.14	A	Verteilung des Welthandels (zusammengestellt nach Informationen der EG-Kommission)
M 3.1	T	Bundesrepublik unterzeichnet die Seerechtskonvention nicht
M 3.2	T	Das Internationale Seerecht im 17. bis 19. Jahrhundert (nach: *Buchholz* 1983, S. 275)
M 3.3	T	Die "Truman-Proklamation" (28.9.1945)
M 3.4	T	Rechtsunsicherheit führt zu UN-Seerechtskonferenzen (nach: *Buchholz* 1983, S. 275)
M 3.5	A	Ergebnisse der 1. Seerechskonferenz der Vereinten Nationen (1958) (*Kellersohn* 1986, S. 4)
M 3.6	A	Die 3. UN-Seerechtskonferenz wird notwendig (Entwurf: *U. Brameier*)
M 3.7	T	Appell des maltesischen Delegationsleiters *A. Pardo* vor der UN-Generalversammlung (1.11.1967) (zitiert nach: *Kellersohn* 1986, S. 5)
M 3.8	A	Ergebnisse der 3. UN-Seerechtskonferenz
M 3.9	T	Regelung des künftigen Tiefsee-Bergbaus (nach: *Kellersohn* 1986, S. 7)
M 3.10	T	Warten auf die 60. Ratifikationsurkunde
M 3.11	A	Die Freiheit der Meere wird eingeschränkt
M 3.12	A	Meeres-Nutzungsfläche durch die 200-Seemeilen-Zone (*Brameier* 1990b, S. 19)
M 3.13	K	Offshore Ölvorkommen, Manganknollenfelder und Verlauf der 200-Seemeilen-Zone (nach *Studier* 1980, S. 496)
M 3.14	T	Aus der Bundestagsdebatte vom 27.10.1983 (Auszug) (zit. nach Bundestagsprotokollen)
M 3.15	T	BDI-Präsident *Rodenstock* warnt vor Unterzeichnung der Konvention (nach: Handelsblatt, 8.11. 1984)
M 3.16	T	Bewertung aus der Sicht des Seeverkehrs (*Kehrwieder*, Magazin für die deutsche Schiffahrt, 1984, H. 5, S. 5 f.)
M 3.17	T	Plädoyer für den Seegerichtshof (Hamburger Abendblatt, 8.3.1991)
M 4.1	T	Die Bevölkerung Namibias (nach: *Wiemann/Schnurer* (Hrsg.) 1987, S. 22ff.)
M 4.2	T	Über die Deutschen in Namibia (nach: Frankfurter Allgemeine Zeitung, vom 13.4.1987)
M 4.3	T	Das Abkommen zwischen Kuba, Angola und Südafrika (1988) (aus: Symposium der GRÜNEN IM BUNDESTAG aus Anlaß des 10. Jahrestages der Verabschiedung der Resolution 435 des UN-Sicherheitsrates, 19.9.1988)
M 4.4	T	Namibia hat gewählt (aus: Hildesheimer Allgemeine Zeitung, vom 16.11.89)
M 4.5	T	Ein Jahr danach... (aus: Frankfurter Allgemeine Zeitung, vom 22.3.1991)

E Materialien zu den Unterrichtsvorschlägen

M 4.6	T	*Sam Nujomas* politischer Weg: Vom Rinderhirten zum Präsidenten (verschiedene Quellen)
M 4.7	T	Namibias Freiheit ist noch jung!
M 5.1	K	Afrikas Völker, von Grenzen getrennt (aus: Die Welt, Nr. 135, vom 13.6.1978, S. 5; Textzitat aus: Dankyi Beeko, Hübler 1978, S. 20)
M 5.2	K	Nigeria (nach: *Hanisch* 1970, S. 81 und Statistisches Bundesamt 1988)
M 5.3	T	250 Völker - aber keine Nation (nach: Die Zeit, Nr. 9, vom 21.2.1986)
M 5.4	S/K	Erdöl. vorkommen in der Ost-Region (verschiedene Quellen)
M 5.5	T	Ritual eines Angriffs (nach: Luchterhands Loseblatt-Lyrik 15, Gedichte aus Biafra, Neuwied/Berlin 1969)
M 5.6	S	Nigeria: Ausgewählte statistische Daten (nach: Statistisches Bundesamt 1987)
M 6.1	T	Bonn mit Kompromiß zufrieden
M 6.2	T	"EG-Meer" (nach: Bundesministerium für Ernährung, Landwirtschaft und Forsten "Informationen über die Fischwirtschaft des Auslandes" 1/1985)
M 6.3	T	Die Einigung über eine gemeinsame Fischereipolitik (zusammengestellt nach Mitteilungen des Presse- und Informationsbüros der EG)
M 6.4	T	Frieden im EG-Meer (Neue Züricher Zeitung, 28.1.1983)
M 6.5	T	Preisregelung (Stichwort Europa 10/86, S. 8/9)
M 6.6	T	Fiscbhereivereinbarungen mit Drittstaaten (zusammengestellt nach Angaben des Jahresberichts über die deutsche Fischwirtschaft 1989/90, Dezember 1990, S. 13)
M 6.7	A	Haushalt für die gemeinsame Fischerei-Politik (Informationen über die Fischwirtschaft des Auslandes 4/1988, vom 30.6.1988, S. 125)
M 6.8	T	Zukünftig bessere Quotenkontrolle (Informationen über die Fischwirtschaft des Auslandes 1/1987, vom 23.1.1987, S. 5)
M 6.9	T	Neue technische Maßnahmen zur Erhaltung der Fischbestände (Informationen über die Fischwirtschaft des Auslandes 6/86, vom 7.11.1986, S. 233)
M 6.10	T	Weniger Hering, mehr Seezunge
M 6.11	T	Erhaltung der Fischbestände (Die Fischereipolitik der Europäischen Gemeinschaft (= Europäische Dokumentation, 1/1985), S. 12 ff.)
M 6.12	T	Die EG-Fischfangquoten in Theorie und Praxis (Neue Züricher Zeitung, 10.10.1984)
M 6.13	T	Staatssekretär: "Die EG war für uns der Rettungsanker"
M 6.14	K	Fanggebiete der deutschen Hochsee- und Küstenfischerei (Fischwirtschaftliches Marketing-Institut, Bremerhaven; Fischwirtschaft Daten und Fakten 1991, S. 15)
M 6.15	T	Sicherung eines lauteren Wettbewerbs (Die Fischereipolitik der Europäischen Gemeinschaft = Europäische Dokumentation 1/85, S. 15)
M 7.1	T	Vergleich: Iran – Irak (verschiedene Quellen)
M 7.2	T	Das militärische Kräfteverhältnis im Nahen Osten 1988/89 (aus: International Institute for Strategic Studies, The Military Balance 1988-1989, London)
M 7.3	A	Der Aufmarsch am Golf (aus: Hildesheimer Allgemeine Zeitung, vom 16.1.1991)
M 7.4	G	Die größten Ölquellen der Welt (aus: Hildesheimer Allgemeine Zeitung, vom 29.1.1991)
M 7.5	T	Chronik der Golfkrise (aus: Die Zeit, Nr. 4, vom 18.1.1991)
M 7.6	T	Arabiens Ehre, Arabiens Elend (nach: Die Zeit, Nr. 3, vom 11.1.1991)
M 7.7	T	Das Für und Wider im Golf-Krieg (verschiedene Quellen)
M 7.8	A	Umfragen zum Krieg (nach: infas, Deutschland-Politogramm 4/91; Institut für angewandte Sozialwissenschaft, Bonn)
M 8.1	T	Zur Problemorientierung: Nord-Süd-Konflikt (Hörausschnitt aus Schulfunksendung des WDR "Die Ziegen der Fulba", vom 4.10.1969)
M 8.2	A	Die Reichsten und die Ärmsten (aus: Die Zeit, Nr. 52 vom 25.12. 1981, und Nr. 53 vom 25.12.1987)
	T	Stiftung Entwicklung und Frieden (Hrsg.), Globale Trends - Daten zur Weltentwicklung; Bonn/Düsseldorf 1991; S. 71 vgl. dazu auch: W. Brandt u.a.; Gemeinsam überleben - wirtschaftliche und politische, ökologische und soziale Ansätze zur Überwindung globaler Probleme; EINE WELT, Texte der Stiftung Entwicklung und Frieden; SEF, Bonn/Bad Godesberg 1988, 111 S.
M 8.3 (t)	A	Rohstoffe: Ressourcen und Märkte (aus: iwd, Nr. 16 vom 21.4.1983)
M 8.4	A	Rohstoffabhängigkeit (aus: BMZ, Politik der Partner, Bonn 1983; BMZ, Partner der Dritten Welt, Nov. 1979)
M 8.5	K	Die Entwicklungspolitik der EG (nach: Bundesminister für Ernährung, Landwirtschaft und Forsten, Politik für die Dritte Welt, Bonn 1991, S. 7, ergänzt)
M 8.6	T	Nord-Süd-Kampagne (nach: Europarat, Nord-Süd-Kampagne, Ausgaben Nr. 1,3,4/1988)
M 8.7	T	Nord/Süd: Eine Zukunft (nach Informationen des Europarates, Mai 1988)
M 8.8	A	Entwicklungshilfe im Vergleich (nach: Die Zeit, Nr. 40, vom 28.9.1990, Hildesheimer Allgemeine Zeitung, 16.11.1989 und Hamburger Abendblatt, 17.10.91)
M 9.1	S	Der Anteil der Ländergruppen in den Vereinten Nationen (nach: Bundeszentrale für politische Bildung, Hrsg. 1983)
M 9.2	S	Das System der UNO (aus: *Nohlen* 1984, S. 276)
M 9.3	T	Die Vereinten Nationen und ihre Sonderorganisationen (verschiedene Quellen)
M 9.4 (t)	T	Titelseite DIE ZEIT, Nr. 1, vom 21. 2. 1946
M 9.5	T	Menschenrechte - Rechte der Menschen - Rechte für Menschen (nach: Deutsche UNESCO-Kommission 1981)
M 9.6	A	UNESCO (nach: UNESCO-Poster, Paris, o.J.)

M 1.3 Willkommen

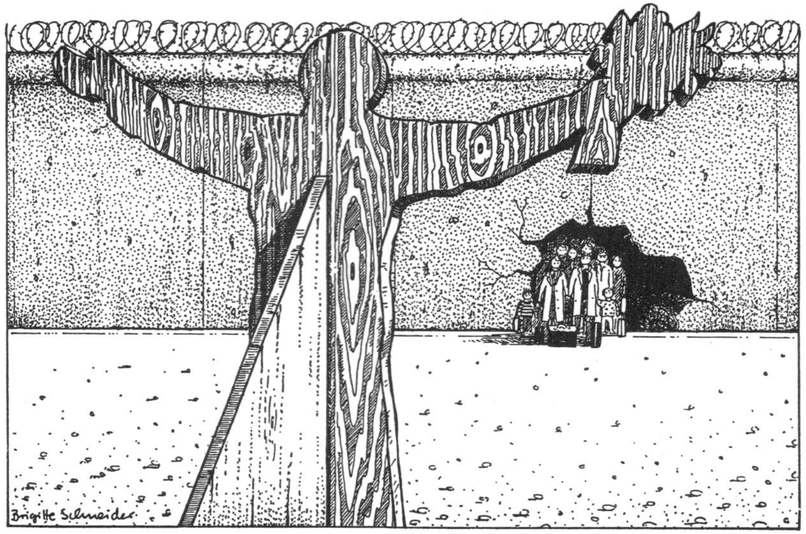

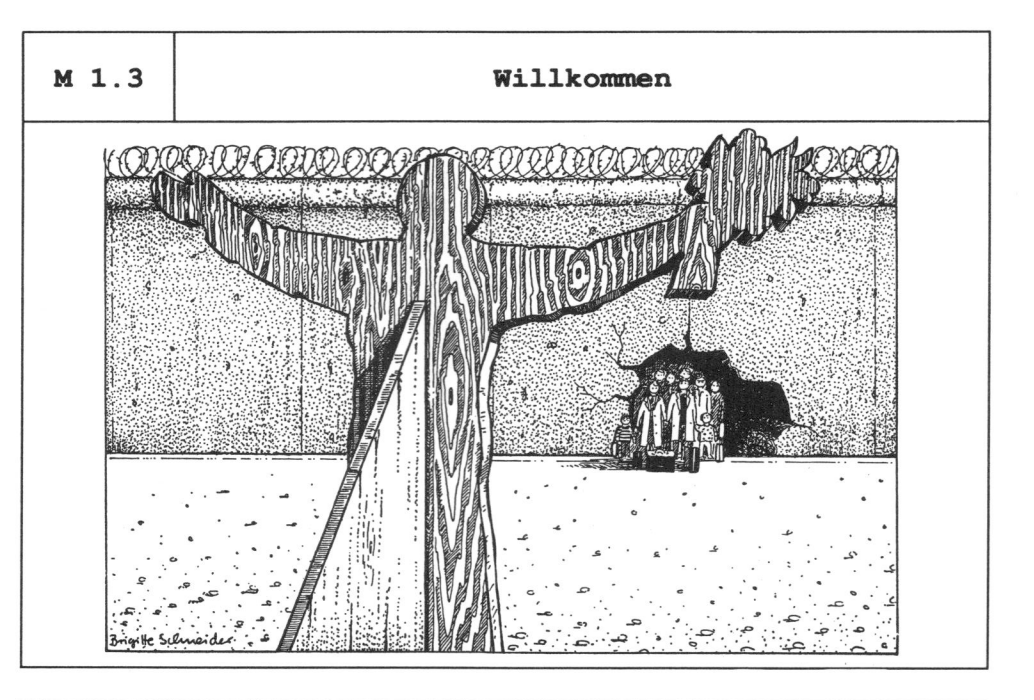

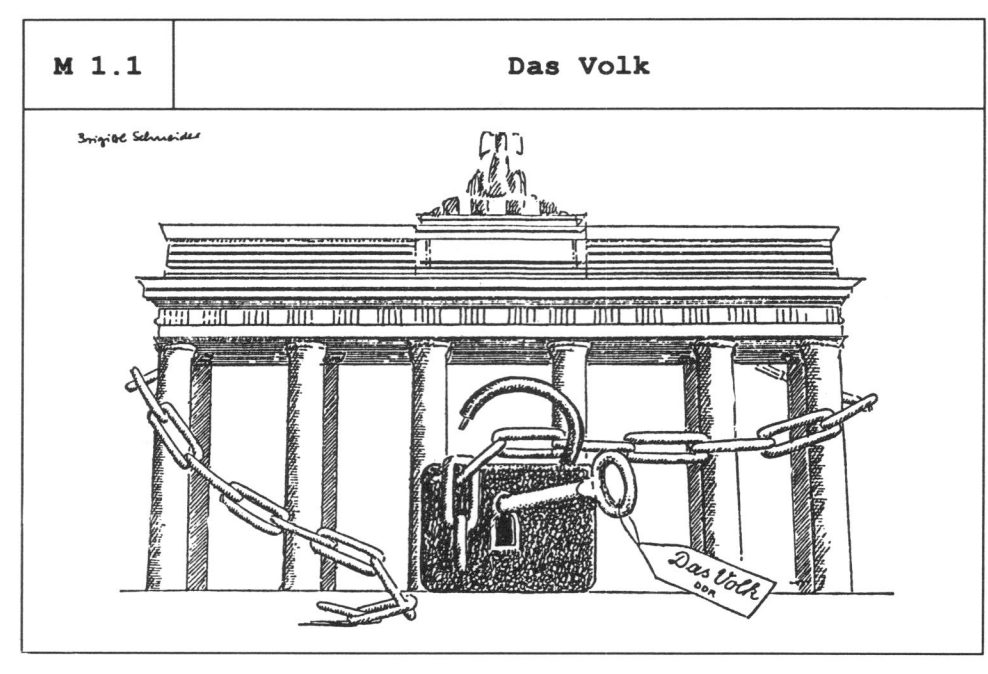

M 1.4 Trauerspiel

M 1.1 Das Volk

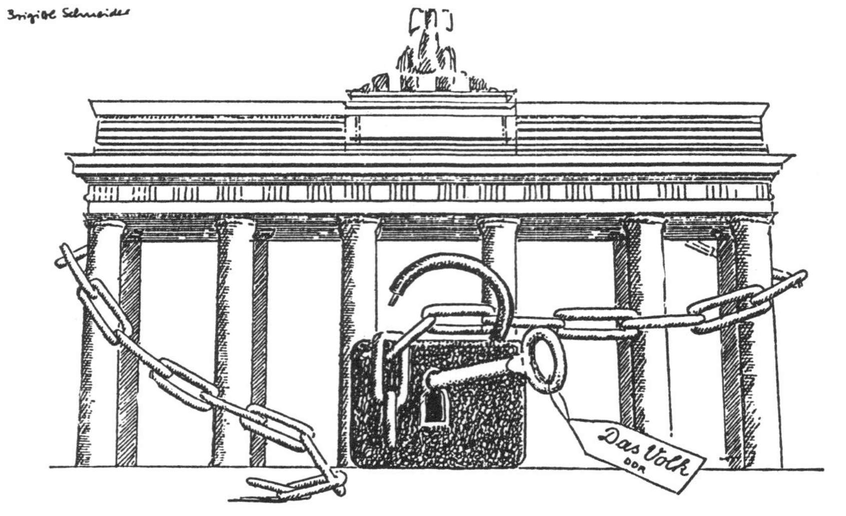

M 1.2 Vorhang

Das zerstückelte Deutschland — M 1.5

1939: Beginn des Zweiten Weltkrieges; Einmarsch deutscher Truppen in Polen.

1943: *Roosevelt, Stalin* und *Churchill* konferieren in Teheran; vorläufige Einigung über die Teilung Deutschlands; Vereinbarung über die Westverschiebung Polens bis zur Oder.

1945: Ende des Zweiten Weltkrieges. Die Siegermächte teilen Deutschland in vier Besatzungszonen, Berlin in vier Sektoren.

1949: Zwei deutsche Staaten entstehen: die Bundesrepublik Deutschland und die Deutsche Demokratische Republik. Zwischen beiden Staaten verläuft die am schärfsten bewachte Grenze Europas.

M 1.8 Ein historisches Jahr

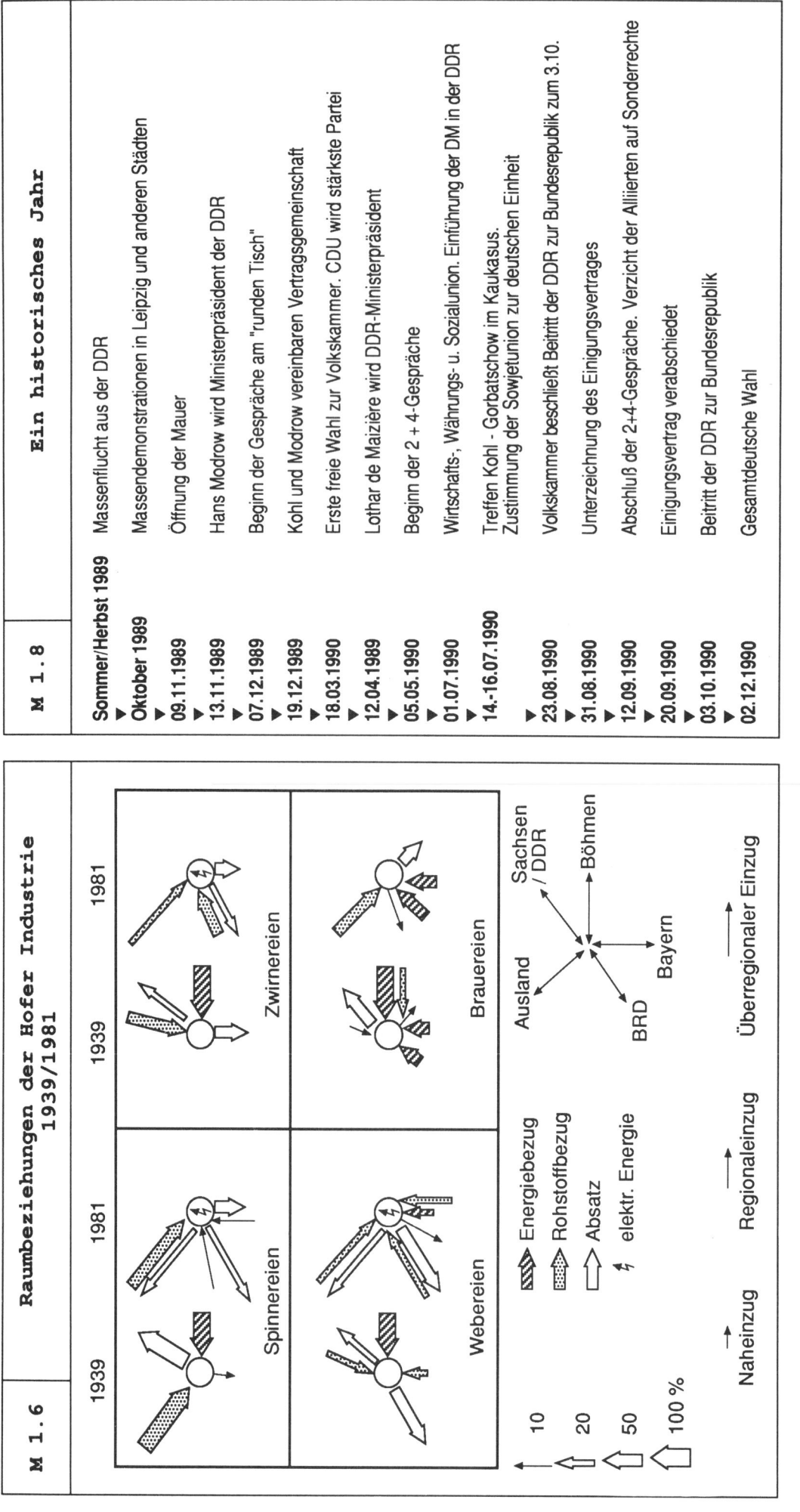

Sommer/Herbst 1989 Massenflucht aus der DDR
▶ **Oktober 1989** Massendemonstrationen in Leipzig und anderen Städten
▶ **09.11.1989** Öffnung der Mauer
▶ **13.11.1989** Hans Modrow wird Ministerpräsident der DDR
▶ **07.12.1989** Beginn der Gespräche am "runden Tisch"
▶ **19.12.1989** Kohl und Modrow vereinbaren Vertragsgemeinschaft
▶ **18.03.1990** Erste freie Wahl zur Volkskammer. CDU wird stärkste Partei
▶ **12.04.1989** Lothar de Maizière wird DDR-Ministerpräsident
▶ **05.05.1990** Beginn der 2 + 4-Gespräche
▶ **01.07.1990** Wirtschafts-, Währungs- u. Sozialunion. Einführung der DM in der DDR
▶ **14.-16.07.1990** Treffen Kohl - Gorbatschow im Kaukasus. Zustimmung der Sowjetunion zur deutschen Einheit
▶ **23.08.1990** Volkskammer beschließt Beitritt der DDR zur Bundesrepublik zum 3.10.
▶ **31.08.1990** Unterzeichnung des Einigungsvertrages
▶ **12.09.1990** Abschluß der 2-4-Gespräche. Verzicht der Alliierten auf Sonderrechte
▶ **20.09.1990** Einigungsvertrag verabschiedet
▶ **03.10.1990** Beitritt der DDR zur Bundesrepublik
▶ **02.12.1990** Gesamtdeutsche Wahl

M 1.6 Raumbeziehungen der Hofer Industrie 1939/1981

M 1.7 Ökoparadiese

Unberührte Flußlandschaft, Idylle wie aus einem anderen Jahrhundert, die Wakenitz fließt von See zu See, das Ostufer bildet über längere Strecken die Grenze zu Mecklenburg. Niemandsland, zwar zur DDR gehörig, aber ungenutzt, weil den Grenzsperren vorgelagert. Dort hat sich entwickeln können, was sonst überall kultiviert wurde. Naturschützer schwärmen von Ökoparadiesen für Pflanzen und Tiere.

Staatsvertrag BR Deutschland – DDR M 1.9

WÄHRUNGSUNION

- DM wird einzige Währung
- Deutsche Bundesbank ist alleinige Zentralbank
- Umtauschkurse Mark der DDR zu DM werden wie folgt festgelegt:

  1 : 1 für Löhne und Gehälter, Renten Mieten, Pachten, Stipendien

  1 : 1 für Guthaben von natürlichen Personen bis zu bestimmten Höchstgrenzen

  2 : 1 für alle übrigen Forderungen und Verbindlichkeiten

WIRTSCHAFTSUNION

Die DDR ermöglicht die Einführung der sozialen Marktwirtschaft:

- Privateigentum
- Freie Preisbildung
- Wettbewerb / Gewerbefreiheit
- Freier Verkehr von Waren, Kapital, Arbeit
- Einfügung der DDR-Landwirtschaft in das EG-Agrarsystem

SOZIALUNION

Die DDR richtet nach dem Vorbild der BR Deutschland ein:

- Rentenversicherung
- Krankenversicherung
- Arbeitslosenversicherung
- Unfallversicherung
- Sozialhilfe

Die DDR gewährleistet:

- Tarifautonomie
- Koalitionsfreiheit
- Streikrecht
- Mitbestimmung
- Betriebsverfassung
- Kündigungsschutz

| M 1.11 | 2-plus-4-Gespräche (DDR + BR Deutschland + 4 Siegermächte) |

(Anmerkung: Abgebildet sind – von links nach rechts – der ehemalige Außenminister der Bundesrepublik Deutschland *H.D. Genscher*, Bundeskanzler *H. Kohl* sowie der ehemalige Staatspräsident der vormaligen Sowjetunion *M. Gorbatschow*.)

| M 1.10 | Deutschland ist souverän |

Mit der Ratifizierung des Zwei-plus-Vier-Vertrages durch den Obersten Sowjet hat das vereinigte Deutschland am 4. März formell und völkerrechtlich seine volle, durch nichts mehr eingeschränkte Souveränität erlangt. Die Sowjetunion ist der letzte der ehemaligen vier Siegerstaaten, der die Ratifizierungsurkunde nunmehr hinterlegen kann.

Der Zwei-plus-Vier-Vertrag besteht aus zehn Artikeln und einer Protokollnotiz.

Der Vertrag sichert dem vereinten Deutschland das Recht zu, "Bündnissen mit allen sich daraus ergebenden Rechten und Pflichten anzugehören" (Art. 6). Er sieht vor, daß die Vier Mächte "hiermit ihre Rechte und Verantwortlichkeiten" in Deutschland beenden; das vereinte Deutschland hat demgemäß "volle Souveränität über seine inneren und äußeren Angelegenheiten" (Art. 7).

| M 1.12 | Rückblick: 1945 – Verlust der Souveränität |

Berliner Erklärung in Anbetracht der Niederlage Deutschlands und der Übernahme der obersten Regierungsgewalt hinsichtlich Deutschlands vom 5.6.1945 (Auszug)

Die Regierungen des Vereinigten Königreichs, der Vereinigten Staaten von Amerika, der Union der Sozialistischen Sowjet-Republiken und die Provisorische Regierung der Französischen Republik übernehmen hiermit die oberste Regierungsgewalt in Deutschland, einschließlich aller Befugnisse der deutschen Regierung, des Oberkommandos der Wehrmacht und der Regierungen, Verwaltungen oder Behörden der Länder, Städte und Gemeinden.

M 1.13

"EIN TRAUM GEHT IN ERFÜLLUNG"

Bundeskanzler Helmut Kohl

»Die Vereinigung Deutschlands, die sich im Einvernehmen mit den Nachbarn, mit den anderen Staaten und Völkern vollzogen hat, ist ein großes Ereignis nicht nur für die Deutschen allein. Die Vereinigung hat sich an der Grenze von zwei Epochen vollzogen. Sie wurde zu einem Symbol und wie ich hoffe, wird sie auch zum Faktor der Festigung der allgemeinen Friedensordnung.«

Gorbatschow an v. Weizsäcker am 2. 10. 1990

Sonderbriefmarke der Deutschen Bundespost zum 3. Oktober

»Das ist eine große historische Stunde, aber das ist auch eine wichtige Stunde für die Nachbarn und für ganz Europa. Wir wollen in dieser Stunde sagen, daß wir eine gute Nachbarschaft möchten, eine Nachbarschaft, die in unsere gemeinsame Zukunft geht.«

Tadeusz Mazowiecki, früherer polnischer Ministerpräsident

Karikatur: Gottfried Scheffler

Aus: VOLKSSTIMME *(Überparteilich · gegründet 1890), Magdeburg, Nr. 19 vom 23. 1. 1991.*

| M 1.14 | Welche Probleme sind mit der Vereinigung verbunden? |

Ein Jahr nach der ersten freien Volkskammerwahl waren der Presse folgende Schlagzeilen und Schaubilder zu entnehmen:

Sanierungsbedarf für das Ost-Verkehrsnetz

- Schienennetz 48 Mrd. DM
- Gemeindestraßen 30 Mrd. DM
- Bundes- u. Landstraßen 28 Mrd. DM
- Personennahverkehr 12 Mrd. DM
- Binnenwasserstraßen 8 Mrd. DM
- Luftverkehr 1 Mrd. DM

Schulden für die Einheit

Nettokreditaufnahme von Bund, Ländern und Gemeinden in Milliarden DM

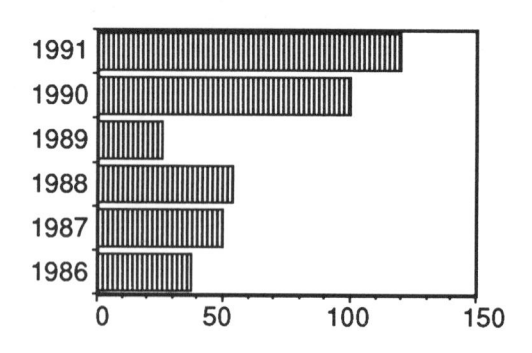

(Balkendiagramm 1986–1991)

Einwohnerrückgang durch anhaltende Abwanderung

Groß-Demonstrationen in ostdeutschen Städten gegen Sozial-Abbau

„Wende-Knick" in Ostdeutschland

Soziale Unsicherheit führt zu deutlichem Geburtenrückgang in den neuen Ländern

Leipziger TAGEBLATT

Höhere Mieten für Neubauten

Im Osten fehlen 67 000 Lehrstellen

„Oh, was für ein wundervolles technisches Museum"
Karikatur: Horst Schrade (BZ am Abend, Berlin [Ost])

Die wirtschaftliche Misere in der Ex-DDR: „Es reicht ja alles hinten und vorne nicht mehr"

Aufgaben:
1. Erkundige dich anhand der gegenwärtigen Berichterstattung, was aus diesen Problemen geworden ist!
2. Prüfe, ob heute andere mit der Vereinigung verbundene Probleme die Berichterstattung in den Medien beherrschen!

| **Der europäische Bundesstaat - eine Forderung der Widerstandsbewegungen** | M 2.1 |

Noch während des zweiten Weltkrieges wurden in den besetzten Ländern aus den Reihen der Widerstandsbewegungen gegen die 'Hitlerische Besatzung' Stimmen laut, die für die Nachkriegszeit ein Europa ohne politische Grenzen und Zollschranken forderten.
Ihrer Meinung nach war nur so, ein demokratisches und friedliches Europa aufzubauen. In einer Deklaration der wichtigsten französischen Widerstandsgruppen wurde beispielsweise 1944 gefordert, daß einem europäischen Bundesstaat das alleinige Recht zu bewaffneten Streitkräften und zur Intervention gegen jeden Versuch der Wiederherstellung autoritärer Regime übertragen werden sollte. Außerdem sollten sowohl die wirtschaftliche Organisation Europas als auch die Leitung der auswärtigen Angelegenheiten sowie die Schaffung einer europäischen Staatsangehörigkeit in der Verantwortung eines europäischen Bundesstaates liegen.

| **W. Churchill's Rede (Zürich, Sept. 1946)** | M 2.2 |

"Wenn Europa einmal einträchtig sein gemeinsames Erbe verwalten würde, dann könnten seine drei- oder vierhundert Millionen Einwohner ein Glück, einen Wohlstand und einen Ruhm ohne Grenzen genießen ...
Wir müssen etwas wie die Vereinigten Staaten von Europa schaffen. Nur so können Hunderte von Millionen schwer arbeitender Menschen wieder die einfachen Freuden und Hoffnungen zurückgewinnen, die das Leben lebenswert machen. Die Struktur der Vereinigten Staaten von Europa, wenn sie gut errichtet wird, muß so sein, daß die materielle Stärke eines einzelnen Staates von weniger großer Bedeutung ist. Kleine Nationen zählen ebensoviel wie große und erwerben sich ihre Ehre durch ihren Beitrag zu der gemeinsamen Sache ...
Wenn es uns gelingen soll, die Vereinigten Staaten von Europa oder welchen Namen auch immer sie tragen werden, zu errichten, müssen wir jetzt damit beginnen."

| **Rede des Historikers *Toynbee*** | M 2.3 |

Der britische Historiker *Arnold J. Toynbee* in einer Vorlesung im Mai 1947:
In einer Europäischen Union, die sowohl die Sowjetunion als auch die USA ausschlösse - und das ist der hypothetische Ausgangspunkt für den Versuch, eine europäische Dritte Großmacht zu konstruieren -, muß Deutschland früher oder später auf diesem oder jenem Wege die Führung übernehmen, und zwar selbst dann, wenn dieses Vereinte Europa mit einem Deutschland gegründet werden würde, das entwaffnet und dezentralisiert oder sogar geteilt wäre...
Die deutsche Nation ist eineinhalb Male so groß wie die nächstgroße Nation Europas; das deutschbewohnte Herz Europas (dabei sind weder Österreich noch der deutschsprachige Teil der Schweiz berücksichtigt) enthält einen vorherrschenden Anteil der gesamten Schwerindustrie von Europa - an Rohstoffen, Fabrikanlagen und Fachkräften; und die Deutschen sind ebenso leistungsfähig, sowohl Menschen als auch sonstiges Material zur Kriegführung zu organisieren, wie sie andererseits unfähig sind, sich selbst zu regieren und unerträglich als Herrscher über andere Völker. Gleichgültig, zu welchen Bedingungen Deutschland zu Beginn in ein Vereintes Europa einbezogen würde ... auf die Dauer gesehen würde es ein solches Europa beherrschen.

M 2.5	Die Gemeinschaft der Zwölf		
Land	Fläche in 1.000 qm	Bevölkerung in Millionen	
		1991	2000*
B	30,5	9,9	9,6
D	357,0	78,6	80,2
DK	43,1	5,2	5,2
E	504,8	39,4	40,7
F	549,1	56,4	57,9
GB	244,1	57,5	58,9
GR	132,0	10,1	10,3
I	301,3	57,8	57,2
IRL	70,3	3,5	4,1
L	2,6	0,4	0,4
NL	41,8	15,0	15,6
P	92,4	9,8	11,1
EG	2.369,0	343,6	351,2

* Schätzungen

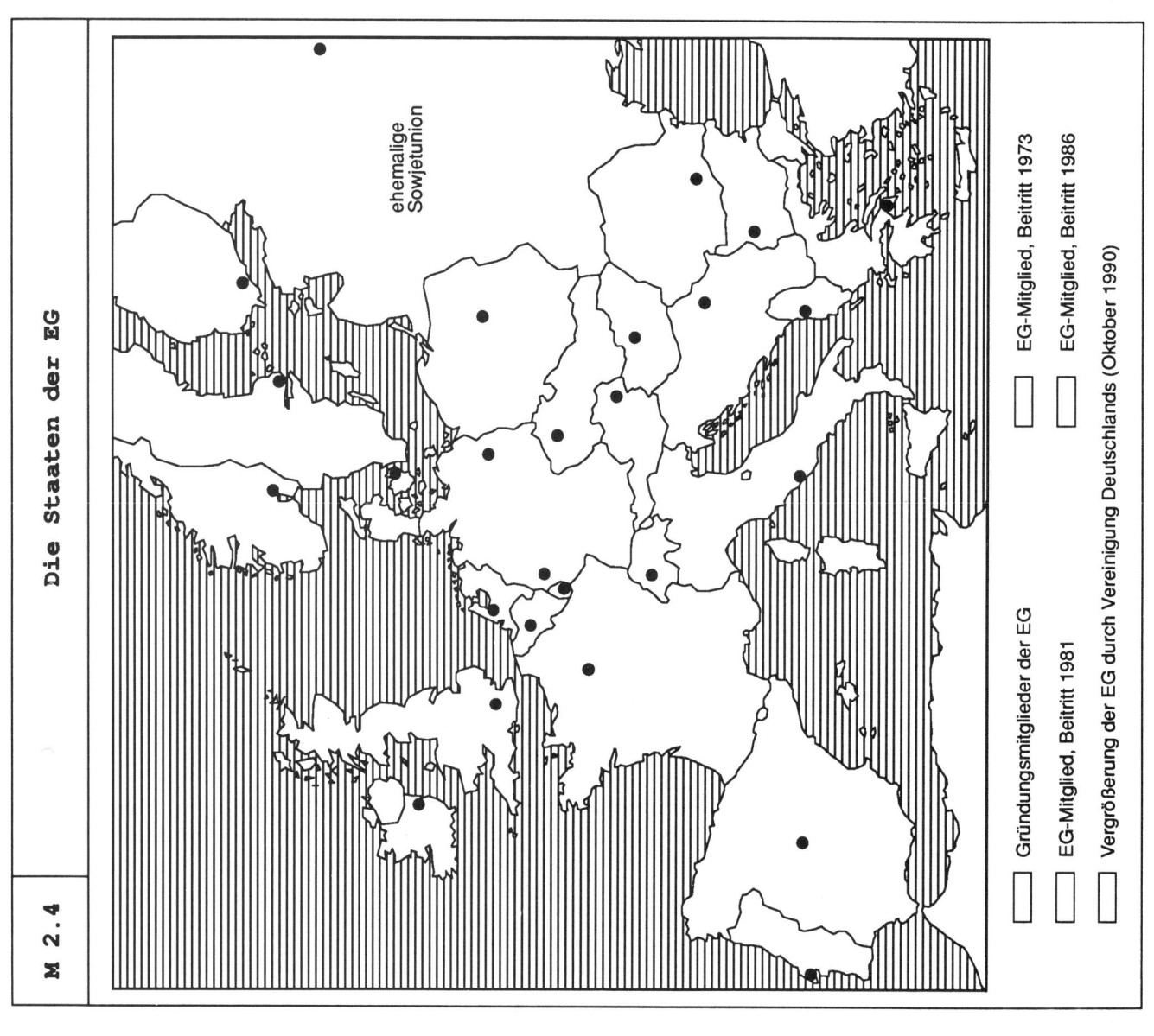

M 2.4 Die Staaten der EG

ehemalige Sowjetunion

☐ Gründungsmitglieder der EG
☐ EG-Mitglied, Beitritt 1973
☐ EG-Mitglied, Beitritt 1981
☐ EG-Mitglied, Beitritt 1986
☐ Vergrößerung der EG durch Vereinigung Deutschlands (Oktober 1990)

Die wichtigsten Organe der EG — M 2.6

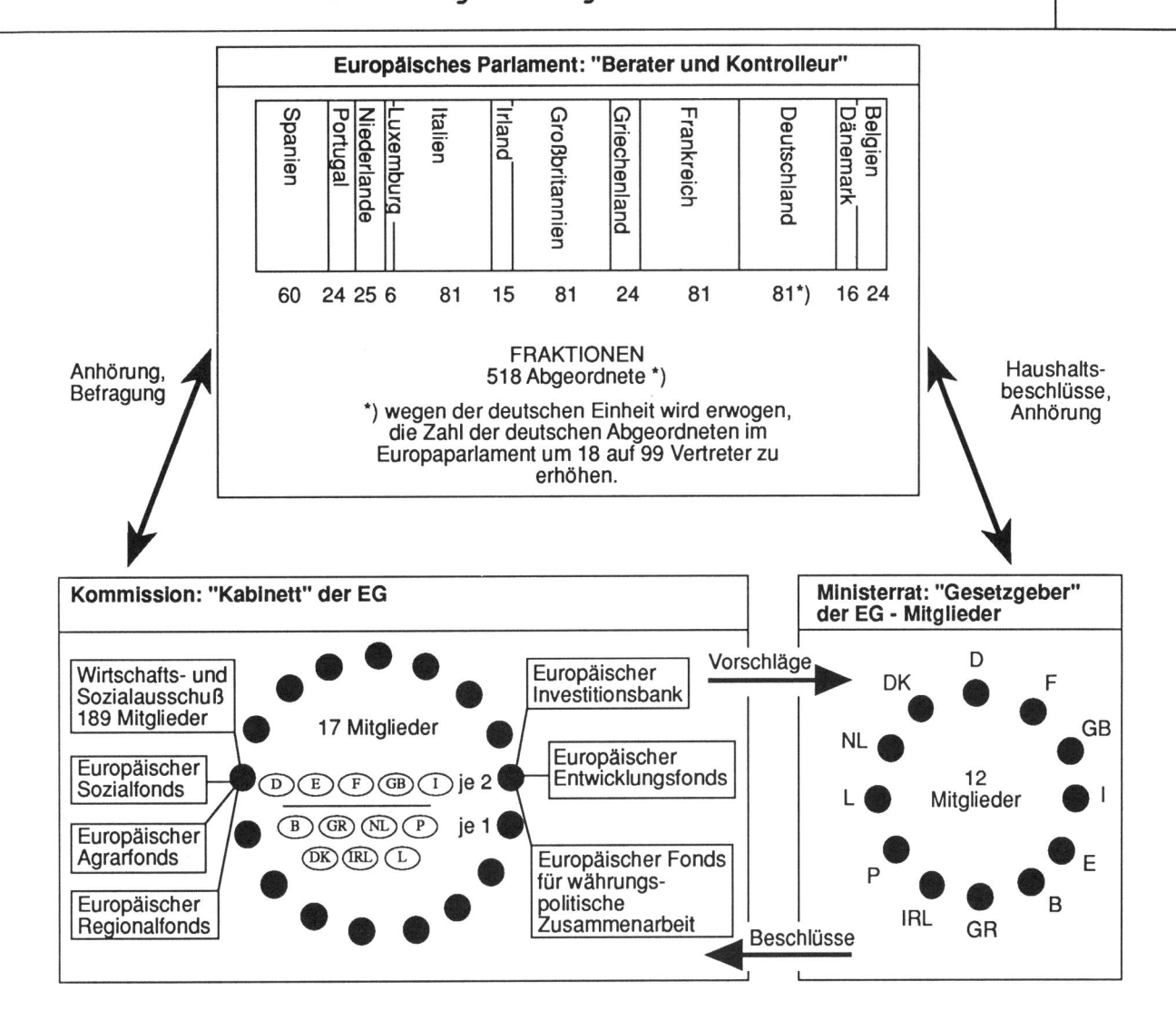

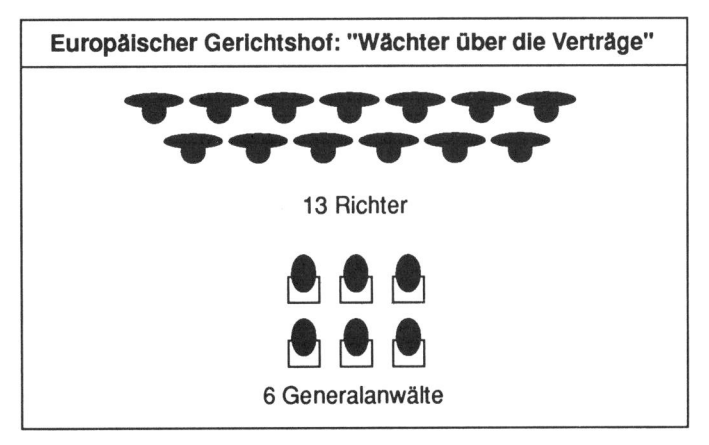

Europäisches Parlament: "Berater und Kontrolleur"

Spanien	Portugal	Niederlande	Luxemburg	Italien	Irland	Großbritannien	Griechenland	Frankreich	Deutschland	Belgien	Dänemark
60	24	25	6	81	15	81	24	81	81*)	16	24

FRAKTIONEN
518 Abgeordnete *)

*) wegen der deutschen Einheit wird erwogen, die Zahl der deutschen Abgeordneten im Europaparlament um 18 auf 99 Vertreter zu erhöhen.

← Anhörung, Befragung   Haushaltsbeschlüsse, Anhörung →

Kommission: "Kabinett" der EG

- Wirtschafts- und Sozialausschuß 189 Mitglieder
- Europäischer Sozialfonds
- Europäischer Agrarfonds
- Europäischer Regionalfonds

17 Mitglieder

D, E, F, GB, I je 2
B, GR, NL, P je 1
DK, IRL, L

- Europäische Investitionsbank
- Europäischer Entwicklungsfonds
- Europäischer Fonds für währungspolitische Zusammenarbeit

Vorschläge →

Ministerrat: "Gesetzgeber" der EG - Mitglieder

12 Mitglieder: DK, D, F, GB, I, E, B, GR, IRL, P, L, NL

← Beschlüsse

Europäischer Gerichtshof: "Wächter über die Verträge"

13 Richter

6 Generalanwälte

Die Übersicht zeigt die am Entscheidungsprozeß der EG beteiligten Organe und ihre Zusammensetzung. Hierbei nicht berücksichtigt ist der "Europäische Rat". In ihm kommen mindestens zweimal jährlich die Staats- oder Regierungschefs der Mitgliedsstaaten zusammen, um sich über grundlegende Probleme der Gemeinschaft abzustimmen oder entsprechende Beschlüsse zu fassen. Der Ministerrat (siehe M 2.7) erläßt auf Vorschlag der EG-Kommission und in Zusammenarbeit mit dem Europäischen Parlament die Rechtsakte der Gemeinschaft zur Verwirklichung der Ziele der EG-Verträge. Der Ministerrat tagt in Brüssel und Luxemburg. Die Mitglieder der EG-Kommission ("EG-Kommissare") werden einvernehmlich von den Regierungen der Mitgliedstaaten für vier Jahre ernannt; sie sind von Weisungen der Regierungen unabhängig. Sitz der Kommission ist Brüssel. (Hinweise zum Europäischen Parlament: siehe M 2.8. Seit dem Herbst 1990 bis zu den nächsten Direktwahlen 1994 sind auch 18 Vertreter aus dem Osten Deutschlands als Beobachter im Parlament).

M 2.8	Das Europäische Parlament

Das Europäische Parlament wird seit 1979 als Volksvertretung allgemein und direkt auf jeweils fünf Jahre gewählt. Es wird geleitet von seinem für 2 1/2 Jahre gewählten Präsidenten und vierzehn Vizepräsidenten. Die Abgeordneten organisieren sich in Fraktionen, die nach politischen Grundsätzen ausgerichtet sind und nicht von der Staatsangehörigkeit abhängen.

Im Vergleich zum Bundestag hat das Europäische Parlament noch begrenzte Befugnisse, die in erster Linie der Kontrolle dienen. So wählt das Europäische Parlament keine Regierung. Vielmehr werden die regierungsähnlichen Funktionen, die in den Verträgen vorgesehen sind, vom Rat und der Kommission wahrgenommen. Das Parlament hat Kontrollmöglichkeiten nur gegenüber der Kommission. Die Kontrolle der Kommission besteht vor allem darin, daß diese dem Parlament Rede und Antwort stehen muß und durch ein Mißtrauensvotum zum Rücktritt gezwungen werden kann. Allerdings hat das Parlament keinen Einfluß auf die Neubesetzung, so daß die Regierungen der Mitgliedsländer theoretisch die alte Kommission wieder berufen könnten.

Das Europäische Parlament wirkt durch seine Stellungnahmen zu den Vorschlägen der EG-Kommission an der europäischen Gesetzgebung mit. Der Ministerrat kann hier ohne Anhörung des Parlaments nicht entscheiden.

Bei der Erweiterung der Gemeinschaft und beim Abschluß von Assoziationsabkommen muß das Europäische Parlament zustimmen.

Das Europäische Parlament hat weitgehende Mitspracherechte bei der Verabschiedung des EG-Haushalts. Im Extremfall kann das Parlament den gesamten Haushalt ablehnen: ein wichtiges Druckmittel, mit dem Sachentscheidungen beeinflußt werden können.

Zusammensetzung des Parlaments nach Fraktionen (Stand: 1.2.1991)

	EUR 12
Sozialisten	179
EVP (Christdemokraten)	122
Liberale und Demokraten	49
Europäische Demokraten	34
Grüne im Europäischen Parlament	29
Vereinigte Europäische Linke	28
Sammlungsbewegung der Europäischen Demokraten	22
Technische Fraktion der Europäischen Rechten	16
Koalition der Linken	14
Regenbogenfraktion	15
Fraktionslose	10
INSGESAMT	518

Stimmenverteilung im Ministerrat — M 2.7

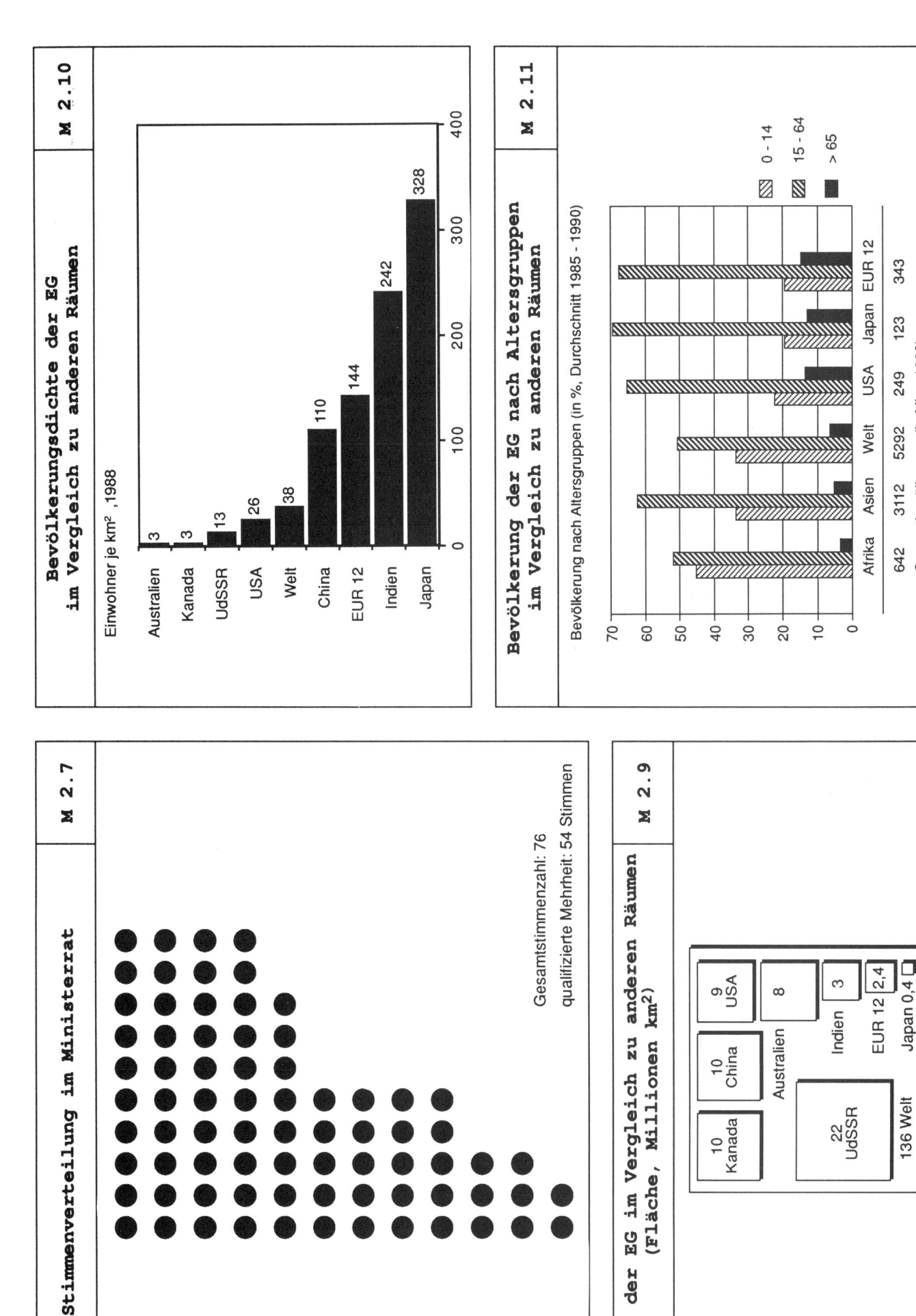

D	10
F	10
GB	10
I	10
E	8
B	5
GR	5
NL	5
P	5
DK	3
IRL	3
L	2

Gesamtstimmenzahl: 76
qualifizierte Mehrheit: 54 Stimmen

Bevölkerungsdichte der EG im Vergleich zu anderen Räumen — M 2.10

Einwohner je km², 1988

	Einwohner/km²
Australien	3
Kanada	3
UdSSR	13
USA	26
Welt	38
China	110
EUR 12	144
Indien	242
Japan	328

Fläche der EG im Vergleich zu anderen Räumen (Fläche, Millionen km²) — M 2.9

Raum	Fläche
Kanada	10
China	10
USA	9
Australien	8
UdSSR	22
Indien	3
EUR 12	2,4
Japan	0,4
Welt	136

Bevölkerung der EG nach Altersgruppen im Vergleich zu anderen Räumen — M 2.11

Bevölkerung nach Altersgruppen (in %, Durchschnitt 1985 – 1990)

Legende: 0 – 14, 15 – 64, > 65

Gesamtbevölkerung (in Mio., 1990):

Raum	Gesamtbevölkerung
Afrika	642
Asien	3112
Welt	5292
USA	249
Japan	123
EUR 12	343

| M 2.12 | Das Gewicht der EG im Vergleich mit den USA und Japan |

BIP je Einwohner* (EUR 12 = 100, 1988)

- Afrika
- Türkei**
- Lateinamerika
- Welt*
- Österreich**
- Japan
- Australien
- EUR 12
- Kanada
- USA
- Skandinavien

0 — 25 — 50 — 75 — 100 — 125

* Auf Dollarbasis 1980.
** Land, das seinen Beitritt zur EG offiziell beantragt hat.

| M 2.13 | Beschäftigung und Arbeitslosigkeit in EG, USA und Japan |

Erwerbstätige Bevölkerung
(in % der Gesamtbevölkerung)

– · – Japan
······ USA
——— EUR 12

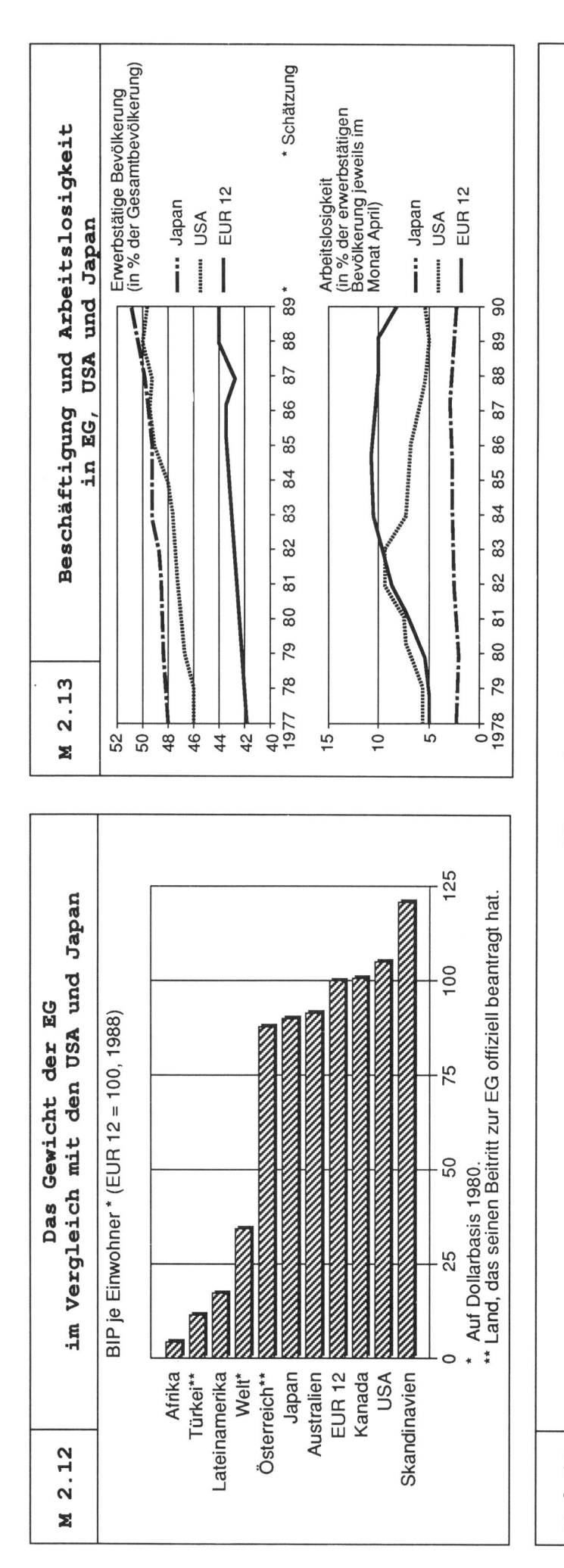

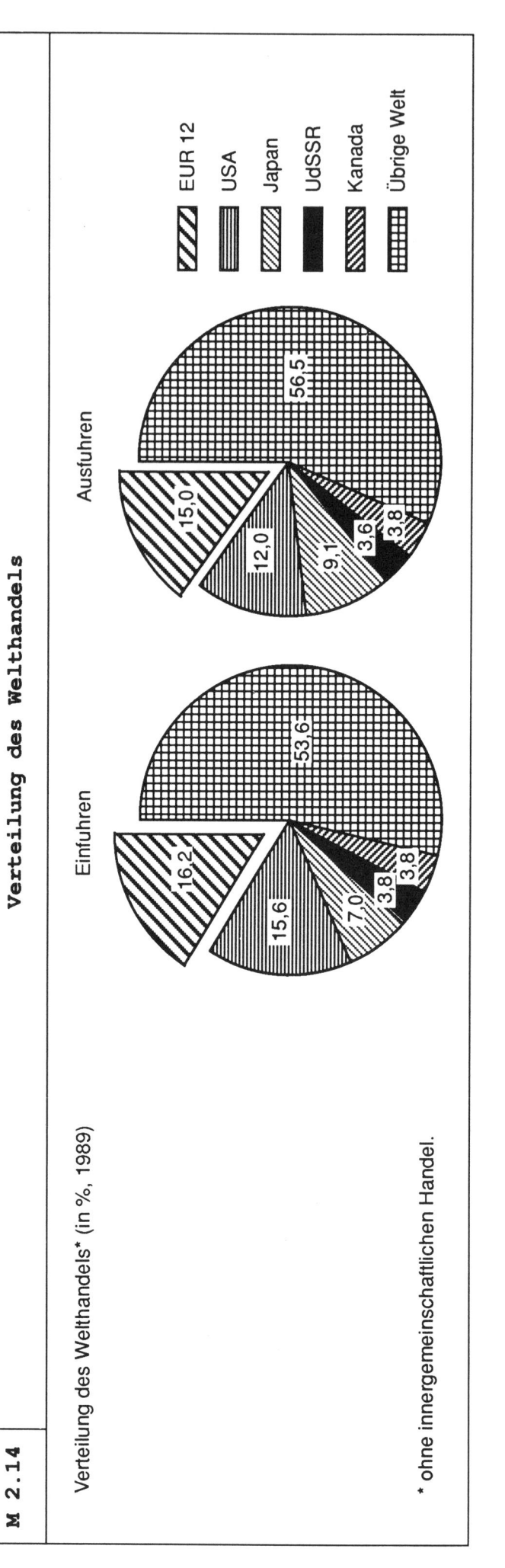

* Schätzung

52, 50, 48, 46, 44, 42, 40
1977 78 79 80 81 82 83 84 85 86 87 88 89*

Arbeitslosigkeit
(in % der erwerbstätigen Bevölkerung jeweils im Monat April)

– · – Japan
······ USA
——— EUR 12

15, 10, 5, 0
1978 79 80 81 82 83 84 85 86 87 88 89 90

| M 2.14 | Verteilung des Welthandels |

- EUR 12
- USA
- Japan
- UdSSR
- Kanada
- Übrige Welt

Einfuhren: EUR 12 53,6; USA 15,6; Japan 7,0; UdSSR 3,8; Kanada 3,8; Übrige Welt 16,2

Ausfuhren: EUR 12 56,5; USA 12,0; Japan 9,1; UdSSR 3,6; Kanada 3,8; Übrige Welt 15,0

Verteilung des Welthandels* (in %, 1989)

* ohne innergemeinschaftlichen Handel.

Bundesrepublik unterzeichnet die Seerechtskonvention nicht	M 3.1

Im Dezember 1982 wurden die Verhandlungen über die Formulierung einer neuen UNO-Seerechtskonvention in Montego Bay auf Jamaika beendet.

119 Staaten unterschrieben ein nach neunjähriger Arbeit erstelltes Vertragswerk, das in 320 Paragraphen sowie mehreren Anhängen und Resolutionen altes und neues Völkerrecht über Küstengewässer, die Hohe See, Festlandsockel, Wirtschaftszonen und den Meeresboden zusammenfaßt.

Verweigert wurde die Unterzeichnung von einigen westlichen Industrieländern. Zu den Nicht-Unterzeichnern gehörten die Bundesrepublik Deutschland wie auch die USA, Großbritannien, Japan, Belgien und Italien.

Das Internationale Seerecht im 17. bis 19. Jahrhundert	M 3.2

Seit dem 17. Jahrhundert setzte sich unter großräumigen Aspekten allgemein die Idee des "mare liberum", der "Freiheit der Meere", gegen das Prinzip des "mare clausum" der nationalen Abgeschlossenheit der Meere durch.

Kleinräumig begann jedoch eine zunehmende Nationalisierung von Küstenzonen — und zwar jeweils soweit, wie es die technischen Fähigkeiten und die eigenen Bedürfnisse erlaubten bzw. erforderten. Es entstanden küstenstaatlich zugeordnete Meereszonen für unterschiedliche Zwecke, z.B. die Fischereizone Norwegens mit 16 sm bis 24 sm (1636 bis 1745), die Neutralitätszone Dänemarks mit der variablen Begrenzung nach Sichtweite (1691); die Zollzone Großbritanniens mit 12 sm (1736).

... Ein völkerrechtliches Problem bestand darin, daß das Recht zur nationalen Zuordnung von Meeresgebieten nicht durch unmittelbare Besetzung der Wasserfläche, sondern nur durch eine Proklamation erfolgen konnte. Durch den Holländer *Bynkershoek* (1702) wurde die *Kanonenschußweite* von der Küstenlinie aus als Kriterium der Anwesenheit eines Staates und damit der Legimitation einer entsprechenden Küstenzone deklariert. Die Verknüpfung dieses Merkmals mit den seit dem 18. Jahrhundert dann von zahlreichen Staaten errichteten bzw. akzeptierten Vier- oder Dreimeilenzonen muß jedoch als nicht ganz zwingend bezeichnet werden; schließlich war die Reichweite von Kanonen noch lange Zeit wesentlich geringer.

Die "Truman-Proklamation" (28.9.1945)	M 3.3

Die großräumige "Landnahme" im Bereich der Ozeane begann 1945 in den USA mit der sog. Truman-Proklamation "Natural ressources of the sobsoil and seabed of the continental shelf":

"Im Interesse der notwendigen schonenden und vernünftigen Nutzung ihrer nationalen Ressourcen betrachtet die Regierung der Vereinigten Staaten die natürlichen Ressourcen des Untergrundes und des Bodens des Kontinentalschelfs unter der Hohen See, soweit der Kontinentalschelf der Küste der USA vorgelagert ist, als den USA zugehörig." (Anmerkung: Kontinentalschelf = Festlandsockel)

| M 3.4 | Rechtsunsicherheit führt zu UN-Seerechtskonferenzen |

Rechtsunsicherheit und unklare Methoden zur Festlegung von Grenzen nach außen oder zu den Nachbarn traten auf. Wo endet die Schelfzone? Welche Bedeutung haben Inseln, erst recht aber künstliche Inseln, bei der Abgrenzung von Hoheitszonen? Wie weit gelten einseitige Proklamationen oder auch Abkommen benachbarter Staaten für Drittländer?

Nachdem schon 1930 die vom Völkerbund einberufene Haager Kodifikationskonferenz (48 Staaten) keine Einigung erzielt hatte und auch zahlreiche Empfehlungen der "Internationalen Rechts-Kommission" der Vereinten Nationen 1953 keine Lösung brachten, wurde endlich auf Beschluß der Vollversammlung der Vereinten Nationen vom 21.2.1957 eine internationale Konferenz einberufen, die das Internationale Seerecht prüfen und Konventionen erarbeiten sollte.

Die Erste Seerechtskonferenz tagte vom 24.2. bis 27.4.1958, die Zweite Seerechtskonferenz vom 17.3. bis 26.4.1960, beide in Genf.

| M 3.5 | Ergebnisse der 1. Seerechtskonferenz der Vereinten Nationen (1958) |

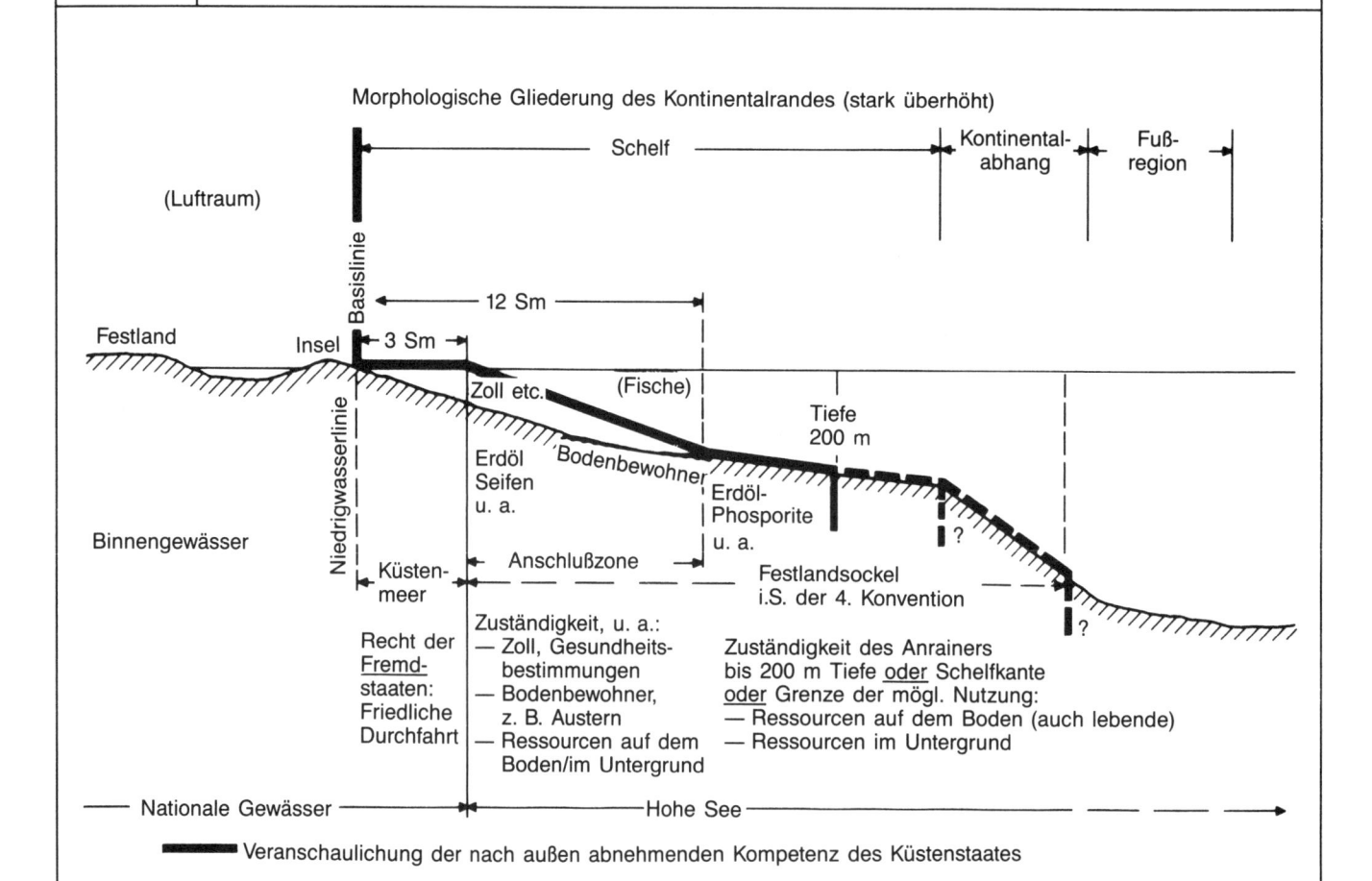

Morphologische Gliederung des Kontinentalrandes (stark überhöht)

Schelf | Kontinentalabhang | Fußregion

(Luftraum)

Basislinie

12 Sm

Festland — Insel — 3 Sm

Niedrigwasserlinie

Zoll etc.

(Fische)

Tiefe 200 m

Erdöl Seifen u. a.

Bodenbewohner

Erdöl-Phosporite u. a.

Binnengewässer

Küstenmeer

Anschlußzone

Festlandsockel i.S. der 4. Konvention

Recht der Fremdstaaten: Friedliche Durchfahrt

Zuständigkeit, u. a.:
— Zoll, Gesundheitsbestimmungen
— Bodenbewohner, z. B. Austern
— Ressourcen auf dem Boden/im Untergrund

Zuständigkeit des Anrainers bis 200 m Tiefe oder Schelfkante oder Grenze der mögl. Nutzung:
— Ressourcen auf dem Boden (auch lebende)
— Ressourcen im Untergrund

— Nationale Gewässer — | — Hohe See —

▬▬▬ Veranschaulichung der nach außen abnehmenden Kompetenz des Küstenstaates

Die 3. UN-Seerechtskonferenz wird notwendig			M 3.6
Situationsbeschreibung			
ökonomisch-technologisches Problemfeld	ökologisches Problemfeld	völkerrechtliches Problemfeld	weltpolitisches Problemfeld
Entwicklung neuer Technologien zur Ausbeutung der Bodenschätze des Meeresbodens Weiterentwicklung der Fischfangtechniken	Bedrohungen, die von Meeresverschmutzungen und Überfischung ausgehen	völkerrechtlich einseitige Erklärungen zur Ausdehnung von Hoheits- und Nutzungsrechten durch einzelne Küstenstaaten	Forderung, das Meer als "gemeinsames Erbe der Menschheit" zu betrachten und Regelungen zugunsten der Entwicklungsländer zu treffen.
Folge: Unsicherheiten in den internationalen Beziehungen; Wunsch nach Regelungen, die als völkerrechtlich verbindlich anerkannt sind.			

Ergebnisse der 3. UN-Seerechtskonferenz — M 3.8

Land | Ausschließl. Wirtschaftszone | Offene See

200 Sm max. 350 Sm

24 Sm

12 Sm Küstenmeer | Anschlußzone

Meeresspiegel

Festlandsockel → Meeresboden — Meeresgrund

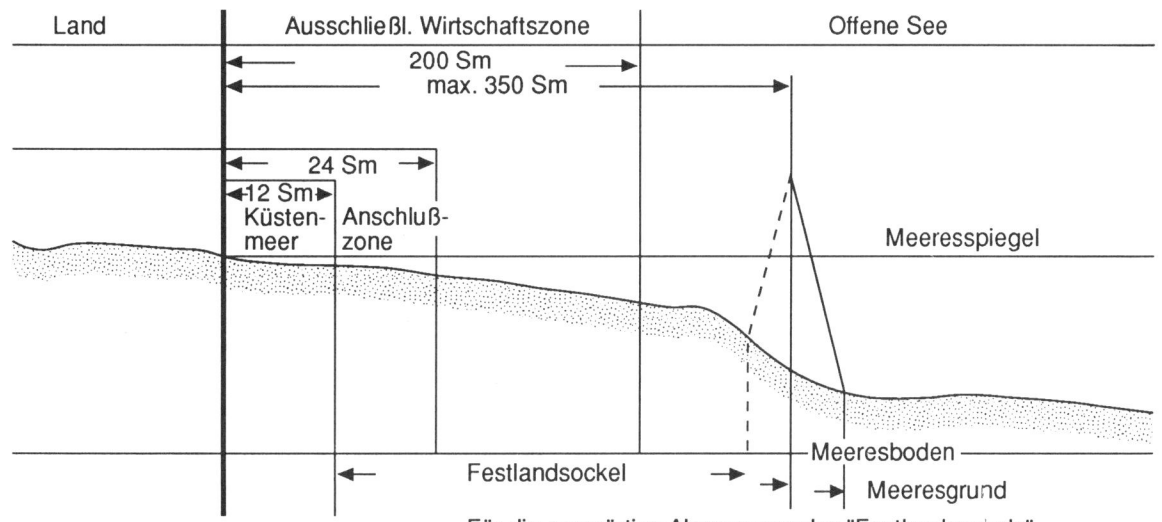

Für die seewärtige Abgrenzung des "Festlandsockels" stehen mehrere Möglichkeiten zur Wahl.

Rechte des Küstenstaates und der anderen Staaten	Souveränität des Küstenstaates	Ausbeutung der Meeresschätze durch den Küstenstaat - keine politische Souveränität	Internationale Meeresboden - Behörde regelt Rohstoff - Abbau

- Im Küstenmeer muß allen ausländischen Schiffen das Recht der "friedlichen Durchfahrt" erlaubt sein.
- Außerhalb der 12 - Meilen - Zone haben alle Staaten das Recht auf freie Navigation oder Überflug (auch mit militärischen Schiffen und Flugzeugen).
- Die Gebiete von über 100 Meerengen und Meeresstraßen gehören nicht zum Küstenmeer. Sie sind also für alle Zwecke frei passierbar.
- Bei Gebieten von weniger als 400 Seemeilen Ausdehnung zwischen zwei Staaten werden die Wirtschaftszonen geteilt.
- Binnenstaaten erhalten das Recht, Waren über das Gebiet von Nachbarstaaten an die Küste zu bringen.
- Ein internationaler Seegerichtshof mit Sitz in Hamburg soll bei Streitfällen als Schlichtungsstelle dienen.
- Alle Staaten werden dazu aufgefordert, Maßnahmen zum Schutz des Lebens im Meer zu treffen.

| M 3.7 | **Appell des maltesischen Delegationsleiters A. *Pardo* vor der Generalversammlung der UN am 1.11.1967** |

Ausgangsfakten:

– Das Meer birgt gewaltige lebende und mineralische Ressourcen.
– Die technischen Möglichkeiten erlauben bald die Nutzung dieser Schätze selbst in der Tiefsee.
– Vorstellbar ist daher die restlose Aufteilung des Weltmeeres.
– Eine ungeregelte Nutzung der marinen Bodenschätze beeinflußt das weltwirtschaftliche Gefüge: Sinkende Preise können für die Volkswirtschaft bisheriger Rohstoffländer verheerend sein.
– Den Meeren droht die Gefahr, immer mehr in die militärische Aufrüstung einbezogen zu werden (Atomwaffen auf dem Meeresgrund etc.).
– Jede Steigerung der Nutzung zu Wasser und zu Land erhöht die Risiken gefährlicher Meeresverschmutzung.

Folgerungen:

Geht die Entwicklung in dieser Richtung unkontrolliert weiter,

– werden zunehmend internationale Spannungen auftreten,
– werden wenige Industriestaaten mit hochentwickelter (Meeres-)Technik noch beherrschender,
– geht das Gros der Länder (darunter die meisten Entwicklungsländer) beim Verteilungskampf um die Weltmeere leer aus, manche werden dabei sogar in noch größere Armut geraten,
– erhöht sich die Gefahr der u.U. nicht behebbaren Dauerschäden an der Meeresumwelt.

Forderung:

Es ist eine internationale Regelung (Regime) für den Meeresboden und -untergrund jenseits der Zuständigkeit der Küstenstaaten zu schaffen, die eine internationale Behörde durchsetzt und kontrolliert.

– Die Generalvertretung der UN erklärt am 17.12.1970 den Meeresboden und den Meeresuntergrund jenseits der nationalen Zuständigkeitszonen und die Ressourcen in diesem Gebiet *zum gemeinsamen Erbe der Menschheit.*
– Die Generalversammlung faßt am gleichen Tag den Beschluß, 1973 eine Dritte Seerechtskonferenz mit folgender Zielsetzung einzuberufen: "Die Schaffung eines gerechten internationalen Verfahrens ... für das Gebiet und die Schätze des Meeresbodens und -untergrundes jenseits der Grenzen nationaler Jurisdiktion, eine genaue Definition des Gebietes und das weite Feld der damit zusammenhängenden Fragen, einschließlich derer der Hohen See, des Festlandsockels, der Hoheitsgewässer (inclusive der Frage ihrer Breite und der internationalen Meerengen), der Anschlußzone, der Fischerei und der Erhaltung der lebenden Meeresschätze ..., der Erhaltung der Meeresumwelt ... und der wissenschaftlichen Meeresforschung."

| **Regelung des künftigen Tiefsee-Bergbaus** | M 3.9 |

Zuständigkeit:

Alleiniger Sachwalter des "gemeinsamen Erbes der Menschheit" soll eine internationale Meeresbodenbehörde sein, die für alle Tätigkeiten im Bereich des Meeresbodens jenseits der küstenstaatlichen Zonen zuständig ist. Sie vergibt die bergbaulichen Lizenzen. Da sie auch selbst Tiefsee-Bergbau betreiben will, ist ihr als eigenes Unternehmen das sog. "Enterprise" angegliedert. Enterprise und Privatindustrie treten in einen Wettbewerb (Parallel-System).

Vergabe:

Ein Privatunternehmen, das am Meeresboden tätig werden will, muß zunächst zwei Abbaufelder erkunden. Beim Antrag auf Abbaulizenz werden der Behörde beide erforschten Felder offeriert, von denen eines die Behörde über das Enterprise selbst ausbeutet, während das andere das Privatunternehmen erhält. Die der Behörde zufallenden Felder stehen dem Enterprise zur wirtschaftlichen Nutzung zur Verfügung, ferner den Entwicklungsländern und deren Unternehmen, denn die sind in dieser Hinsicht dem Enterprise gleichgestellt.

Technologietransfer:

Da die Behörde über das Enterprise selbst Tiefsee-Bergbau betreiben will, benötigt sie neben den finanziellen Mitteln vor allem das meerestechnische Wissen. Um das zu erlangen, werden Staaten und Privatunternehmen, wenn sie Meeresbergbau beantragen, verpflichtet, die von ihnen eingesetzte Technologie dem Behördenunternehmen zur Verfügung zu stellen.

Wettbewerbsbeschränkung:

Nach den Vorstellungen der Dritten Welt soll der Meeresbergbau nicht in einen freien Wettbewerb mit dem Bergbau auf dem Lande treten. Die Behörde wird vielmehr in die Lage versetzt, jederzeit preisregulierend einzugreifen und den Umfang der Produktion zu beeinflussen.

Revisionskonferenz:

15 Jahre nach Erteilen der ersten Abbaulizenz tritt eine Revisionskonferenz zusammen, um die praktizierten Regelungen an den gesetzten Zielen zu messen.

| **Warten auf die 60. Ratifikationsurkunde** | M 3.10 |

Am 30. April 1982 wurde das Seerechtsübereinkommen beschlossen. Abgegeben wurden 130 Ja-Stimmen, 4 Nein-Stimmen (Israel, Türkei, USA, Venezuela), 17 Enthaltungen (u.a. Bundesrepublik Deutschland und UdSSR).

Unterzeichnet wurde das Vertragswerk am 10.12.1982 von 117 Staaten (u.a. von sieben NATO-Staaten und der UdSSR). Mittlerweile ist das Vertragswerk von 159 Staaten und Organisationen unterschrieben worden. Die Bundesrepublik Deutschland verweigert bislang die Zeichnung, hält sich jedoch die Möglichkeit zur Mitarbeit im Rahmen der EG offen.

Die Konvention tritt 12 Monate nach Hinterlegung der 60. Ratifikationsurkunde in Kraft. Bislang (März 1992) haben 51 Länder ratifiziert.

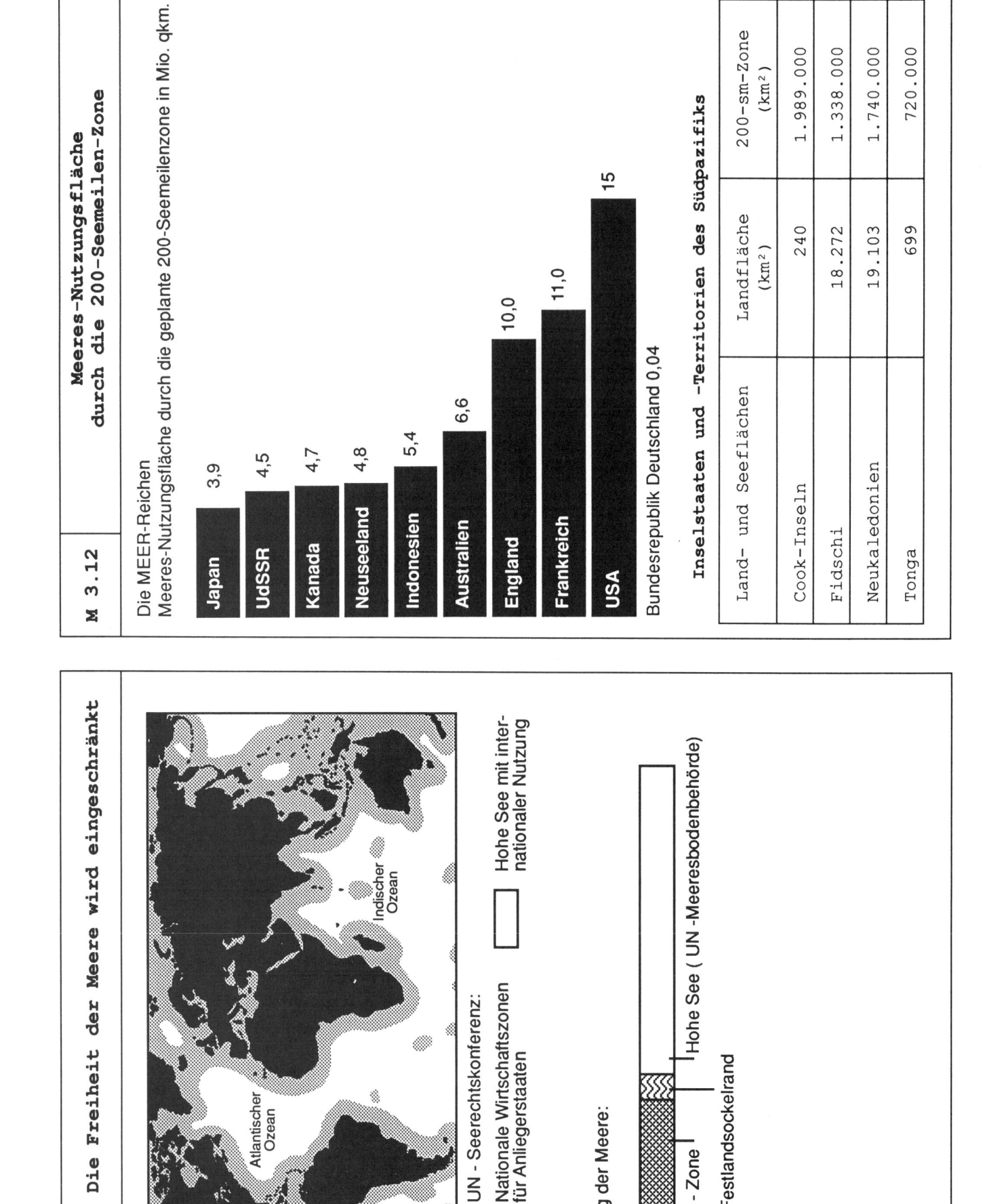

M 3.12	Meeres-Nutzungsfläche durch die 200-Seemeilen-Zone

Die MEER-Reichen
Meeres-Nutzungsfläche durch die geplante 200-Seemeilenzone in Mio. qkm.

- Japan: 3,9
- UdSSR: 4,5
- Kanada: 4,7
- Neuseeland: 4,8
- Indonesien: 5,4
- Australien: 6,6
- England: 10,0
- Frankreich: 11,0
- USA: 15

Bundesrepublik Deutschland 0,04

Inselstaaten und -Territorien des Südpazifiks

Land- und Seeflächen	Landfläche (km²)	200-sm-Zone (km²)
Cook-Inseln	240	1.989.000
Fidschi	18.272	1.338.000
Neukaledonien	19.103	1.740.000
Tonga	699	720.000

M 3.11	Die Freiheit der Meere wird eingeschränkt

Pazifischer Ozean, Atlantischer Ozean, Indischer Ozean

UN - Seerechtskonferenz:
- Nationale Wirtschaftszonen für Anliegerstaaten
- Hohe See mit internationaler Nutzung

Aufteilung der Meere:
- 200 - Sm - Zone
- äußerer Festlandsockelrand
- Hohe See (UN - Meeresbodenbehörde)

| **Offshore Ölvorkommen, Manganknollenfelder und Verlauf der 200-Seemeilen-Zone** | M 3.13 |

200 - Sm - Zone   Manganknollenfelder   potentielle Ölvorkommen

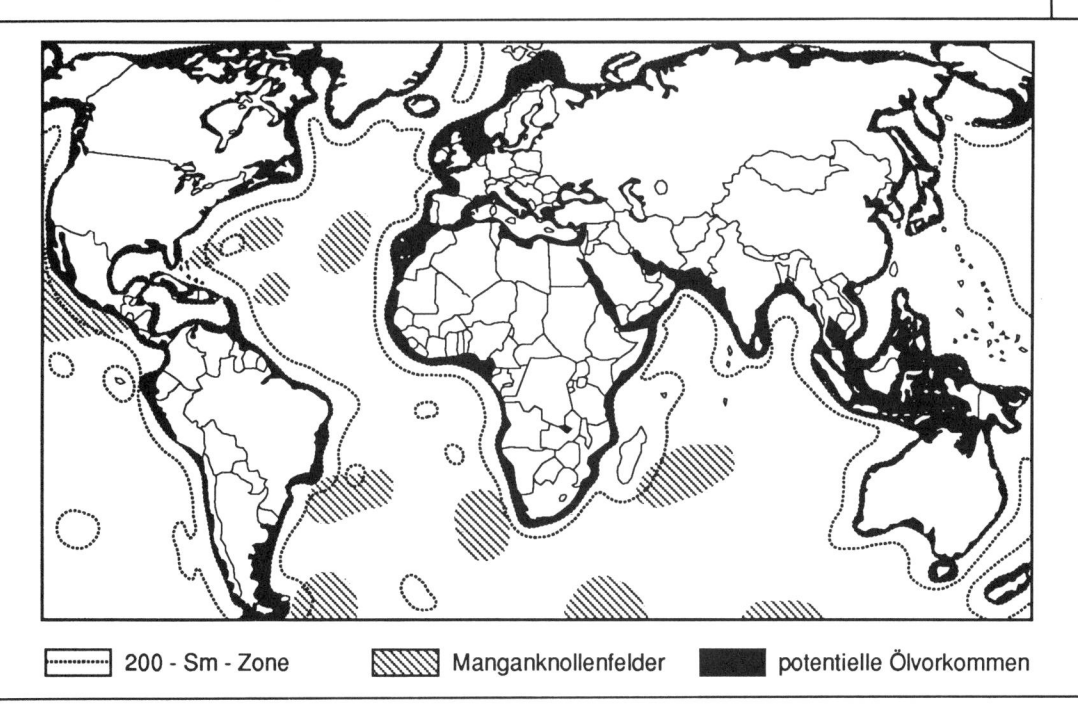

| **BDI-Präsident *Rodenstock* warnt vor Unterzeichnung der Konvention** | M 3.15 |

Der Präsident des Bundesverbandes der Deutschen Industrie *Rodenstock* schrieb, die Industrie vertrete nach wie vor die Auffassung, "daß die Nachteile der Konvention ihre Vorteile bei weitem überwiegen". Vor allem das Kapitel über den Tiefseebergbau sei für die betroffenen Unternehmen aus wirtschaftlichen, für die gesamte Industrie aus ordnungspolitischen Gründen nicht akzeptabel. "Die Entwicklungsländer versuchen hier einen weiteren Einstieg in eine neue Weltwirtschaftsordnung, zu dem wir nicht die Hand bieten sollten", mahnte der BDI-Präsident. Die dirigistischen Eingriffe werden von der Wirtschaft vor allem in den vorgesehenen Produktionsbeschränkungen, dem Zwangstechnologietransfer sowie der geplanten Abgabenregelung gesehen.

| **Bewertung aus der Sicht des Seeverkehrs** | M 3.16 |

"Der Seeverkehr findet normalerweise, 'unter den Küsten', also in Küstennähe statt. Dies bedeutet, daß Seeschiffahrt sich künftig überwiegend in fremden Wirtschaftszonen und fremden Hoheitsgewässern abspielt und potentielle Kollisionen zwischen der Schiffahrtsfreiheit und dem weitgespannten Fächer küstenstaatlicher Interessen programmiert sind.

Bei einer Gesamtbewertung der Konvention ist festzustellen, daß sie in vielen Bereichen Rechtsentwicklungen kanalisiert, die sich neben der Konvention in der Staatenpraxis bereits herausgebildet haben. Auf ihrer Basis können freiheitliche Seeverkehrsverbindungen durchaus erhalten werden... Die Schiffahrt kann daher mit der Konvention trotz vieler Vorbehalte im Detail leben: Im Vergleich mit denkbaren Alternativen sprechen aus der Sicht der Seeschiffahrt mehr Gründe für sie als gegen sie."

| **Plädoyer für den Seegerichtshof** | M 3.17 |

Hamburgs Bürgermeister Voscherau (SPD) unterstützt den Hamburger Bundestagsabgeordneten Funke (FDP) dabei, die Bundesregierung zum Beitritt zur Seerechtskonvention zu bewegen, damit der Internationale Seegerichtshof nach Hamburg kommt. Funke hat vorgeschlagen, in die Position der früheren DDR einzutreten, die das Abkommen gezeichnet hatte. Nur wenn Deutschland dem Abkommen beitritt, kann der Gerichtshof als erste UNO-Behörde auf deutschem Boden in Hamburg errichtet werden.

| M 3.14 | Aus der Bundestagsdebatte vom 27.10.1983 |

Kittelmann (CDU/CSU):

Die Wirtschaft der Bundesrepublik Deutschland – darauf kommt es wohl wesentlich an – spricht sich unverändert mit großer Mehrheit gegen die Zeichnung aus, und dies aus guten Gründen. Die Bundesrepublik Deutschland ist mehr als jedes andere Industrieland wirtschaftlich von der sinnvollen Meeresnutzung abhängig. Sowohl in der Frage der Gewinnung von Rohstoffen als auch im Verkauf von Spitzentechnologie und Know-how sind wir darauf angewiesen. Wir dürfen nicht antimarktwirtschaftliche Regelungen zulassen, die unsere Nutzungsmöglichkeiten und Zugangsrechte in einer Form negativ beeinflussen, daß die Sicherung und Schaffung von Arbeitsplätzen hier gefährdet ist. Vor dem Hintergrund dieser Fakten und Sachverhalte müssen wir unsere Bedenken und Einwände vorrangig gegen die Elemente der Tiefseebergbauregeln im wohlverstandenen Eigeninteresse aufrechterhalten.

Grunenberg (SPD):

Es ist ein großer Quatsch, die Konvention nur unter dem Aspekt des Tiefseebergbaus zu betrachten. Dieser Teil ist nur einer von 17 Teilen der Konvention; er umfaßt nicht einmal 60 von 320 Artikeln. Denken Sie auch an den Teil 12 mit seinen 45 Artikeln betreffend "Schutz und Erhaltung der Meeresumwelt". Dies ist wesentlich die Handschrift der Bundesrepublik!

Schwenninger (GRÜNE):

Gemeinsames Erbe der Menschheit sollen die letzten Rohstoffreserven des Erdballs sein; so will es der Wortlaut des Seerechtsabkommens. Wir bezweifeln, daß das Abkommen diesem Anspruch im entferntesten gerecht wird.

Der angebliche Nutzen für die Länder der Dritten Welt wird außerdem durch folgende Punkte verringert: Erstens. Die Meeresbodenbehörde soll nur die Hälfte des Meeresbergbaus kontrollieren; die andere Hälfte fällt von vornherein an die Konzerne. Zweitens. Angesichts ihrer enormen Schulden können sich die Länder der Dritten Welt an dem Wettlauf um den Meeresbergbau überhaupt nicht beteiligen. Drittens. Die Länder der Dritten Welt brauchen doch viel eher eine ihren dringendsten Bedürfnissen angepaßte Technologie als eine moderne Tiefseebergbautechnik. Viertens. Die Einnahmen der Länder der Dritten Welt könnten viel besser durch eine neue Weltwirtschaftsordnung und durch höhere Rohstoffpreise erhöht werden als durch den Tiefseebergbau.

V. Geldern (CDU/CSU):

Wir stellen fest, daß wir als Bundesrepublik Deutschland in vielen Bereichen durch diese Seerechtskonvention ein Minus gemacht haben. Das gilt für die Schwierigkeiten und die Einschränkungen im Bereich der Meeresforschung. Das gilt besonders für die Fischerei.

Das sage ich deshalb hier heute noch einmal, weil oftmals der Eindruck erweckt wird, alles andere, was die Seerechtskonferenz und die Konvention mit Ausnahme des umstrittenen Teils Meeresbergbau mit sich gebracht hätten, sei doch in Ordnung, sei doch womöglich gut aus der Sicht der deutschen Interessen. Das ist keineswegs der Fall. Wir haben insgesamt einen Verlust hinnehmen müssen. Die Freiheit der hohen See war für uns günstig. Seit sie eingeschränkt worden ist, seit diese Verzonung, diese Territorialisierung, diese nationale Landnahme zur See stattgefunden hat, sind wir die großen Verlierer.

Die Bevölkerung Namibias

M 4.1

Die Bevölkerung des Landes wird in 12 Volksgruppen eingeteilt. Nach einer Schätzung von 1982 beträgt die Gesamtbevölkerung etwa 1 050 650 Personen. Diese teilen sich wie folgt auf:

Volksgruppe	Zahl	Gesamtbevölkerung
1 Ovambo	516.385	49,1 %
2 Kavango	97.808	9,3 %
3 Herero + Kaokovelder	77.826	7,4 %
4 Damara	76.774	7,3 %
- Weiße	75.722	7,2 %
5 Nama	49.430	4,7 %
- Farbige	43.120	4,1 %
6 Caprivianer	39.965	3,8 %
7 Buschleute	29.448	2,8 %
8 Baster	26.293	2,5 %
9 Tswana	6.310	0,6 %
- Andere	11.569	1,1 %
	1.050.650	

Der größte Volksstamm, die Ovambos, lebt im Norden des Landes und auch im Süden Angolas. Es sind Ackerbauern und Viehzüchter. Sie leben noch im traditionellen Kral. Die meisten Mäner sind inzwischen Wanderarbeiter und arbeiten in den Minen oder in den Städten.

Östlich des Ovambolandes liegt das wasserreiche Land Kavango. Die Kavangos sind Ackerbauern und Handwerker (Holzindustrie, Möbel, Holzschnitzereien). Die Hereros kommen aus dem Kaokofeld und aus dem Osten des Landes. Sie sind fast ausschließlich Rinderhten.

Der Herkunft der Damara ist rätselhaft. Sie wurden meist von den Hereros und Ovambos unterdrückt. Die meisten Damara verdienen sich ihren Unterhalt als Lohnarbeiter in den Minen oder in den Städten.

Unter den Weißen bestreiten die Afrikaansprechenden den größten Anteil. Sie werden auch Buren genannt. Der deutsche Anteil beträgt etwa 28.000 Personen. Weitere Weiße sind: Engländer, Juden, Portugiesen, Österreicher, Schweizer, Italiener, Griechen und Dänen. Die Weißen sind heute noch tonangebend im Handel, in der Wirtschaft, Landwirtschaft, im Bergbau und stellen noch die übergroße Mehrheit der Beamten.

Die Nama wohnen im Süden des Landes. Sie bestehen aus 9 Stämmen. Sie waren Wanderhirten mit Rindern, Schafen und Ziegen. Auch heute noch sind sie Jäger und Viehzüchter.

Die Farbigen gingen aus dem engen Kontakt zwischen Weißen und Nama bzw. Herero hervor. Sie leben heute hauptsächlich in den Städten.

Die Caprivianer wohnen in einem sehr fruchtbaren Gebiet mit hohem Regenfall in subtropischem Klima. Der Capriviizipfel grenzt an Sambia, Zimbabwe und Botswana. Die Caprivianer sind Flußfischer und Ackerbauern.

Die Buschmänner leben im Osten des Landes in der Kalahari-Wüste. Sie sind am stärksten vom Aussterben bedroht. Auch heute noch sind sie Jäger, Sammler und ausgezeichnete Fährtenleser.

Die Baster heißen auch "Rehobother". Die Vorfahren sind aus der Kap-Kolonie emigriert. Die meisten Baster sind Nachkommen weißer Väter und Nama-Mütter. Die Tswana leben im Ostteil des Landes an der Grenze zu Botswana. Sie sind Bauern und Viehhalter.

Die Weißen und die Farbigen besitzen kein eigenes Kerngebiet. Die Bevölkerungsdichte beträgt im Durchschnitt etwas mehr als 1 Mensch pro Quadratkilometer.

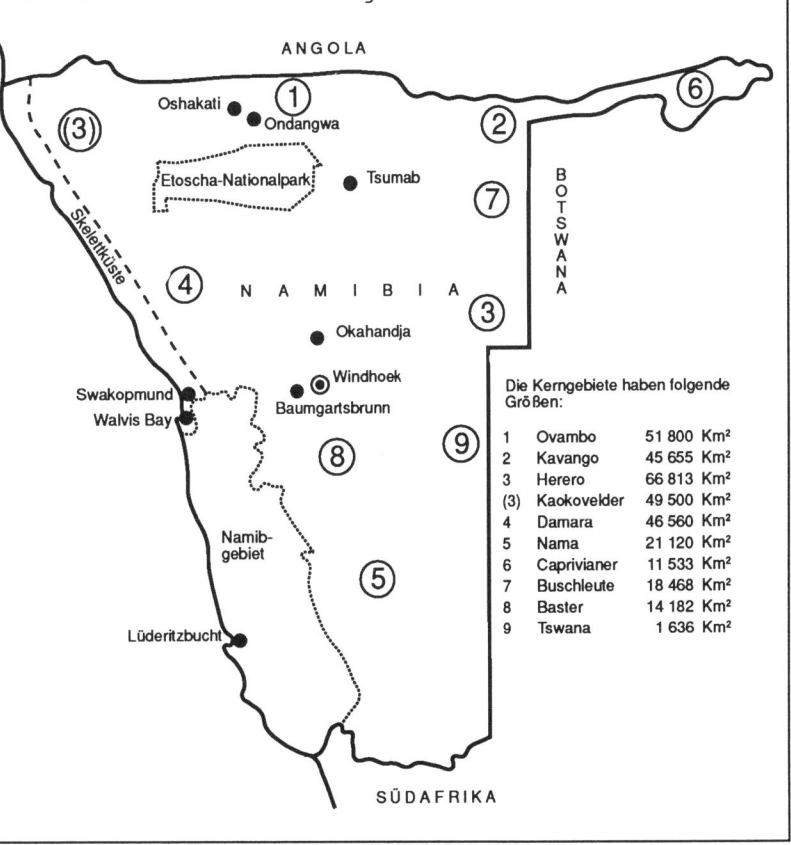

Die Kerngebiete haben folgende Größen:

1	Ovambo	51 800 Km²
2	Kavango	45 655 Km²
3	Herero	66 813 Km²
(3)	Kaokovelder	49 500 Km²
4	Damara	46 560 Km²
5	Nama	21 120 Km²
6	Caprivianer	11 533 Km²
7	Buschleute	18 468 Km²
8	Baster	14 182 Km²
9	Tswana	1 636 Km²

| M 4.2 | Über die Deutschen in Namibia |

Vom Standpunkt eines Schwarzen aus gesehen gibt es nichts an der deutschen Kolonialherrschaft zu loben. Diese Periode fand 1914 ihr Ende. Das alles ist nun Geschichte, und dabei sollte man es belassen... Es kann kein Zweifel darüber bestehen, welchen immensen Beitrag unsere deutschsprachigen Mitbürger zur Entwicklung dieses Landes geleistet haben... Alle Bürger dieses Landes brauchen einander für die weitere Entwicklung... Laßt uns alle weiterhin daran bauen, dieses Land zu einer noch besseren Heimat für die jetzige und zukünftige Generation zu machen, in der sie in Frieden, Eintracht und gegenseitigem Einvernehmen aller unserer Völker leben können (Shipanga, A., Parteivorsitzender der SWAPO-D).

...Ein Land, das seit 20 Jahren unter einem grausamen Bürgerkrieg leidet, seit 40 Jahren durch die südafrikanische Gewaltpolitik der Apartheid verteilt und unterdrückt wird, seit 100 Jahren unter dem schweren Erbe der deutschen Kolonialherrschaft leidet. Deutsche und Namibier sind durch eine dunkle und schuldhafte hundertjährige Geschichte in einzigartiger Weise verbunden... (Pastor *Siegfried Groth*, Referent für Menschenrechtsfragen der Vereinigten Evangelischen Mission und Seelsorger für namibische Flüchtlinge in Sambia, Wuppertal, in einem Leserbrief an die FAZ vom 13.4.1987)

| M 4.3 | Das Abkommen zwischen Kuba, Angola und Südafrika (1988) |

"Die Parteien erkennen an, daß jeder der folgenden Punkte für eine vollständige Regelung erforderlich ist.

A. Die Verwirklichung der *Resolution 435* (1978) des Sicherheitsrates der Vereinten Nationen: Die Parteien sollen sich auf einen Termin für den Beginn der Verwirklichung der Resolution 435 einigen und diesen dem Generalsekretär der Vereinten Nationen vorschlagen.

B. Die Regierungen von Angola und Südafrika sollen, in Übereinstimmung mit den Bestimmungen der Resolution 435, mit dem Generalsekretär zusammenarbeiten im Hinblick darauf, die *Unabhängigkeit Namibias* durch freie und faire Wahlen zu garantieren, und auf jegliche Handlung verzichten, die die Durchführung der Resolution 435 vereiteln könnte.

C. Verlegung *kubanischer Truppen* in den Norden und ihr schrittweiser und völliger Abzug von angolanischem Gebiet auf der Basis eines Abkommens zwischen Angola und Kuba und die Entscheidung beider Staaten, den Sicherheitsrat um die Überwachung dieses Abzuges an Ort zu bitten.

D. Achtung der *Souveränität,* souveränen Gleichheit und Unabhängigkeit von Staaten, der territorialen Unversehrtheit und der Unverletzbarkeit der Grenzen.

E. Nichteinmischung in *interne Angelegenheiten* von Staaten.

F. Unterlassung von Drohungen und des Gebrauchs von Waffen gegen die *territoriale Unversehrtheit* und Unabhängigkeit von Staaten.

G. Anerkennung der *Verantwortung* von Staaten, nicht zu erlauben, daß ihr Gebiet für Kriegshandlungen, Angriffe oder Gewalt gegen andere Staaten genutzt wird.

H. Erneute Bestätigung des Rechts der Völker der Gebiete im Südwesten von Afrika auf Selbstbestimmung, Unabhängigkeit und Gleichheit der Rechte.

I. Überwachung und Beobachtung der Einhaltung der Verpflichtungen, die aus Vereinbarungen entstehen, die noch getroffen werden sollten.

J. Verpflichtung, nach bestem Wissen und Gewissen die Bestimmungen der Vereinbarungen zu erfüllen, die noch getroffen werden sollten, und die Differenzen mittels Verhandlungen zu lösen.

K. Anerkennung der Rolle der ständigen Mitglieder des Sicherheitsrates als *Garanten* für die Durchführung der Vereinbarungen, die noch getroffen werden sollten.

L. Das Recht jedes Staates auf *Frieden*, Entwicklung und sozialen Fortschritt.

M. Zusammenarbeit in Afrika und auf internationaler Ebene zur Lösung der *Entwicklungsprobleme* der Gebiete im Südwesten von Afrika. Und

N. Anerkennung der Vermittlerrolle der Vereinigten Staaten von Amerika."

| **Namibia hat gewählt** | M 4.4 |

Die namibische Unabhängigkeitsbewegung Swapo will nach ihrem Wahlsieg (1989) vorrangig an der "nationalen Aussöhnung" arbeiten und hat besonders der weißen Minderheit die "Hand der Freundschaft" angeboten. Die 80.000 Weißen unter der Bevölkerung von 1,3 Millionen sollten ohne Furcht in ihrer Heimat bleiben, sagte Swapo-Chef *Sam Nujoma* am Mittwoch in Windhuk. Die Swapo habe das demokratische Mandat erhalten, Namibia in die Unabhängigkeit zu führen.

Bei den Wahlen kam die marxistisch organisierte Swapo auf 57 Prozent der Stimmen und erhielt 41 der 72 Sitze in der Verfassungsgebendem Versammlung. *Nujoma* sagte, da jeder Namibier "die Früchte der Unabhängigkeit genießen" werde, habe es bei den Wahlen keine Verlierer gegeben. Die prowestliche Demokratische Turnhallen-Allianz (DTA) errang 21, die linksnationale United Democratic Front (UDF) vier und die von Weißen gebildete Aktion Christlich-National (ACN) drei Mandate.

Nach der überraschend friedlich verlaufenen Wahl in Namibia gibt es zufriedene Gesichter: Der Wahlsieger *Sam Nujoma*, der Vormann der Mehrheitspartei Swapo, sieht sich seinem Ziel, Regierungschef in Namibia zu werden, einen Riesenschritt näher gerückt. Die Namibier sind aus der Vormundschaft Südafrikas entlassen und müssen sich nun selbst zurechtfinden. Die Vereinten Nationen sehen ihr Sorgenkind in der Südwestecke Afrikas endlich flügge geworden, und die Weltöffentlichkeit, die sich immer wieder mit der ehemaligen deutschen Kolonie hatte beschäftigen müssen, kann ihre Aufmerksamkeit auf andere Krisenherde konzentrieren. Namibia wird - hoffentlich - bald kein Thema mehr sein...

| **Ein Jahr danach...** | M 4.5 |

...Die Pessimisten haben unrecht gehabt. Im ersten Jahr der Unabhängigkeit Namibias, die am Donnerstag mit aufwendigen Festen in allen Teilen des Landes gefeiert wurde, hat die regierende Südwestafrikanische Volksorganisation (Swapo), zuvor eine sich marxistisch gebende Guerrillagruppe, ihre Politik der Versöhnung fortgesetzt. Im Norden, Schauplatz des fast ein Vierteljahrhundert währenden Buschkrieges, ist Frieden eingekehrt...

Präsident *Nujomas* Politik der Versöhnung und Integration wirkt sich positiv aus.

...Derzeit sieht es so aus, als werde er in vier Jahren zu den nächsten Wahlen wieder kandidieren und gewinnen. Auch wenn von gut ausgebildeten Schwarzen zu hören ist, sie hätten vor einem Jahr für die Swapo gestimmt, beim nächstenmal würden sie das vermutlich nicht tun. Sie begründen das damit, daß die Regierung der Kriminalität nicht Herr werde; Diebstahl und Raub haben sich innerhalb eines Jahres vervierfacht und seit dem Jahresbeginn weiter zugenommen.

Die Kriminalität beklagen auch viele Weißen. Sie führen das auf die wachsende Arbeitslosigkeit zurück. In Katutura, dem überwiegend von Schwarzen bewohnten Teil Windhuks, begegnen einem beständig Jugendliche, die nach ihrem Schulabschluß keine Arbeit finden. Dazu kamen um die 40.000 Namibier, die vor der Unabhängigkeit aus dem Exil heimkehrten, eine gewaltige Zahl für ein Land mit nur 1,5 Millionen Einwohnern und einer sich Investitionen und einer freien Marktwirtschaft zwar öffnenden, aber noch bisweilen widersprüchlichen Wirtschaftspolitik. Neben der Arbeitslosigkeit werden die ungenügende Eingliederung der Rückkehrer, unerfüllte hohe Erwartungen der Jugend, gelegentlich naive oder aufpeitschende Äußerungen führender Swapo-Funktionäre wie des Swapo-Vorsitzenden *Garoeb*, die Aufblähung des Beamtenapparates bei wachsender Ineffizienz, die mangelnde Koordinierung der Regierungsarbeit, die ungeklärte Landpolitik und schlechte Wirtschaftsaussichten angeführt, wenn sich in die Grundströmung von Lob ein pessimistischer Ton einfügt...

| M 4.6 | *Sam Nujomas* politischer Weg: Vom Rinderhirten zum Präsidenten |

Presse-Aussagen

"Würdevoll mit seinem weißen Bart stand der in freien Wahlen gewählte Präsident *Sam Nujoma* im Mittelpunkt des Geschehens, symbolisch eingerahmt zwischen *Javier Perrez de Cuéllar*, dem Generalsekretär der Vereinten Nationen, die seit über zwei Jahrzehnten für diesen Tag gekämpft haben, und *F.W. de Klerk*, dem Staatspräsidenten der Republik Südafrika, die diesen Tag lange hinausgezögert hat. Schon vor 24 Jahren hatten die Vereinten Nationen Südafrika das Mandat über Südwestafrika entzogen.

Die Bewegung war dem 61jährigen *Nujoma* anzusehen. Er hatte das Ziel erreicht, für das er 30 Jahre im Exil gekämpft hatte. Ein langer steiniger Weg hat ihn vom Rinderhirten und späteren Eisenbahnarbeiter in dem 75 Jahre unter südafrikanischem Mandat stehenden Südwestafrika an die Spitze der unabhängigen Republik Namibia geführt, vom "Terroristen" zum Staatsmann. Zum Präsidenten dieses jüngsten Staates wurde er - dies ist eine Neuheit in der Geschichte - vom Generalsekretär der Vereinten Nationen vereidigt, der Namibia als 160. Mitglied der Völkerfamilie begrüßte." (Entwicklung und Zusammenarbeit 5/90)

"Viele Swapo-Mitglieder sind nicht einverstanden mit unserer Versöhnungspolitik, besonders jene, die im Exil waren. Aber sogar solche Leute, die für Südafrika gekämpft haben, sind Namibier. Wir können sie nicht ins Meer werfen. Wir müssen unserem Volk diese Haltung lehren." (Frankfurter Rundschau, 7.6.1990)

"...Da kündigte vorigen Mittwoch in Bonn ein Vertreter der Nationalisten-Organisation Swapo (South West African People´s Organization) den Weißen in Südwest verstärkten Guerilla-Krieg an. Er warnte, daß die Sicherheit der deutschen Siedler und Touristen in Namibia nicht mehr gewährleistet sei..." (Der Spiegel, 1.11.76)

"Im von Südafrika regierten Südwestafrika (Namibia) stellten im vergangenen halben Jahr fünf US-Ölkonzerne trotz verheißungsvoller Funde die Versuchsbohrungen ein. Getty Oil: "Wegen zu erwartender politischer Veränderungen". Farmer bieten ihren Besitz zu Schleuderpreisen an, und Windhuks deutschstämmiger Bürgermeister *Ernst Günther Kaschik* "müßte lügen", wenn er "nicht zugäbe, daß Geld transferiert wird..." (Der Spiegel, 28.7.75)

"...Wir sind Christen und auch Freiheitskämpfer von Namibia... Im Jahre 1967 bin ich von den südafrikanischen Behörden verhaftet worden wie auch viele andere, die den Kampf für die Befreiung Namibias aufgenommen hatten. Ich wurde mit barbarischer Brutalität mißhandelt: geschlagen, mit Elektroschocks gefoltert, in Ketten von den Handgelenken aufgehängt, während ich von den Polizisten beschimpft wurde... Gleich wie andere Völker, möchten die Namibier selbst darüber entscheiden, wie es in ihrem Land sein soll..." (Auszüge aus einem Brief von *Magdalena Shamena*, Mai 1987; übermittelt von Pastor *Siegfried Groth*, Vereinigte Evangelische Mission, Wuppertal)

"...Wir fürchten uns nur deshalb vor Afrika", so höre ich immer wieder von Europäern, "weil wir nicht glauben wollen, daß es funktioniert, wenn wir es sich selbst überlassen." (Stern, Nr.4 vom 18.1.89)

Art. 1 der "Allgemeine Erklärung der Menschenrechte" vom 10.12.1948: Alle Menschen sind frei und gleich an Würde und Rechten geboren. Sie sind mit Vernunft und Gewissen begabt und sollen einander im Geiste der Brüderlichkeit begegnen.

Art. 4: Niemand darf der Folter oder grausamer, unmenschlicher oder erniedrigender Behandlung oder Strafe unterworfen werden.

Namibias Freiheit ist noch jung! — M 4.7

a) ...Namibias Freiheit ist noch jung. Die Unabhängigkeit der letzten Kolonie Afrikas zählt erst nach Wochen. So sind Spuren raschen Wandels rar. An den Straßen hocken sie noch immer, junge Männer, die auf einen Job warten, der sie über den Tag bringt. An denselben Straßen verheißen Plakate ein besseres Leben. "Unserer freie Nation Namibia!" verkündet der Schriftzug über der neuen Nationalflagge mit der Sonne in der oberen Ecke. Als sie zum ersten Mal aufgezogen wurde im Stadion von Windhuk am 21. März dieses Jahres, da einte die Namibier aller Hautfarben die Überzeugung, "daß sie die schönste der Welt ist", wie ein deutschsprachiger Bewohner des Landes schwärmt.

Weit draußen hinter den alten deutschen Fassaden von Lüderitz, in den townships Benguela und Nautilus, wohin sich Touristen kaum verirren, sind Armut und Arbeitslosigkeit zu Hause. Viele Schwarze haben überhaupt kein Dach über dem Kopf. Nicht selten leben 15 Kontrakt- oder Saisonarbeiter in einem Raum. Zerlumpte Kinder und Erwachsene, in Namibia ein seltenes Bild, sind auf den Straßen zu sehen. Die Arbeitslosenrate liegt bei 60 Prozent und höher. Die Swapo-Frauen haben kürzlich eine Suppenküche aufgemacht, um dem ärgsten Hunger abzuhelfen, berichtet die 29jährige Bildungssekretärin der Gewerkschaft für die Nahrungsmittelindustrie, *Magdalene Ippnje*. Ihre Gewerkschaft hat mit einem Streik vor zwei Jahren erreicht, daß die Einkommen der Langustenfischer stark aufgebessert wurden.

Die Stadt und die townships waren immer abhängig vom Fisch- und Langustenfang, aber auch vom südafrikanischen Bergbauriesen CDM, der seiner Diamantenausbeute in einem riesigen Sperrgebiet nachgeht. Es zu betreten ist auch heute noch für die Lüderitzer verboten. Die sind denn auch auf CDM nicht gut zu sprechen, begann doch mit der Verlegung der CDM-Geschäftsführung zum diamantenreichen Oranjemund und dem Aus für den Hafen als Umschlagplatz für karatreiche Steine der Niedergang der Stadt... (aus: Kofs, B.: Auf dem steinigen Weg zum "Stern im Kosmos Afrikas", Frankfurter Rundschau, 7.6.1990)

b) ...Namibia ist politisch und wirtschaftlich ein Winzling mit seinen 1,3 Mio. Einwohnern. Die Verhältnisse sind mit denen in Südafrika nicht zu vergleichen. Aber doch sprechen viele Politiker von einer Signalwirkung...

Der Afrika-Beauftragte des Auswärtigen Amtes, Botschafter Dr. *Sulimma* meint, schon angesichts der engen wirtschaftlichen und familiären Bindungen zwischen Namibia und Südafrika dürfte ein gelungenes Beispiel friedlichen Zusammenlebens in Namibia auf das Denken sowohl der Schwarzen als auch der Weißen in Südafrika sich günstig auswirken...

Ein Blick auf die ökonomischen Realitäten und die innenpolitischen Konstellationen zeigt, daß die Bäume trotz des guten Starts nicht in den Himmel wachsen werden. Denn das mit natürlichen Ressourcen reichlich ausgestattete Land ist zum Ende der Kolonialzeit in eine wirtschaftliche Krise geraten: Die ehemals fischreiche Meeresküste ist leergefischt; die Weltmarktpreise für Uran und Buntmetalle sind stark gefallen; die Diamantenminen bedürfen hoher Investitionen; die Kriegsökonomie im Norden des Landes endete mit dem Abzug der südafrikanischen Truppen; die Staatskassen sind leer; die Budgetzuschüsse Südafrikas (zuletzt ca. 350 Mio. Rand) fließen nicht mehr.

Zugleich ist das System der Apartheid - auch wenn es vor einigen Jahren offiziell abgeschafft wurde - in seinen Strukturen noch nicht überwunden. Die große Mehrheit der schwarzen Namibier sieht sich nach wie vor wirtschaftlich und sozial diskriminiert. Die Arbeitslosenquote der städtischen Schwarzen ist fast auf 50 Prozent angewachsen; noch immer sind etwa 30 Prozent der Bevölkerung Analphabeten; die Gesundheitsversorgung ist miserabel. Die schwarze Bevölkerung verbindet deshalb mit dem Ende der Kolonialzeit hohe Erwartungen. Sie hofft auf mehr Arbeitsplätze, mehr Ausbildung und einen rasch wachsenden Lebensstandard.

Anders die Weißen - knapp sieben Prozent der Gesamtbevölkerung. Ihr Pro-Kopf-Einkommen liegt um ein Vielfaches über dem der Schwarzen. Sie besitzen Großfarmen, kontrollieren Industrie und Handel und sind in Spitzenfunktionen der Verwaltung tätig. Sie sind sich bewußt, daß ihr Kapital und ihr Know-how für die weitere Entwicklung dringend benötigt wird. Deswegen wehren sie sich gegen jede Form der wirtschaftlichen Umverteilung und drohen, das Land zu verlassen, wenn ihr bisheriger Status-quo in Frage gestellt werden sollte. (aus: Weiland, H.: Modellfall afrikanischer Entwicklung? In: Entwicklung und Zusammenarbeit 5/90)

Aufgabe:

Stellt die Textauszüge den Informationen gegenüber, die Ihr aus den folgenden Büchern entnehmt (durch Bücherei besorgen):

Kandetu V. / Tötemeyer G. / Werner W.: Perspektiven für Namibia. - edition südliches Afrika 26; issa-Verlag, Blücherstr. 14, 53 Bonn 1.

Allison, C. (Hrsg.): schweigen schreien: Frauen Namibias. - Verlag d. Ev.-Luth. Mission, Hamburg, 1989.

Mbumba N. / Patemann H. / Katjivena U.: Ein Land, eine Zukunft: Namibias Weg in die Unabhängigkeit. - Hammer-Verlag, Wuppertal 1988.

Patemann, H.: Lernbuch Namibia. - Hammer-Verlag, Wuppertal 1985.

M 5.1   **Afrikas Völker, von Grenzen getrennt**

Denk- und Diskussionsanregungen:

1 Die meisten Staatsgrenzen der heute unabhängigen afrikanischen Staaten wurden auf den Reißbrettern der Kolonialmächte in Berlin, London, Paris, Madrid, Lissabon ... gezogen!

2 "Es gibt und gab auf der Welt keine Paradiese. Wir müssen aber feststellen, daß die allermeisten vorkolonialen Gesellschaften reiche lebensfähige Systeme waren, die auf eine lange Geschichte zurückblicken konnten, die Normen, Werte und Glaubensvorstellungen entwickelt hatten, die ein geregeltes Miteinander gewährleisteten und den Menschen Halt und Zuversicht gaben, die eine Bewältigung der Zukunftsaufgaben gewährleisteten."

Nigeria

M 5.2

Regionale Gliederung (vor Mai 1967)

Verwaltungsaufteilung 1982, Bevölkerungsdichte 1984

Einwohner je Km²:
- unter 50
- 50 bis 100
- 100 bis unter 150
- 150 bis unter 200
- 200 bis unter 250
- 341 Anambra
- 520 Imo
- 845 Lagos

Zeichenerklärung:
- Staatsgrenzen
- Grenzen der Bundesländer (States)
- Verwaltungssitze der Bundesländer (States)
- Hauptstädte
- Territorium der neuen Bundeshauptstadt Abuja

über 50% / 25 bis 50%: HAUSSA + FULBE, JORUBA, IBO

Aufgaben:

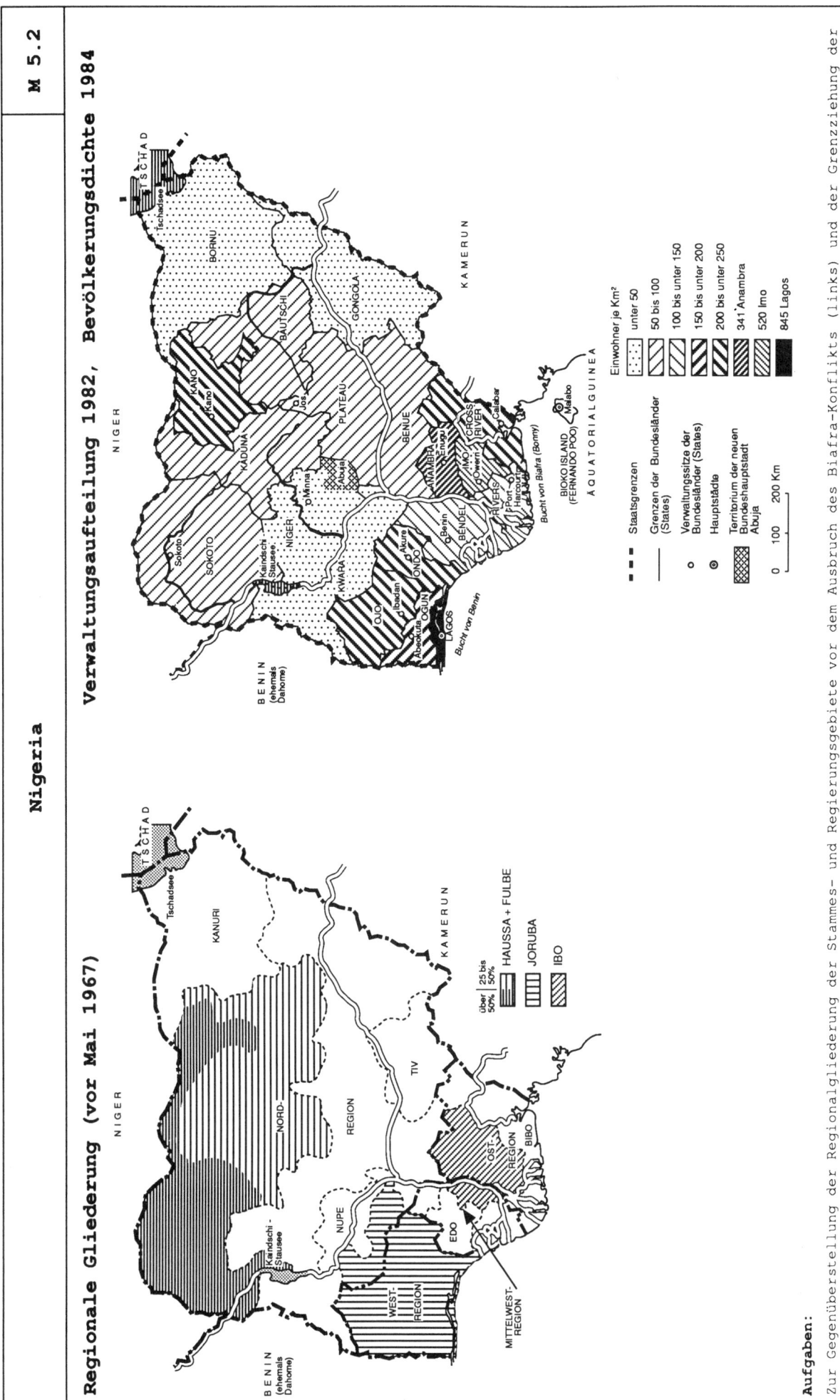

Zur Gegenüberstellung der Regionalgliederung der Stammes- und Regierungsgebiete vor dem Ausbruch des Biafra-Konflikts (links) und der Grenzziehung der Bundesstaaten seit 1982 (rechts) – wobei seit 1987 eine erneute Verwaltungseinteilung in 21 Bundesstaaten erfolgte – lassen sich Fragen formulieren:

- Was fällt dabei auf? Achtet besonders auf die Veränderung der Gebiete der Mehrheitsvölker in Nigeria!
- Was könnte die Bundesregierung veranlaßt haben, das Land als Bundesstaat zu gliedern?
- Welche Auswirkungen könnte diese Regionalgliederung haben?

M 5.3   250 Völker – aber keine Nation

Die Briten vereinigten 1914 die Yoruba, Ibo und Haussa sowie die zwischen diesen drei großen Gruppen siedelnden kleineren Völker in der Kolonie "Nigeria" und teilten das Land in drei ungleiche Verwaltungsgebiete.

Nordnigeria mitsamt dem sogenannten "Middle Belt" machte zwei Drittel der gesamten Kolonie aus.

Haussa wurde Amtssprache sogar für die britischen Beamten; die Tätigkeit christlicher Missionare blieb im Norden verboten.

Im Süden, wo hauptsächlich Yoruba lebten, wie auch in der Ostprovinz, dem Siedlungsgebiet der Ibo, war Englisch Amtssprache. Binnen weniger Jahrzehnte war die große Mehrheit der Ibos und nahezu die Hälfte der Yoruba durch Missionare christianisiert. Aufgrund der Missionsschulen entstand ein bis heute nicht überwundenes Bildungsgefälle zwischen dem "Norden" und "Süden": 1960, als Nigeria unabhängig wurde, besuchten etwa zwei Drittel der Kinder im Süden eine Schule, während es neben den 25.000 Koranschulen im Norden nur wenige Regierungsschulen nach westlichem Muster gab.

"Jeder von uns muß sich als Nigerianer begreifen!" Zwar buchstabieren viele Ibo immer noch den Namen ihrer Volksgruppe als ein "I-be-fore-others" – ein Ibo kommt vor allen anderen –, aber selbst von ihnen plädiert niemand mehr für einen eigenen Staat. Freilich sind das Leben des einzelnen wie auch Politik und Gesellschaft immer noch stark vom "Tribalismus" bestimmt, jenem Denken, das die eigene Volksgruppe in den Mittelpunkt stellt. Wie könnte es auch anders sein: Die offizielle Nationalsprache ist Englisch; sie wird aber nur von den Gebildeten, also höchstens einem Drittel der Bevölkerung, gesprochen. Ein Yoruba kann einen Haussa gar nicht verstehen.

"Schöpfergott, hilf uns, eine Nation zu werden", heißt es in der Nationalhymne Nigerias. Denn Nigeria ist ein künstliches Gebilde, eine Schöpfung des Kolonialismus: 250 verschiedene Völker wurden von den Engländern mit der Gewalt ihrer Gewehre zusammengefügt.

Als die Kolonialherren im vergangenen Jahrhundert – 1861 wurde Lagos britisch – von der Küste ins Hinterland vordrangen, zerstörten sie im Südwesten die seit dem Mittelalter existierenden Stadtkönigtümer der Yoruba. In der Mitte des Landes vernichteten sie das Königreich Benin.

Im Südosten unterwarf die englische Kolonialarmee die Ibo-Volksgruppe. Schließlich traf sie im Norden auf die tausendjährigen Haussa-Fürstentümer, die den Islam angenommen hatten und seit Jahrhunderten einen regen Handel mit den arabischen Reichen jenseits der Sahara betrieben.

Arbeitsaufgaben:

1. Stellt die Informationen zusammen, die Ihr aus dem Artikel über die Politik der Kolonialmacht in Nigeria entnehmen könnt!
2. Ordnet die im Text aufgeführten Volksgruppe der Kartenskizze zu!
3. Was heißt "Ich bin ein Nigerianer"?

M 5.4

Erdölvorkommen in der Ost-Region

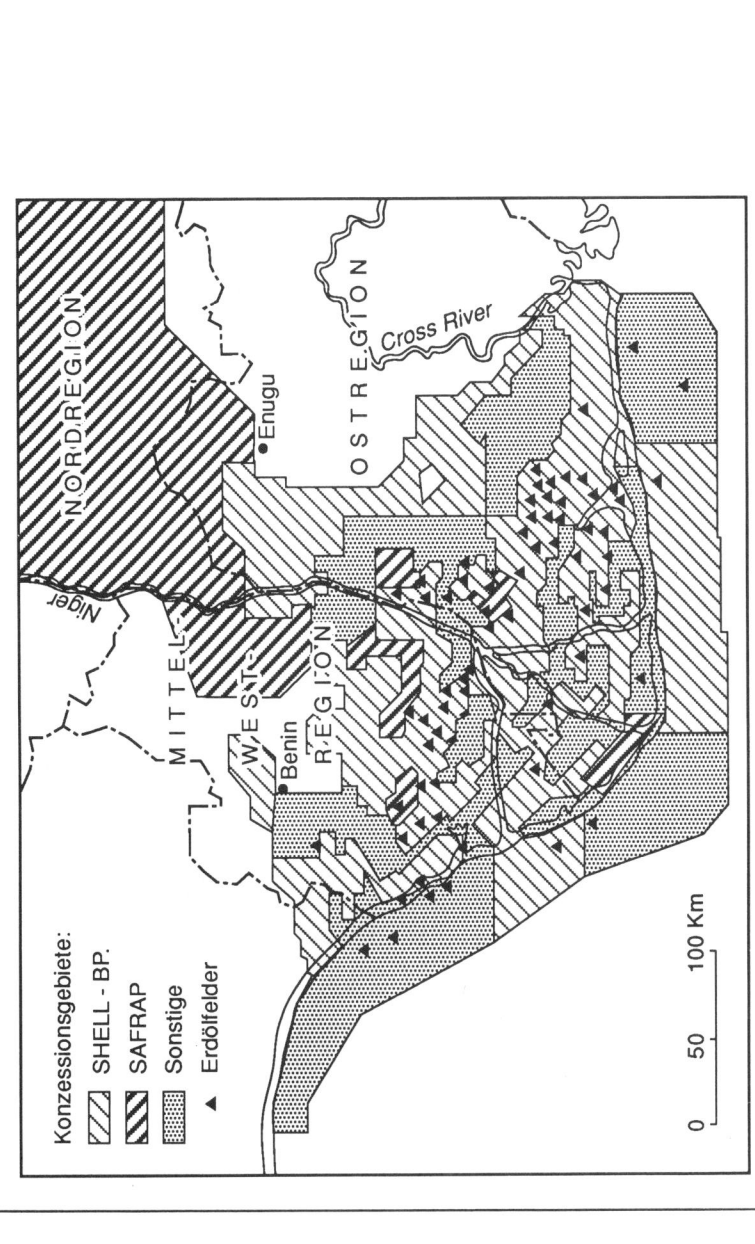

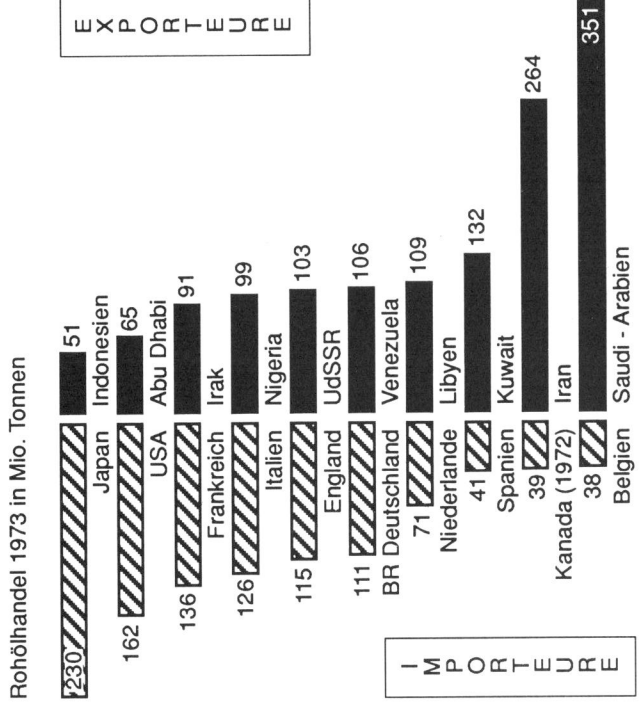

Konzessionsgebiete:
- SHELL - BP.
- SAFRAP
- Sonstige
- ▲ Erdölfelder

Rohölhandel 1973 in Mio. Tonnen

EXPORTEURE:
- Indonesien 51
- Japan 65
- Abu Dhabi 91
- Irak 99
- Nigeria 103
- UdSSR 106
- Venezuela 109
- Libyen 132
- Kuwait 264
- Iran 351

IMPORTEURE:
- USA 230
- Frankreich 162
- Italien 136
- England 126
- BR Deutschland 115
- Niederlande 111
- Spanien 71
- Kanada (1972) 41
- Belgien 39
- Saudi-Arabien 38

Eine der Ursachen für den Sezessionskrieg in Nigeria/Biafra ist im Erdölvorkommen der Ost-Region zu suchen. Die Ausbeutung und Nutznießung des geförderten Öls stieß auf zwei Interessenbereiche:

– *Der inner-nigerianische Konflikt:* Die Ibo, auf deren Gebiet die Ölquellen liegen, wollten die Förderrechte – und damit auch die Einnahmen – alleine nutzen, wogegen das Interesse der anderen nigerianischen Völker wie Yoruba, Haussa usw. darin lag, die Erdölvorkommen als nigerianische Bodenschätze zu verstehen.

– *Der internationale Konflikt:* Die Erdölgesellschaften aus Europa und den USA, die Konzessionen zur Ausbeutung der Ölquellen besaßen und diese auch behalten wollten, wünschten keinen innernigerianischen Konflikt, aber auch keine Konkurrenz durch andere Ölfirmen, etwa aus dem Ostblock.

Arbeitsanregungen:

– Gegenüberstellen der Interessen der Ibos, der "Nigerianer" und der Ölgesellschaften!
– Entwurf eines Konzessionsvertrages der nigerianischen Regierung (nach dem Biafra-Konflikt) mit den Ölförderfirmen!
– Vergleich der Statistik "Welt-Ölmarkt" mit der nigerianischen Situation!

| M 5.6 | Nigeria: Ausgewählte statistische Daten |

NIGERIA
Stand: Jahresmitte 1985; 95,20 Mio.
Alter von ... bis unter ... Jahren

Männlich / Weiblich

Maßstab bezogen auf Altersgruppen von jeweils 5 Jahren

BUNDESREPUBLIK DEUTSCHLAND
Stand: 31. 12. 1984; 61,05 Mio.
Alter von ... bis unter ... Jahren

Männlich / Weiblich

| M 5.5 | Ritual eines Angriffs |

1

Gestern waren wir maskiert
und tanzten Überfall
den Hühnern zum Spott
die ums Leben rannten
den Habicht vorm Gesicht
den schrecklichen Habicht
der in den glücklichen Busch
der Hühner bricht
böse und schneller
als Wind
und schrien und schrien
das Fest des Tages zu wärmen.

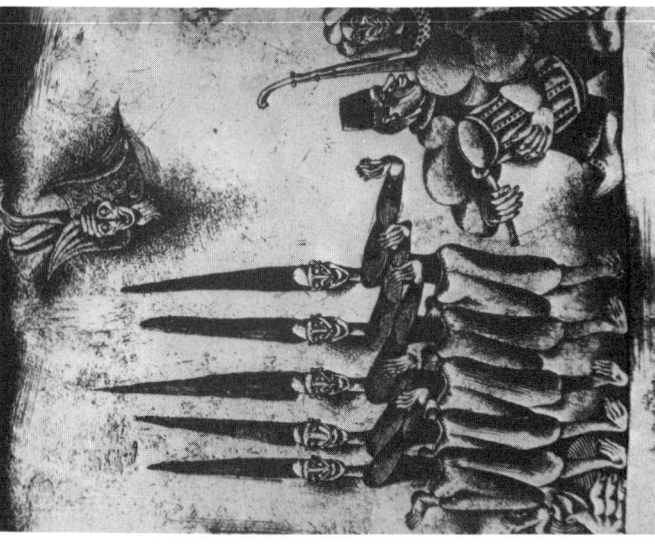

2

Heute leben wir wie Hühner
scharren die Nahrung in kleinen Rationen
rennen ums Leben
aus Angst vor dem Habicht
der mit Feuer und Rauch kommt
der metallen herabstößt
den Tanz ums Leben
das Fest des Todes zu wärmen.

CHUKWUMA AZUONYE

Bonn mit Kompromiß zufrieden	M 6.1

EG legte Fischfangquoten fest

Die Fangquoten für das Jahr 1988 sind von den Regierungen der EG-Mitgliedsländer festgelegt worden.

Nach einem vielstündigen Verhandlungsmarathon einigten sich die zuständigen Minister darauf, die Fangmengen, die in den Gewässern der EG gefischt werden dürfen, für Hering und Kabeljau um etwa 10% im Vergleich zum Vorjahr zu senken, während die Quoten für Schollen und Schellfisch um über 15% angehoben wurden. Für fast alle anderen wichtigen Fischarten ließ man die Fangmengen unverändert. Die Bundesregierung in Bonn zeigte sich mit dem erzielten Kompromiß zufrieden.

"EG-Meer"	M 6.2

Generell umfaßt das "EG-Meer" die 200-sm-Zone der Mitgliedsländer bzw. die Zonen bis zur Äquidistanzlinie. Im Mittelmeer wird von den Mitgliedsländern keine 200-sm-Zone beansprucht; die Küstenzonen sind für Spanien, Frankreich, Italien = 12 sm, für Griechenland = 6 sm breit.

Darüber hinaus beanspruchen einige Mitgliedsländer eine 200-sm-Fischereizone in ihren überseeischen Besitzungen.

| M 6.3 | Die Einigung über eine gemeinsame Fischereipolitik |

Die Europäische Gemeinschaft hat sich am 25. Januar 1983 auf eine gemeinsame Fischereipolitik geeinigt. Die Verhandlungen hatten sich aus zwei Gründen über Jahre hingezogen:

— Die Fischbestände, die in Jahren des Überflusses durch Raubfischerei stark dezimiert wurden, hatten eine Einigung erschwert, da jedes Land auf den Fangmengen der Vorjahre bestand, die jedoch nicht mehr vorhanden waren.

— Erschwerend wirkte sich außerdem aus, daß viele Länder wie Island und Kanada eine 200-Seemeilenzone um ihre Küsten zogen und damit die Hochseeflotten der EG aus ihren Fanggründen fernhielten.

Die jetzt gefundene Lösung für eine gemeinsame Fischereipolitik:

Quotenaufteilung der Hauptfischarten unter den EG-Ländern in %

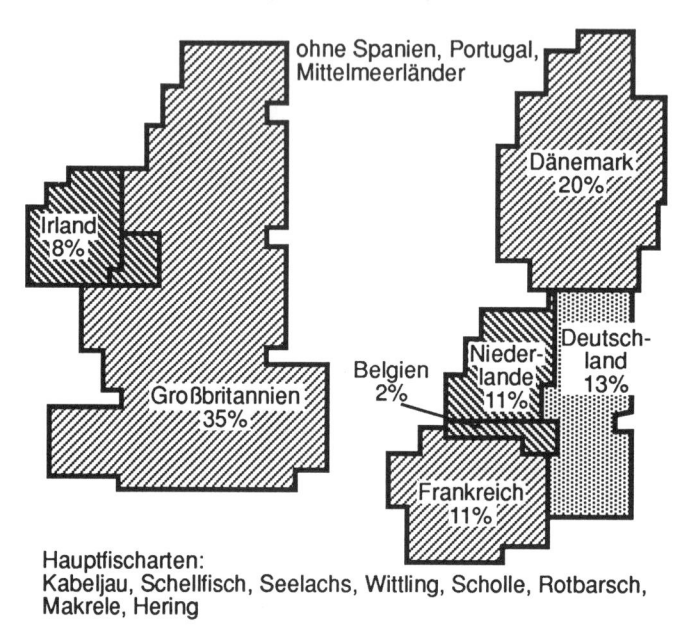

ohne Spanien, Portugal, Mittelmeerländer

Dänemark 20%
Irland 8%
Großbritannien 35%
Belgien 2%
Niederlande 11%
Deutschland 13%
Frankreich 11%

Hauptfischarten:
Kabeljau, Schellfisch, Seelachs, Wittling, Scholle, Rotbarsch, Makrele, Hering

1. Es werden jährlich Gesamtfangmengen (TACs) festgesetzt. Seit der Einigung über die gemeinsame Fischereipolitik im Dezember 1983 hat sich an der verhältnismäßigen Aufteilung nichts geändert.

2. Die Aufteilung der TACs in Quoten zwischen den Mitgliedstaaten beruht auf den in der Deklaration vom 30. Mai 1980 festgelegten Kriterien: Aufrechterhaltung des Beschäftigungs- und Einkommensniveaus in jenen Küstengebieten, die von der Fischerei abhängig sind, eventuelle Verluste in Drittlandgewässern, traditionelle Fischereitätigkeiten.

3. Innerhalb der 200-Meilen-Zone der Gemeinschaft, die grundsätzlich allen EG-Fischern offensteht, dürfen die Mitgliedstaaten die Fischereizonen, die den Fischern der betreffenden Küstengebiete und den traditionell in diesen Gebieten tätigen Fischern anderer Mitgliedstaaten vorbehalten sind, auf 12 Seemeilen ausdehnen.

4. Teil der gemeinsamen Fischereipolitik sind auch eine neue Fischereimarktordnung (siehe M 8.5), Regeln für den Schutz der Fischbestände (z.B. für die Maschenweite und die Fanggeschirre) und Strukturmaßnahmen (z.B. für die Stillegung und Modernisierung von Fischfangschiffen).

5. Der "äußere" Teil der gemeinsamen Fischereipolitik sieht den Abschluß von Rahmenabkommen mit Drittländern vor. Aufgrund solcher Fischereiverträge haben EG-Fischer jährlich zugeteilte Fangquoten in den Fischereizonen anderer Staaten.

Frieden im EG-Meer — M 6.4

Als "berühmteste europäische Politik", wie sie in einer Brüsseler Publikation genannt wird, hat die gemeinsame Agrarpolitik der EG jetzt ihre fischereipolitische Verwandte erhalten. Der im Ministerrat erzielte Kompromiß gilt mit Recht als integrationspolitischer *Erfolg* - jedenfalls dann, wenn man ihn an der Mühsal der vorangegangenen langjährigen Querelen mißt.

Im Grunde hat die Gemeinschaft mit ihrer Fischereiregelung nichts weiter getan, als eine Verpflichtung aus ihrem *Gründungsvertrag* zu erfüllen. In diesem werden die Fischereierzeugnisse den Agrarprodukten zugeordnet, für die *gemeinsame Marktordnungen* vorgesehen sind (EWG-Vertrag, Art. 38 und 43). Eine Fischereimarktorganisation besteht tatsächlich seit 1970 mit Preis-, Handels- und Wettbewerbsregeln. In den späteren siebziger Jahren verlagerte sich indessen das Schwergewicht auf die *Erhaltung der Fischbestände* und den *Zugang zu den Gewässern*. Es galt, die Ressourcen durch Bewirtschaftung, insbesondere durch Begrenzung der Fangmengen, zu schonen, die Quoten aufzuteilen, dabei aber nationale Fischereizonen möglichst konsequent durch die einheitliche, diskriminierungsfreie Zugänglichkeit aller Fanggründe zu ersetzen. Oft genug wurde ja vom "gemeinsamen EG-Meer" gesprochen, nachdem die Küstenländer am Atlantik und an der Nordsee 1977 unter dem Einfluß der UNO-Seerechtskonferenz ihre Wirtschaftszonen auf 200 Seemeilen ausgedehnt hatten.

Preisregelung — M 6.5

Vor Beginn jedes Fischwirtschaftsjahrs setzt der Ministerrat für die wichtigsten Arten einen "Orientierungspreis" fest; dabei berücksichtigt er die früheren Preisnotierungen, die voraussichtliche Entwicklung von Erzeugung und Nachfrage, die Erzeugereinkommen und die Verbraucherinteressen. Außerdem werden gemeinschaftliche "Rücknahmepreise" festgesetzt, die zwischen 70 und 90% des Orientierungspreises liegen.

Unter bestimmten Voraussetzungen erhalten die Erzeuger für die aus dem Markt genommene Ware einen finanziellen Ausgleich. Jedoch ist dieser finanzielle Ausgleich um so geringer, je größer der Anteil der aus dem Markt genommenen Mengen an den Fängen ist. Dadurch soll die Eigenverantwortung der Erzeuger für den Absatz ihrer Fänge und für deren Anpassung an die Marktnachfrage betont werden.

Außenhandelsregelung: Im Falle von Produktionsüberschüssen können die Ausfuhren durch Erstattungen zur Überbrückung der Differenz zwischen Gemeinschaftspreisen und Weltmarktpreisen erleichtert werden. Umgekehrt werden für bestimmte Fischarten und Aufmachungsformen, bei anomal niedrigen Einfuhrpreisen, Referenzpreise festgesetzt; bei Unterschreitung dieser Referenzpreise können Ausgleichsabgaben erhoben werden, wodurch auf mengenmäßige Einfuhrbeschränkungen zum Teil verzichtet werden kann. Ist dagegen die Erzeugung in der Gemeinschaft unzureichend, so können die Einfuhrzölle ausgesetzt werden.

M 6.6	Fischereivereinbarungen mit Drittstaaten

Die EG hat in den letzten Jahren mehrere Fischereivereinbarungen mit den *Küstenstaaten Afrikas und des Indischen Ozeans* getroffen. Teils handelte es sich dabei um die Verlängerung bereits bestehender Absprachen, teils um den Abschluß ganz neuer Verträge (so im Fall Kap Verde und Sierra Leone). Insgesamt gibt es jetzt 15 solcher Abkommen, die den Gemeinschaftsfischern (zumeist aus Spanien, Portugal und Frankreich) Fangrechte in den Fischereizonen der Drittstaaten gegen Bezahlung einräumen.

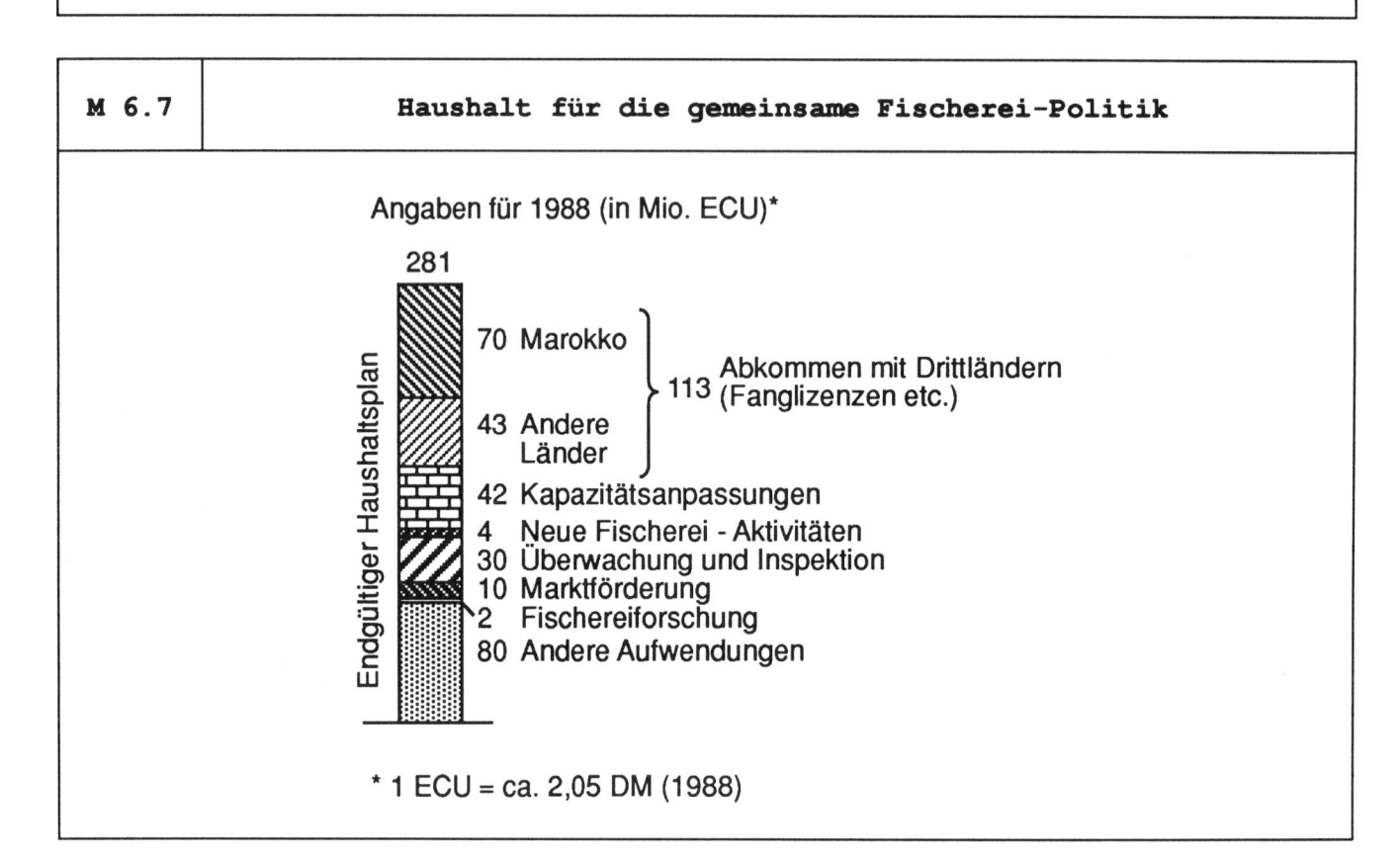

M 6.7	Haushalt für die gemeinsame Fischerei-Politik

Angaben für 1988 (in Mio. ECU)*

Endgültiger Haushaltsplan: 281

- 70 Marokko ⎫
- 43 Andere Länder ⎬ 113 Abkommen mit Drittländern (Fanglizenzen etc.)
- 42 Kapazitätsanpassungen
- 4 Neue Fischerei-Aktivitäten
- 30 Überwachung und Inspektion
- 10 Marktförderung
- 2 Fischereiforschung
- 80 Andere Aufwendungen

* 1 ECU = ca. 2,05 DM (1988)

M 6.8	Zukünftig bessere Quotenkontrolle

Anfang November 1986 ist vom Ministerrat der EG eine Grundsatzentscheidung zur besseren Kontrolle der Fangaktivitäten und der Verhängung von Fangverboten nach dem Überschreiten der Fangquoten durchgesetzt worden. In Zukunft hat die EG-Kommission in Brüssel die Befugnis, ein generelles Fangverbot für bestimmte Arten und Gebiete zu verhängen, sobald die Gesamtfangmenge (TAC) infolge übermäßiger Aktivitäten der Flotte eines EG-Mitgliedstaates ausgeschöpft wird, auch wenn andere Länder noch über Fangreserven im Rahmen der eigenen Quote verfügen... Geht ein EG-Mitgliedstaat seiner Restquote für eine bestimmte Art durch ein generelles Fangverbot verlustig, so hat das Mitgliedsland mit der Quotenübertretung durch Einschränkung der eigenen Fangmöglichkeiten für den Ausgleich aufzukommen. Der Ausgleich soll nach Möglichkeit unmittelbar durch einen Quotentausch zwischen den betreffenden Mitgliedstaaten erfolgen... Die Quotenabzüge müssen in erster Linie für die Arten und Gebiete vorgenommen werden, bei denen Quotenüberschreitungen vorgenommen wurden, und möglichst in der darauffolgenden Fangsaison erfolgen. Falls es zur Schonung der Bestände notwendig wird, kann der Ausgleich aber auch auf mehrere Jahre verteilt werden.

| Neue technische Maßnahmen zur Erhaltung der Fischbestände | M 6.9 |

Anfang Oktober hat der EG-Ministerrat eine neue Verordnung über technische Maßnahmen zur Erhaltung der Fischbestände in der Fischereizone der Gemeinschaft veröffentlicht...

Die wichtigsten Neuerungen dieser Verordnung beziehen sich auf die Maschenweiten für die Nordsee. Die Erhöhung der Maschenweite von 80 auf 90 mm vom 1. Januar an wird in 2 Stufen durchgeführt. Die Erhöhung auf 85 mm für alle Arten (außer Seezunge) wird vom 1. Januar 1987 an wirksam, und eine weitere Erhöhung auf 90 mm vom 1. Januar 1989.

| Weniger Hering, mehr Seezunge | M 6.10 |

EG beschließt für 1991 neue Fangquoten

Die Fischbestände haben in einigen EG-Meeren Tiefstände erreicht. Die EG hat deshalb für 1991 die Fangquoten einiger Hochseefischarten gesenkt.

In der Nordsee werden die Fangmengen der EG-Fischer für Hering um 14 Prozent, die für Kabeljau und Schellfisch um 4 bis 5 Prozent herabgesetzt.

Im Gegenzug sind für den gleichen Zeitraum die Fangquoten für Wittling um 16, für Seezunge um 8 und für Seelachs um 3,6 Prozent heraufgesetzt worden.

| Die EG-Fischfangquoten in Theorie und Praxis | M 6.12 |

Die zentralen Elemente der EG-Fischereipolitik bestehen in der jährlichen Festsetzung der *Gesamtfangmengen* (TAC) für die wichtigsten und vom Überfischen bedrohten Speisefischarten im "blauen Europa" sowie der Verteilung der TAC auf die Mitgliedstaaten über *nationale Quoten*. Schon bei der Einführung des neuen Systems wurden Zweifel geäußert, ob die Einhaltung der Brüsseler "Mengenvorgaben" wirksam kontrollierbar sei. *Wie berechtigt die damaligen Zweifel* waren, geht aus einem vertraulichen Bericht der EG-Kommission zumindest in Bezug auf die Fischfangpraxis in Holland hervor.

Die niederländischen Trawler sollen, um nur ein Beispiel zu nennen, von Januar bis Ende April 90.651 t Makrelen gefischt, aber nur Fänge von 19.878 t in Brüssel gemeldet haben. Gleichwohl versucht Brüssel jetzt die ganze Affäre *herunterzuspielen*. Das mag teilweise darauf zurückzuführen sein, daß nicht allein die sonst besonders vertragstreuen Niederländer zu den schwarzen Schafen gehören: *Fast alle* in den EG-Gewässern fischenden EG-Länder nehmen es dem Vernehmen nach mit den nationalen Quoten nicht allzu genau, denn bereits in 18 Fällen hat die EG-Kommission Mitgliedstaaten den weiteren Fang bestimmter Fischarten wegen Überschreitens ihrer nationalen Quoten verbieten müssen. Die bisher bekannt gewordenen Unregelmäßigkeiten deuten weniger auf angebliche "Geburtswehen" bei der Umsetzung der EG-Fischereipolitik in die tägliche Praxis hin als vielmehr auf deren bewußte und systematische Umgehung mit illegalen Mitteln.

M 6.11a	Erhaltung der Fischbestände

Die drastischen Folgen der Überfischung in den 60er und den frühen 70er Jahren sprechen für die Notwendigkeit wirksamer Bestandserhaltungsmaßnahmen. Einige Beispiele sollen die Situation auf anschauliche Weise verdeutlichen: In den 50er Jahren wurden in der Nordsee jährlich etwa 600.000 bis 700.000 t ausgewachsener Hering gefangen. Im Zuge der industriellen Fischerei erhöhten sich diese Mengen auf 900.000 t, und Mitte der 60er Jahre steigerten norwegische Zugnetzschiffe den jährlichen Fang bis auf 1,4 Millionen t. Zehn Jahre später konnten aus den dezimierten Beständen nur noch rund 500.000 t Hering gefangen werden; 1977 schließlich hatten die Laichbestände die "kritische" Grenze von 150.000 t erreicht.

Um die Fischbestände wieder aufzufüllen und auf einem produktiven Stand zu halten, bedarf es allerdings einer Disziplin auf Gemeinschaftsebene und nicht willkürlicher, einzelstaatlicher Maßnahmen, die die jeweiligen Mitgliedstaaten mit mehr oder weniger großer Begeisterung anwenden. Die Bestandserhaltung kann keine rein nationale Angelegenheit sein. Die ausgewachsenen Fische, die in den Gewässern eines Mitgliedstaates gefangen werden, stammen vielleicht ursprünglich aus den Gewässern eines anderen Mitgliedstaates.

Maßnahmen, die die Zukunft der Fischbestände sicherstellen, sind eine der besten Garantien dafür, daß die Fangmengen nicht zurückgehen werden und die Überlebensfähigkeit der Industrie einschließlich aller damit verbundenen Arbeitsplätze gewährleistet ist.

M 6.11b	Erhaltung der Fischbestände

Fanggebiete der deutschen Hochsee- und Küstenfischerei sowie Menge der im Kalenderjahr 1990 aus diesen Fanggebieten angelandeten Fische — M 6.14

Staatssekretär: "Die EG war für uns der Rettungsanker" — M 6.13

Der Parlamentarische Staatssekretär im Landwirtschaftsministerium *Wolfgang von Geldern* wies im August 1986 darauf hin, daß das Überleben der deutschen Fischerei nach dem Verlust fast aller traditionellen Fangplätze infolge der Seerechtsentwicklung (Einführung der 200-Seemeilen-Zone) den Beschlüssen der Europäischen Gemeinschaft zu verdanken ist. Sein knappes Urteil: "Die EG war für uns der Rettungsanker!"

Sicherung eines lauteren Wettbewerbs — M 6.15

Der Wert der verschiedenen Instrumente, die zusammen die gemeinsame Fischereipolitik ausmachen, wäre erheblich gemindert, wenn die einzelnen Mitgliedstaaten ihrer Fischerei und ihrer fischverarbeitenden Industrie nach eigenem Gutdünken Beihilfen gewähren könnten, ohne deren Wirkung auf die gesamte Gemeinschaft zu berücksichtigen.

Um dies zu vermeiden, ermächtigen die Gemeinschaftsverträge die Kommission der Europäischen Gemeinschaften ausdrücklich, Regierungen die Gewährung von Beihilfen zu untersagen, die den Wettbewerb verzerren und den Handel zwischen Mitgliedstaaten beeinträchtigen können.

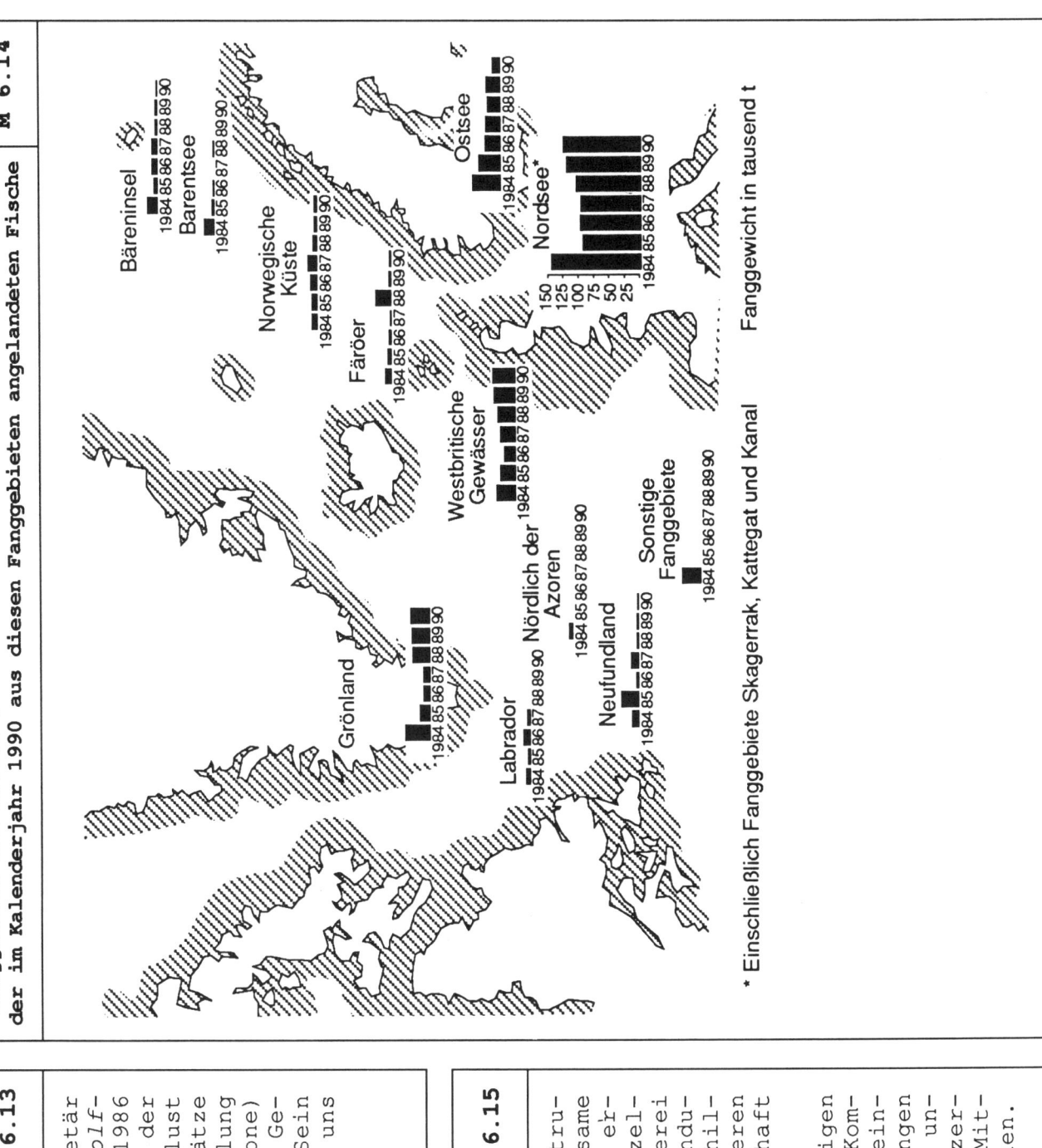

M 7.1	Vergleich: Iran - Irak	
	Iran	**Irak**
Fläche/ Bevölkerung/ Wirtschaft	1.648.000 qkm. 53,1 Mio. Einwohner (1989). Bevölkerungswachstum: 3% (1980-88). Bevölkerungsdichte: 37 E/qkm. rd. 50% der Fläche sind unkultivierbare Wüstengebiete, 19 Mio. ha Wälder, 10 Mio. ha nutzbares Wiesen- und Weideland; 31 Mio. ha unbebautes, aber entwicklungsfähiges Land; 22 Mio. ha für landwirtschaftliche Nutzung geeignet. Die Mehrzahl der Bevölkerung lebt von der Landwirtschaft; 80% Anbau von Getreide, dazu Zuckerrüben, Baumwolle, Tabak, Tee, Ölsaaten, Viehzucht. Iran ist mit 156 Mio. t Erdölförderung (1990) der viertgrößte Erdölproduzent der Erde.	438.446 qkm. 18,3 Mio. Einwohner (1989). Bevölkerungswachstum: 3,6% (1980-88). Bevölkerungsdichte: 39 E/qkm. Fast 3/4 der Bevölkerung lebt in städtischen Gebieten. Rd. 22% der Bevölkerung lebt von der Landwirtschaft: Anbau von Weizen, Gerste, Reis, Baumwolle, Datteln (80% der Dattelproduktion der Erde); 57% von der Erdölproduktion; 9% Industrie- und Bauwirtschaft; 26% Dienstleistungen und öffentliche Verwaltung. Ab 1972 Nationalisierung des gesamten Erdölsektors. Erdölförderung 1990: 100,3 Mio. t.
Probleme	ca. 65% Perser, die hauptsächlich im Mittel- und Südiran leben; 20% turktatarische Aserbeidscharen (NW); 8% Kurden (SO); 2% Araber (SW); 2% Turkmenen (N). 90% sind Schiiten; 5,7% Sunniten.	75% Sunniten und Schiiten (Araber), 19% Kurden, die jahrzehntelang für eine nationale Eigenständigkeit gegen die Zentralregierung in Bagdad gekämpft haben.
Geschichte	Im 19. Jahrhundert Spielball der britischen und russischen Interessen. Ende des 19. Jh. Halbkolonie Großbritanniens. 1905-1911 "Konstitutionelle" Revolution gegen die absolute Monarchie; 1921 Putsch durch Reza Khan, der sich 1925 zum König (Schah) ernannte. Revolution vom 12.2.79 durch den Revolutionsführer Ayatollah Khomeini; Ausrufung der Islamischen Republik Iran.	Osmanenherrschaft bis zur britischen Kolonialherrschaft Anfang des 20. Jahrhunderts, unter der die heutigen Grenzen des Irak willkürlich festgelegt wurden. Das Hauptinteresse der britischen Kolonialmacht bestand in der Ausbeutung der Erdölquellen. Nationale Revolution von 1958; danach von 1963-1968 politische Instabilität mit wechselnden Regierungen; Übernahme der Regierungsmacht durch Baath (Auferstehungs-)Partei.
	1980-1988: Krieg zwischen Iran und Irak	
Besonderheiten	Bedingung zur Beendigung des Krieges mit dem Irak: Zahlung von 300 Mrd. US-$ Entschädigungen, Absetzung und Verurteilung des irak. Präsidenten Saddam Hussein als Kriegsverbrecher, Anerkennung der Grenzen nach dem Stand von 1975 (Algier-Vertrag).	Starke Anbindung des Irak an die Sowjetunion; jedoch Ausbau der Außenhandelsbeziehungen zu den Ländern der Europäischen Gemeinschaft (EG), vor allem auch deshalb, weil die EG seit 1977 eine ausgewogene Haltung im Nahost-Konflikt eingenommen hat.

Das militärische Kräfteverhältnis im Nahen Osten 1988-1989   M 7.2

Staat	Bevölkerung (Mio.)	BSP 1987 (Mill.US-$)	Verteidigungsetat 1987 (Mill.US-$)	Streitkräfte, stehendes Heer, Reserve	Flugzeuge	Panzer
Syrien	11,35	20,05	3,95	404.000 272.500	600	4.050
Jordanien	2,43	4,1	0,83	85.250 35.000	140	980
Irak	16,28	17,7	11,58	1.000.000 650.000	500	6.250
Saudi-Arabien	13,1	82,4	16,23	72.300 -	182	550
Israel	4,46	33,5	5,14	141.000 504.000	650	3.850

Die größten Ölquellen der Welt   M 7.4

Erdöl - Reserven Anfang 1991 in Mrd. Tonnen

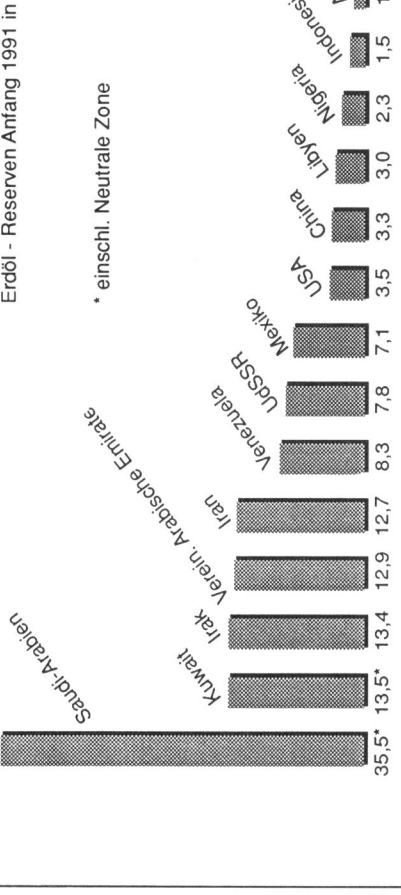

* einschl. Neutrale Zone

- Saudi-Arabien: 35,5*
- Kuwait: 13,5
- Irak: 13,4
- Iran: 12,9
- Verein. Arabische Emirate: 12,7
- Venezuela: 8,3
- UdSSR: 7,8
- Mexiko: 7,1
- USA: 3,5
- China: 3,3
- Libyen: 3,0
- Nigeria: 2,3
- Indonesien: 1,5
- Algerien: 1,2
- Indien: 1,1
- Norwegen: 1,0

Die reichsten Ölquellen der Welt liegen dichtgedrängt um den Persischen Golf. Reichste unter den Ölbesitzern sind mit Abstand die Saudis. Ihre Ölreserven beliefen sich am Jahresanfang 1991 auf 35,5 Milliarden Tonnen - genug, um beispielsweise den gesamten Ölbedarf Westeuropas 62 Jahre lang zu decken. An zweiter Stelle liegt Kuwait mit Reserven im Umfang von 13,5 Milliarden Tonnen, gefolgt vom Irak mit 13,4 Milliarden Tonnen und den Vereinigten Arabischen Emiraten mit 12,9 Milliarden Tonnen. Alle vier auch gehören zur Opec (Organisation ölexportierender Länder). Die größten Ölvorkommen außerhalb der Opec liegen in der ehemaligen UdSSR (7,8 Milliarden Tonnen) und in Mexiko (7,1 Milliarden Tonnen). Die gesamten Ölreserven der Welt werden für Anfang 1991 auf 136 Milliarden Tonnen veranschlagt; davon verfügen die Opec-Länder über mehr als drei Viertel.

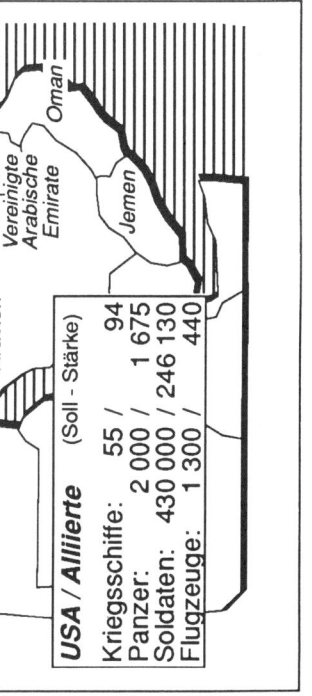

Der Aufmarsch am Golf   M 7.3

Irak (Soll - Stärke)
- Kriegsschiffe: 15
- Panzer: 4 000
- Flugzeuge: 500
- Soldaten
- Regulär: 510 000
- Reserve: 480 000
- Miliz: 850 000

USA / Alliierte (Soll - Stärke)
- Kriegsschiffe: 55 / 94
- Panzer: 2 000 / 1 675
- Soldaten: 430 000 / 246 130
- Flugzeuge: 1 300 / 440

85

M 7.5   **Chronik der Golfkrise**

Wie sich der Knoten schürzte

2. August 1990
Die seit einer Woche an der Grenze zu Kuwait massierten irakischen Truppen fallen in der Nacht im Scheichtum am Golf ein. Nach wenigen Stunden ist das Land fest in irakischer Hand. Der Sicherheitsrat der Vereinten Nationen fordert einen "sofortigen und bedingungslosen Rückzug" Bagdads.

5. August
Bagdad setzt in Kuwait eine ihm genehme Übergangsregierung ein.

6. August
Der UN-Sicherheitsrat beschließt einen Handels-, Finanz- und Militärboykott des Irak.

8. August
Der amerikanische Präsident beschließt die "Operation Wüstenschild" und entsendet die ersten Truppenverbände an den Golf. Am selben Tag erklärt der Irak die völlige und unumkehrbare Eingliederung Kuwaits in das Zweistromland.

9. August
Der Irak schließt seine Grenzen und macht die westlichen Ausländer damit zu Geiseln.

12. August
Saddam Hussein verlangt eine "globale Lösung"; er will so die Palästinenserfrage mit der Kuwaitkrise verknüpfen.

15. August
Saddam Hussein bietet Iran einen Frieden an; er macht gegenüber Teheran Zugeständnisse. Der Austausch von Kriegsgefangenen beginnt.

18. August
Der Irak erklärt Tausende von festgehaltenen Ausländern zu "Gästen" und verschleppt Hunderte als lebende Schutzschilde an strategisch wichtige Orte.

25. August
Der UN-Sicherheitsrat billigt den Gewalteinsatz, um das Embargo durchzusetzen. Nach der Reise des österreichischen Präsidenten *Kurt Waldheim* beginnen die Bittgänge zur Geiselbefreiung.

28. August
Saddam erklärt Kuwait zur neunzehnten irakischen Provinz.

9. September
Bush und *Gorbatschow* treffen sich in Helsinki zu einem Gipfel über die Nahostkrise.

23. September
Der französische Präsident *François Mitterrand* schlägt den Vereinten Nationen einen Nahost-Friedensplan vor.

25. September
Der UN-Sicherheitsrat beschließt eine Luftblockade.

5. November
Willy Brandt beginnt eine private Geiselmission in Badgad.

8. November
Bush kündigt die Entsendung von weiteren 200.000 Soldaten an den Persischen Golf an, nachdem dort inzwischen ebenso viele stationiert sind.

19. November
Badgad mobilisiert 250.000 zusätzliche Soldaten und erhöht damit die Stärke seiner Truppen um Kuwait auf über eine halbe Million Mann.

29. November
Der UN-Sicherheitsrat setzt Bagdad in seiner zwölften Golf-Resolution eine Frist bis zum 15. Januar, um Kuwait zu räumen. Danach dürfen "alle notwendigen Mittel" eingesetzt werden, um den Aggressor zu vertreiben.

30. November
Der amerikanische Präsident lädt den Irak zu direkten Gesprächen (aber nicht Verhandlungen) auf hoher Ebene ein. Saddam akzeptiert das Angebot grundsätzlich. Doch eine Polemik über das Datum blockiert den Prozeß.

5. Dezember
Der Irak verspricht die Freilassung aller Geiseln vor Weihnachten.

3. Januar 1991
Präsident *Bush* schlägt als letzten Versuch für eine friedliche Lösung ein Außenministertreffen in der Schweiz vor. Der Irak sagt zu.

4. Januar
Die EG-Außenminister schlagen dem Irak ein Treffen in Luxemburg vor. Der Irak lehnt ab.

6. Januar
Saddam Hussein ruft im Radio zur "Schlacht aller Schlachten" auf.

11. Januar
Das Gespräch zwischen dem amerikanischen Außenminister *James Baker* und seinem irakischen Amtskollegen *Tarif Asis* endet ergebnislos.

13. Januar
UN-Generalsekretär *Javier Pérez de Cuéllar* reist nach Bagdad, um einen irakischen Rückzug in letzter Minute zu erreichen. Seine Mission scheitert.

15. Januar
Beginn der Luftangriffe der alliierten Streitkräfte auf Bagdad...

Arabiens Ehre, Arabiens Elend — M 7.6

(Ein fiktives Interview mit dem marokkanischen Schriftsteller *Tahar Ben Jelloun*, auf der Grundlage seines Artikels in DIE ZEIT, Nr. 3 vom 11. Januar 1991, S. 38-39).
Diese Methode, sich einen Zeitungstext vorzunehmen und auf der Grundlage der Aussagen und Informationen ein ausgedachtes Interview mit dem Autor zu erarbeiten, könnt Ihr übrigens im Unterricht (Partnerarbeit) probieren.

Herr Tahar Ben Jelloun, für europäische Leser und Fernsehzuschauer wirkt die Tatsache, daß große Teile der arabischen Bevölkerung das Vorgehen von Saddam Hussein am Golf unterstützt, befremdlich und unverständlich. Wie erklären Sie das? Wie können Menschen diesen Diktator, der ein Land unter Mißachtung des internationalen Rechts schlicht und einfach besetzt hat (Kuwait), für einen Helden halten?

Tahar Ben Jelloun: Sicher, die arabischen Völker wurden von ihrer jeweiligen Regierung oft enttäuscht und projizieren nun ihre Träume und Hoffnungen in einer irrationalen und sentimentalen Begeisterung auf einen Führer. Das heißt aber nicht, daß sie vorbehaltlos zu *Hussein* stehen. In Wahrheit ist ihre Begeisterung ein indirekter Appell an ihre eigenen Regierungen. Diese Begeisterung gleicht einem Gespräch auf zwei Ebenen und in verschlüsselter Sprache. In den Augen der Araber ist es *Saddam Hussein* gelungen, der größten Weltmacht die Stirn zu bieten. Er hat der arabischen Stimme Gehör verschafft und erscheint ihnen wie der Held in einem Zeichentrickfilm: als Retter und Rächer, der sein Leben mutig aufs Spiel setzt. Sie sehen *Hussein* durch eine verzerrende Brille, die seinen Mut vergrößert und seinen Machtwillen sowie seine Durchsetzungsmethoden und seine autoritäre Innenpolitik im Irak verschleiert.

Von politischen Beobachtern wird immer wieder betont, daß das Regime in Bagdad eine Diktatur ist; was sagen Sie dazu?

T.B.J.: Selten sind in den arabischen Staaten Staatsoberhäupter auf legitime Weise an die Macht gekommen. Man kann sie an den Fingern einer Hand abzählen.
Eines haben die meisten arabischen Länder gemeinsam: Sie regieren ohne Opposition. Nur auf der Straße können Zorn und die Verweigerung gegenüber einem System zum Ausdruck kommen, das die öffentliche Meinung außer acht läßt. Seit einigen Jahren sind, besonders im Maghreb, die Moscheen zu "politischen Zellen" geworden. Im übrigen verwenden die arabischen Staaten den größten Teil ihrer Energie auf die Unterdrückung der Unzufriedenheit in der Bevölkerung, während die Probleme des Gesundheits- und Erziehungswesens vernachlässigt werden.

Saddam Hussein hat die Araber zum "Heiligen Krieg" aufgerufen; ist der Golf-Krieg nun ein "Glaubenskrieg"?

T.B.J.: Der Islam ist eine Religion, die geistlich und weltlich zugleich ist. Sie beeinflußt das tägliche Leben und stellt moralische Verhaltensregeln auf, die für alle auf nahezu allen Gebieten gelten. Der Moslem soll im Prinzip für alle Probleme eine Lösung im Koran finden. Dabei kommt es aber auf die Auslegung an. Jede strenggläubige Lektüre des heiligen Buches (die sich mehr an den Buchstaben als am Geist orientiert) entspricht nicht wirklich dem Islam. Die islamischen Fundamentalisten praktizieren eine platte, arme und phantasielose Lektüre der Gebote dieser Religion.
Der Islam und die Politik sind oft eine Verbindung eingegangen. Die meisten arabischen Staaten - außer Syrien und dem Irak - erklären den Islam in ihrer Verfassung zur Staatsreligion.
Da es keine Demokratie, kein Mehrparteiensystem und kein freies politisches Leben gibt, bietet die Religion ein ideales Terrain, auf dem sich Frustrationen, Ängste und Hoffnungen abladen lassen. Die Religion ist ohne Widerspruch. Der Glaube wird nicht diskutiert oder in Zweifel gezogen.

Wie stellen Sie sich als arabischer Intellektueller zur Golf-Krise?

T.B.J.: In der Golfkrise sind die arabischen Intellektuellen heute in einer schwierigen Situation. Wen soll man unterstützen? Wem helfen? Was fordern? Die ganze Sache gleicht einem Western, in dem es nur Bösewichte gibt: Wir wollen und können einem Diktator wie *Saddam Hussein* nicht zu Hilfe kommen; wir wollen aber auch nicht die überholte Politik der regierenden Familie in Kuwait unterstützen; und schließlich können und wollen wir auch nicht vergessen, daß die amerikanische Armee nicht wegen ihrer eigenen Interessen am Golf ist und auch nicht wegen der schönen Augen der Beduinen, mit denen sie weder die Lebensart noch das Weltbild teilen.

Wissen Sie eine Lösung des Problems?

T.B.J.: Man muß die Menschenrechte verteidigen und eine neue, menschlichere und gerechtere politische Gesellschaftsstruktur für die arabische Welt schaffen. Aber das müssen die Araber tun und nicht die westliche Welt.
Aber nichts ist möglich, solange arabische Gebiete besetzt sind. Die Palästinenser müssen ein Vaterland finden, einen Staat, in dem sie in Frieden leben können. Es muß eine friedliche Koexistenz und gegenseitige Achtung zwischen Arabern und Israelis geben. Solange die palästinensische Frage nicht gelöst ist, wird der Nahe Osten ein Ort der Konflikte bleiben.

M 7.7	Das Für und Wider im Golf-Krieg

Aussagen für eine Pro- und Contra-Diskussion

1. "Wir, die Völker der Vereinten Nationen - fest entschlossen
   künftige Geschlechter vor der Geißel des Krieges zu bewahren, die zweimal zu unseren
   Lebzeiten unsagbares Leid über die Menschheit gebracht hat...
   und für diese Zwecke Duldsamkeit zu üben und als gute Nachbarn in Frieden miteinander zu leben... haben beschlossen, in unserem Bemühen um die Erreichung dieser
   Ziele zusammenzuwirken..."
   (Präambel der Charta der Vereinten Nationen von 1945)

2. "Entweder gibt es eine friedliche Lösung, und ich fliege nach Hause, oder ich
   kämpfe. Ich möchte es nur hinter mir haben."
   (ein amerikanischer Soldat, in Dahran/Saudi-Arabien, im Dezember 1990; DIE ZEIT, vom
   21. 12. 90, S. 4)

3. "Manche könnten sagen, daß der 15. (Januar) der Tag des Jüngsten Gerichts ist und
   daß es eilt, aber für uns ist es ein Tag wie jeder andere und überhaupt nichts
   Besonderes."
   (der irakische Botschafter in Spanien; Hildesheimer Allgemeine Zeitung vom 16.1.91, S. 1)

4. "Welche Garantien haben wir, daß der Krieg kurz sein wird, daß die amerikanischen
   Verluste leicht sein werden? Niemand kann sagen, ob ein Krieg fünf Tage, fünf Wochen
   oder fünf Monate dauert."
   (Senator *Sam Nun* von dem Demokraten/USA)

5. "Noch ist es für eine friedliche Lösung nicht zu spät. Wenn wir mit aller Kraft
   einen Verhandlungsfrieden unterstützen, wird am Ende die Geschichte *Saddam Hussein*
   bestrafen und ihn schließlich in Vergessenheit geraten lassen. Mit amerikanischen
   Waffen, mit dem Leben der jungen Männer und Frauen jedoch werden wir dieses Ziel
   nicht erreichen."
   (*John K. Colley*, Londoner Korrespondent der amerikanischen Fernsehgesellschaft ABC;
   DIE ZEIT, v. 11.1.91)

6. "Die große Schlacht hat begonnen zwischen den muslimischen Völkern und den Feinden
   Allahs!"
   (Radio Bagdad; DIE ZEIT, vom 26.10.90)

7. "Einer ganzen Welt, die sich einig ist, hätte es gelingen müssen, einen einzelnen
   Staat zur Räson zu bringen."
   (*Martin Walser*, DIE ZEIT vom 25.1.91)

8. "Wir sind hier nicht bloß wegen des Benzinpreises. Wir legen die Zukunft der Welt
   für die nächsten hundert Jahre fest."
   (Hauptfeldwebel *J. P. Kendall* von der 82. Luftlandedivision der US-Army; DIE ZEIT
   vom 25.1.91)

9. "Der Rüstungswettlauf in der Welt läuft immer noch auf Hochtouren. Diese Tatsache
   bedroht die Welt, ihre Reichtümer zu vernichten und ihre Kräfte bei diesem Wettlauf
   zu vergeuden. Darüber hinaus bleibt die Gefahr für bedrohliche, bewaffnete Explosionen bestehen..."
   (aus der Rede des Vorsitzenden des Exekutivkomitees der palästinensischen Befreiungsorganisation, PLO, *Jassir Arafat*, am 13.11.74 vor der UNO; Liga der Arabischen
   Staaten, Büro Bonn, Dok. Nr.1).

10. "Die PLO ist eine Terror-Organisation, die von der arabischen Liga im Mai 1964 gegründet wurde und ein Ziel verfolgt - die Vernichtung Israels durch Gewalt und Terror. Sie wird hauptsächlich von den arabischen Staaten finanziert und unterstützt."
    (Die Palästinensische Befreiungsorganisation: Befreiung ... oder Liquidierung?, Israelisches Informationszentrum, Jerusalem, Febr. 1980)

11. "Stoppt den Krieg am Golf! ... Das Unfaßbare ist grausame Realität geworden: Die
    Politik schweigt! - Die Waffen sprechen! Trauer erfüllt alle friedliebenden Menschen. Krieg und Gewalt sind niemals ein Mittel, Probleme zu lösen..."
    (Aufruf des DGB zur zentralen Veranstaltung in Bonn am 26.1.1991)

12. "Für den Frieden und eine Beendigung des Golfkrieges zu demonstrieren, ist eine ehrenhafte und wichtige Angelegenheit. Aber wo waren diese Demonstranten, als der irakische Diktator Giftgas gegen sein eigenes Volk einsetzte? ... Jeder vernünftig denkende Mensch ist gegen diesen Krieg. Aber von der Völkergemeinschaft kann eine gewaltsame Okkupation eines souveränen Staates nicht hingenommen werden. Hiergegen ist
    vorzugehen, und wenn dann alle friedlichen Mittel versagen, auch mit militärischer
    Gewalt..."
    (aus einem Leserbrief aus: Hildesheimer Allgemeine Zeitung vom 24.1.1991)

13. "Man traut seinen Augen nicht: Hildesheimer Kinder treten wegen des Golfkrieges in
    den Hungerstreik! Was geht eigentlich vor in den Elternhäusern, was in den Schulen
    und bei den Lehrern? Welch eine neue Psychose erfaßt einen Teil der Deutschen hier
    in unserem ganzen Lande? ..."
    (aus einem Leserbrief eines ehemaligen CDU-Landtagsabgeordneten, an die Hildesheimer
    Allgemeine Zeitung vom 24.1.91)

Umfragen zum Krieg — M 7.8

Das amerikanische Meinungsforschungsinstitut Gallup fand im Dezember 1990 folgende Einstellungen zum Golfkrieg heraus:
- 63% der Deutschen waren gegen den Krieg;
- 68% der Engländer befürworteten ihn;
- 60% der Franzosen waren für ein militärisches Eingreifen;
- 41% der Spanier und 43% der Italiener waren dagegen.

Anfang Januar 1991 war nach einer Umfrage der Tageszeitung New York Times die Stimmung in den USA gespalten: 46% befürworteten ein militärisches Eingreifen nach Ablauf des Ultimatums, während 47% weiter abwarten wollten. Nach Kriegsausbruch waren 78% der Amerikaner für die Politik ihres Präsidenten. (DIE ZEIT, 25.1.91)

Das "Institut für angewandte Sozialwissenschaft" (INFAS), Bad Godesberg, ermittelte ebenfalls die Einstellungen der Bundesbürger zum Golfkrieg. Ausgewählt werden hier die Ergebnisse aus den Befragungen Ende Januar 1991 und im Februar 1991:

(bis 27. Januar 1991)
Ist der Krieg gegen den Irak gerechtfertigt?

Ja: 49% (02./03. Woche 1991), 66% (04. Woche 1991)
Nein: 49% (02./03. Woche 1991), 32% (04. Woche 1991)

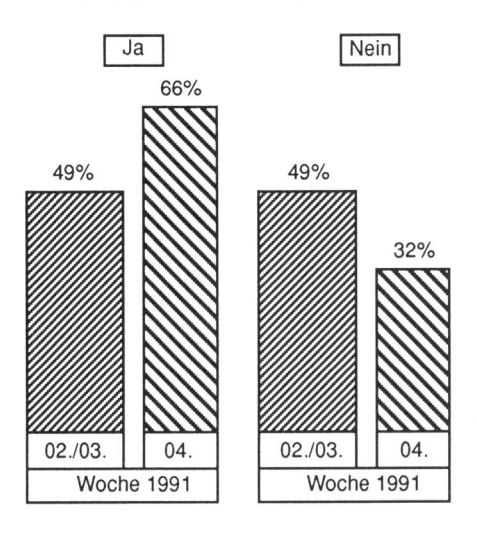

Frage: Wenn sich der Irak nicht aus Kuwait zurückzieht: Ist Ihrer Ansicht nach dann ein (der) Krieg gegen den Irak gerechtfertigt?

(Februar, 4.–8. Woche 1991)
Ist der Krieg gegen den Irak gerechtfertigt?

Westdeutschland
Woche	gerechtfertigt	nicht gerechtfertigt
03./04.	55%	41%
04./05.	64%	33%
05./06.	64%	34%
06./07.	66%	31%
07./08.	74%	24%

Ostdeutschland
Woche	gerechtfertigt	nicht gerechtfertigt
03./04.	41%	53%
04./05.	51%	43%
05./06.	46%	45%
06./07.	42%	49%
07./08.	44%	44%

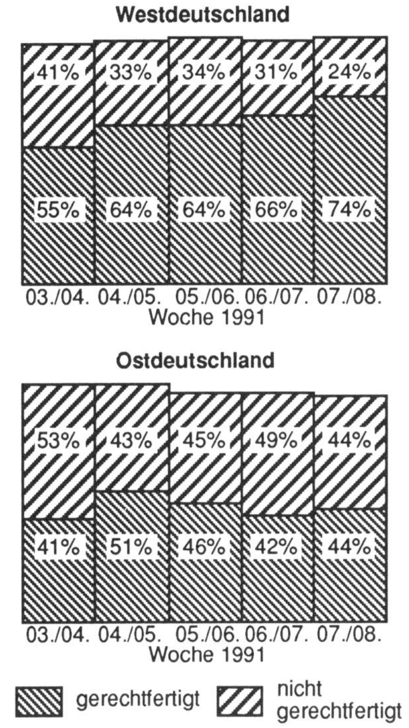

Frage: Ist Ihrer Ansicht nach der Krieg gegen den Irak gerechtfertigt oder nicht gerechtfertigt?

Einstellung zur Politik von Golfkriegs-Beteiligten

Mit der Politik der/des ...	völlig (./.) einverstanden (A)	überwiegend einverstanden (B)	überwiegend nicht einverstanden (C)	überhaupt nicht einverstanden (D)	Index (A)+(B) minus (C)+(D)
Vereinten Nationen[3]	33 %	44 %	16 %	6 %	+ 33 %
US-Regierung[1]	29 %	44 %	17 %	9 %	+ 47 %
Bundesregierung[2]	24 %	42 %	23 %	9 %	+ 32 %
Irak[4]	1 %	3 %	9 %	86 %	− 91 %

Fragen:
1. Sind Sie mit der Politik der US-Regierung im Hinblick auf den Golfkrieg einverstanden?
2. Und mit der Politik der Bundesregierung im Hinblick auf den Golfkrieg?
3. Und mit der Politik der Vereinten Nationen?
4. Und mit der Politik des Irak?

(Den Befragten wurde jeweils eine Karte mit den Antwortmöglichkeiten A – D vorgelegt.)

Einverständnis mit der Politik der US-Regierung

Westdeutschland
Woche	völlig einverstanden	überwiegend einverstanden	überwiegend nicht einverstanden	überhaupt nicht einverstanden	keine Angabe
05./06.	26	48	17	8	1%
06./07.	24	51	16	8	1%
07./08.	23	54	14	7	2%

Ostdeutschland
Woche	völlig einverstanden	überwiegend einverstanden	überwiegend nicht einverstanden	überhaupt nicht einverstanden	keine Angabe
05./06.	14	31	26	22	7%
06./07.	13	32	22	20	13%
07./08.	15	33	24	24	8%

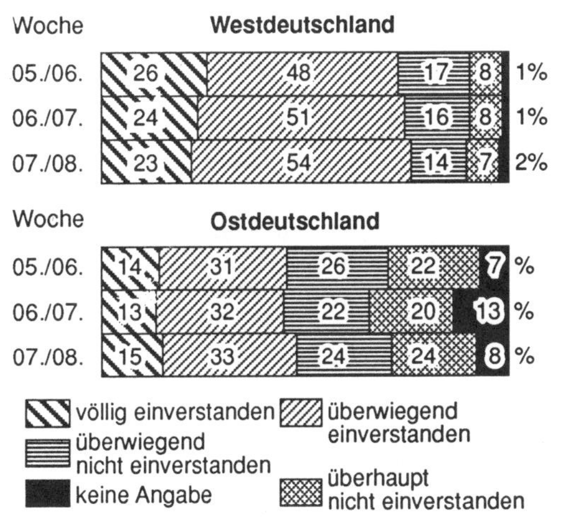

M 8.1	**Zur Problemorientierung: Nord-Süd-Konflikt**

1. "Im vorigen Jahr fuhr ich von der malischen Hauptstadt Bamako nach Kita, durch eine Gegend, in der vor allem Erdnüsse und Hirse angebaut werden. Es war Erntezeit, aber eine geradezu unheimliche Ruhe lag über dem Land. Nur ganz vereinzelt sah man Menschen in den Feldern.

   Der Manager einer von deutschen Firmen gebauten Ölmühle in Kita klärte mich auf: "Die Leute haben keine Lust, noch zu arbeiten. Die Weltmarktpreise für Erdnüsse sind so niedrig, daß es einfach nicht mehr lohnt."

2. Dorfältester: "Es ist nie genug Weide da. Nie reichen die Brunnen in der Trockenzeit. Was nützt es also, wenn wir weniger Kühe auf die Weide bringen? Andere Fulbe werden dann um so mehr Tiere in die Steppe führen."

   Marcel: "Aber wenn alle Fulbe weniger Kühe halten würden? Dann wäre doch für alle Tiere genug Wasser und genug Weideland da."

   Dorfältester: "Gewöhne einer Hyäne ab, nachts um die Herde zu lauern. Gewöhne einem Schakal ab, der Hyäne zu folgen."

   Marcel: "Und wenn die Regierung allen Fulbe vorschriebe, wieviel Vieh sie halten dürften?"

   Dorfältester: "Warum sollen sie denn weniger halten? Die Größe seiner Herde ist der Stolz eines jeden Bóroro."

   Marcel: "Wenn Deine Rinder mehr Fleisch hätten, gäben sie auch mehr Milch."

   Dorfältester: "Das ist wohl möglich."

   Marcel: "Die Milch könnten die Frauen auf dem Markt verkaufen. Das bringt Geld. Und wenn die Kühe mehr Fleisch hätten, könnte man sie auch besser verkaufen."

   Dorfältester: "Erkläre mir, was ich mit dem Geld tun soll. Soll ich es essen? Soll ich es auf dem Boden ausbreiten und betrachten? Soll ich es in einem Topf vergraben wie die Haussa?"

   Marcel: "Nein, das sollst Du nicht. Mit dem Geld kannst Du Dir die Dinge kaufen, die Du zum Leben brauchst."

   Dorfältester: "Ich brauche nur die Rinder und die Ziegen. Weshalb soll ich also erst Tiere verkaufen, wenn ich nachher wieder welche anschaffen muß?"

Aufgaben:

1. Sucht nach den Ursachen der in den beiden Texten angesprochenen Problemstellungen!
2. Vergleicht diejenigen Ursachen miteinander, die bei beiden Schilderungen gleich sind!
3. Stellt fest, welche Denk- und Lebensweisen diesem Verhalten zugrunde liegen!
4. Diskutiert, in welchen Lebensbereichen sich diese Verhaltensweisen von denen bei uns unterscheiden!

Sucht nach Lösungsmöglichkeiten! Stellt dazu eine Wandzeitung zusammen, aus der die von Euch diskutierten Lösungen erkennbar werden!

Ergänzende Materialien finden sich u.a. in folgenden Publikationen:

Grupp C.D.: Dritte Welt im Wandel. Brauchen die Entwicklungsländer unsere Hilfe?, Köln 1988. (Gefördert wurde die Herausgabe dieser Schrift durch das Bundesministerium für wirtschaftliche Zusammenarbeit. Die jeweils aktuellste Ausgabe ist kostenlos erhältlich beim OMNIA-Verlag, Postfach 501626, 5000 Köln 50.)

Schnurer, J, Ströhlein, G.: Entwicklungsländer. Köln 1990 (Unterricht Geographie, Bd. 6). Köln 1990

Die Reichsten und die Ärmsten   M 8.2

Wirtschaftsleistung je Einwohner und Jahr in Dollar (1979)

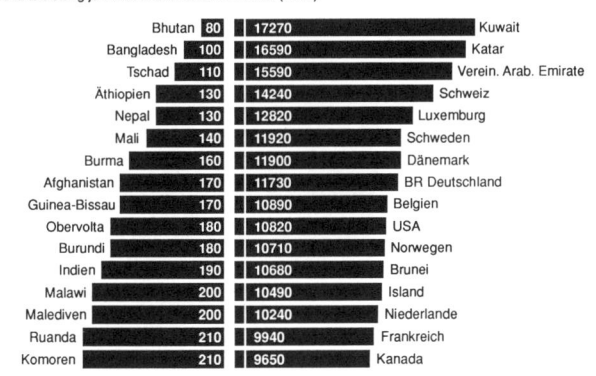

Land	Wert		Wert	Land
Bhutan	80		17270	Kuwait
Bangladesh	100		16590	Katar
Tschad	110		15590	Verein. Arab. Emirate
Äthiopien	130		14240	Schweiz
Nepal	130		12820	Luxemburg
Mali	140		11920	Schweden
Burma	160		11900	Dänemark
Afghanistan	170		11730	BR Deutschland
Guinea-Bissau	170		10890	Belgien
Obervolta	180		10820	USA
Burundi	180		10710	Norwegen
Indien	190		10680	Brunei
Malawi	200		10490	Island
Malediven	200		10240	Niederlande
Ruanda	210		9940	Frankreich
Komoren	210		9650	Kanada

Wirtschaftsleistung je Einwohner und Jahr in Dollar (1985)

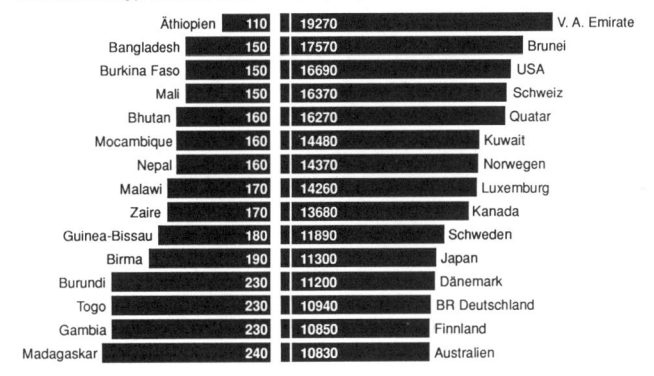

Land	Wert		Wert	Land
Äthiopien	110		19270	V. A. Emirate
Bangladesh	150		17570	Brunei
Burkina Faso	150		16690	USA
Mali	150		16370	Schweiz
Bhutan	160		16270	Quatar
Mocambique	160		14480	Kuwait
Nepal	160		14370	Norwegen
Malawi	170		14260	Luxemburg
Zaire	170		13680	Kanada
Guinea-Bissau	180		11890	Schweden
Birma	190		11300	Japan
Burundi	230		11200	Dänemark
Togo	230		10940	BR Deutschland
Gambia	230		10850	Finnland
Madagaskar	240		10830	Australien

Gefährliches Ungleichgewicht

Der Abstand zwischen den reichen Industriestaaten vorwiegend auf der nördlichen Halbkugel und den armen Entwicklungsländern im Süden wird sich nach Schätzungen der Weltbank in den kommenden Jahrzehnten noch vergrößern, wenn nichts geschieht. Kein Wunder, daß die armen Staaten zunehmend stärker darauf drängen, an den Reichtümern der Erde mehr als bisher teilzuhaben. Als Instrument dazu soll die "neue Weltwirtschaftsordnung" dienen, in der von Marktwirtschaft - der Quelle des Wohlstands der Industrieländer - freilich kaum die Rede ist. Daher stehen die industrialisierten Staaten dieser geforderten neuen Ordnung zögernd bis skeptisch gegenüber. Bei aller Gegensätzlichkeit wissen freilich beide Seiten, daß es immer dringlicher wird, einen Ausgleich zu finden. Denn in der wachsenden Kluft zwischen Arm und Reich sammelt sich Sprengstoff an, der den Weltfrieden in Gefahr bringen könnte.

DIE ZEIT, Nr. 53 vom 25.12.81

Die große Kluft

Zwischen Reich und Arm dieser Erde klaffen Welten. Während die westlichen Industrieländer - die es zusammen nur auf ein Sechstel der Weltbevölkerung bringen - über zwei Drittel des Bruttosozialprodukts, das weltweit erarbeitet wurde, verfügen, müssen die Entwicklungsländer, in denen 2,5 Milliarden Menschen leben, mit einem Neuntel auskommen. Zu den reichsten Ländern, in denen die Wirtschaftsleistung pro Kopf mehr als 10.500 Dollar im Jahr beträgt, zählen nur westliche Industrienationen sowie die nahöstlichen Ölländer. Die Vereinigten Emirate, die im Schnitt auf 19.270 Dollar kommen, erreichen ein Volkseinkommen, das 175mal so groß ist wie das Durchschnittseinkommen in Äthiopien. An dem Abstand zwischen Arm und Reich konnte die Entwicklungshilfe kaum etwas ändern.

DIE ZEIT, Nr. 53 vom 25.12.87

In den Graphiken aus den Jahren 1979 und 1985 wird die Wirtschaftsleistung der reichen und der armen Länder der Welt, je Einwohner, Jahr und Dollar dargestellt.

Wie die Daten der 90er Jahre beweisen, vergrößert sich das Wohlstandsgefälle zwischen den Industrieländern und den Entwicklungsländern.

Nach dem Weltentwicklungsbericht der Weltbank (Washington 1990) leben die Armen in den folgenden Weltregionen:

	Anteil an der Weltbevölkerung	Anteil an den Armen der Welt
Südasien	29,7 %	46,4 %
Ostasien	40,2 %	25,0 %
Europa, Nahost, Nordafrika	7,7 %	5,9 %
Lateinamerika	11,2 %	6,6 %
Afrika (südl. der Sahara)	11,1 %	16,1 %

Die Weltbank projiziert diese Entwicklung in das Jahr 2000 und kommt dabei zu nebenstehenden Annahmen:

Armut in den Jahren 1985 und 2000
(Quelle: Weltbank, Weltentwicklungsbericht 1990)

Regionen / Länder	Bev. unter der Armutslinie (370 US-$) in %		Zahl der Armen in Mio.	
	1985	2000	1985	2000
Afrika (Subsahara)	46,8	43,1	180	265
Ostasien	20,4	4,0	280	70
China	20,0	2,9	210	35
Südasien	50,9	26,0	525	365
Indien	55,0	25,4	420	255
Osteuropa	7,8	7,9	5	5
Mittlerer Osten, Nordafrika/Europa (Portugal, Malta, Zypern)	31,0	22,6	60	60
Lateinamerika/ Karibik	19,1	11,4	75	60
gesamt	32,7	18,0	1.125	825

Vermute: Wie wird sich die Kluft zwischen armen und reichen Ländern bis zum Jahr 2000 verändern? Benutze dabei die Materialien zu den "Weltmodellen".

M 8.4 Rohstoffabhängigkeit

1. Rohstoffe aus Entwicklungsländern

Rohstoffeinfuhren aus Entwicklungsländern in die Bundesrepublik Deutschland 1982 in Millionen DM und prozentualer Anteil an den Gesamteinfuhren.

Kaffee 99% (3 654,1)
Kolumbien, Brasilien, El Salvador, Kenia

Kakao 100% (831,7)
Elfenbeinküste, Ghana, Kamerun, Nigeria

Tee 96% (127,7)
Indien, Sri Lanka, China, Moçambique

Rohzinn 93% (436,3)
Indonesien, Thailand, Malaysia

Hartfasern (Sisal, Kokos, Agave) 97% (17,5)
Sri Lanka, Madagaskar, Tansania

Naturkautschuk 97% (390,4)
Malaysia, Indonesien, Singapur, Thailand

Kupfererze 81% (489,7)
Mexiko, Papua - Neuguinea, Chile

Zinnerze 100% (7,4)
Bolivien, Peru, Zaire

Rohstoffeinfuhren Bundesrepublik Deutschland (alte Bundesländer)

Erdöl 71% (31 835,0)
Saudi - Arabien, Libyen, Nigeria, Algerien

Bauxit 69 % (239,1)
Guinea, Brasilien, Sierra Leone

Phosphate 50% (14,8)
Tunesien, Marokko

Baumwolle 68% (529,5)
Ägypten, Simbabwe, Türkei

Rohkupfer 42% (773,7)
Chile, Sambia

Wolframerze 42% (23,8)
China, Brasilien

Kobalt 41% (27,3)
Sambia, Zaire

Eisenerz 53% (1 358,3)
Brasilien, Liberia

2. Preisschwankungen ausgewählter Rohstoffe

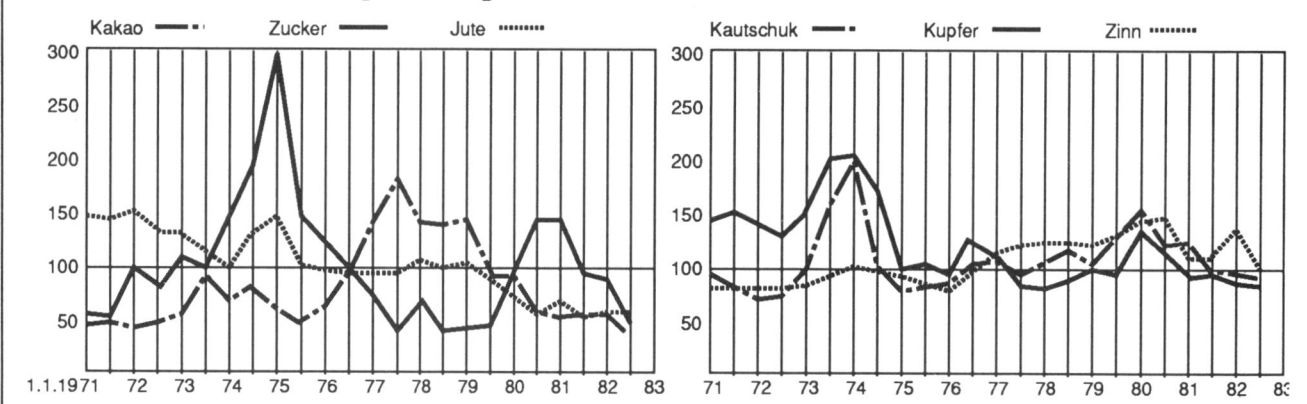

Kakao — · — Zucker ——— Jute ········
(1.1.1971 – 83)

Kautschuk — · — Kupfer ——— Zinn ········
(71 – 83)

Aufgaben:

1. In einer Broschüre des BMZ steht unter anderem: "Drosselt heute ein Entwicklungsland seine Rohstoffausfuhren, stehen bei uns Maschinen still. Ersetzen wir einen Rohstoff durch Kunststoffe, gehen in einem Entwicklungsland Arbeitsplätze verloren..."
Setze diese Aussage in Beziehung zur Graphik 1 und entwirf dazu ein System des Welthandels!

2. An einer anderen Stelle der BMZ-Broschüre heißt es: "Der Export von Rohstoffen ist für viele Länder in der Dritten Welt die wichtigste Möglichkeit, zu Devisen zu kommen. Die Weltmarktpreise für den Verkauf von Rohstoffen werden aber nicht von den Lieferländern bestimmt und unterliegen häufig großen Schwankungen..."
Betrachte Graphik 2 und informiere Dich über die Möglichkeiten, die das "integrierte Rohstoffprogramm" (UNCTAD) den rohstoffexportierenden und -importierenden Ländern bieten soll!

Die Entwicklungspolitik der EG

M 8.5

Am 8. Dezember 1984 wurde in Lomé, der Hauptstadt Togos, das 3. Lomé-Abkommen zwischen Entwicklungsländern aus Afrika, der Karibik und des Pazifiks (AKP-Staaten) und den (damals noch) 10 Mitgliedern der Europäischen Gemeinschaft (EG) unterzeichnet. Es ist die dritte Vereinbarung, nach Lomé I (1975) und II (1979). Das Abkommen betrifft rund 640 Millionen Menschen in den AKP-Ländern und bezieht sich auf die Entwicklungszusammenarbeit in den Bereichen Landwirtschaft, Bergbau, Industrie, Energie, Handwerk, Fischerei, Erziehungs- und Gesundheitswesen und Infrastruktur. Zur Konsolidierung des in Lomé III erreichten Standarts wurde am 15.12.1990 das Lomé IV-Abkommen unterzeichnet.

M 8.6	**Nord-Süd-Kampagne – eine unter vielen?**

Vom Nordkap bis nach Sizilien, von Compostella bis nach Anatolien soll in diesem Jahr (1988) das Nord-Süd-Verhältnis diskutiert werden. Der Startschuß für die Kampagne ist bereits 1984 in Lissabon gefallen. Damals hat die Parlamentarische Versammlung des Europarats an alle 21 Mitgliedstaaten den Appell gerichtet, 1988 die Nord-Süd-Kampagne mitzutragen. So soll den Menschen auf unserer so klein gewordenen Welt unmittelbar, "hautnah", die Verknüpfung der Schicksale der Völker des industrialisierten Nordens und der an der Schwelle des industriellen Zeitalters verharrenden Völker der südlichen Halbkugel bewußt gemacht werden.

"Eine gemeinsame Zukunft, eine gemeinsame Welt" ist ein Motto, das für den Einzelnen wohl kaum faßbar ist. Gibt er sich aber Rechenschaft darüber, wie stark die Erfüllung seiner täglichen Bedürfnisse von der ungehinderten Einfuhr von Kaffee, Tee, Gemüse, Obst, Gewürzen, pflanzlichen Ölen oder auch Baumwolle abhängt, wie viele Arbeitsplätze von den Einfuhrwünschen der südlichen Hemisphäre bestimmt werden und wie sehr Bodenerosion und Wüstenbildung im Süden das Klima im Norden beeinflussen, wird die gegenseitige Abhängigkeit greifbar.

Jede Bürgerin und jeder Bürger muß mitreden und mitentscheiden, wie dieser Verknüpfung in unserer Wirtschaft, Politik und Kultur Rechnung zu tragen ist. Wie Ungleichgewichte und Ungerechtigkeiten im Nord-Süd-Verhältnis gelöst werden können, muß zur Sache eines jeden Einzelnen werden. Niemand kann Patentlösungen anbieten, alle Möglichkeiten müssen kritisch und fair ausdiskutiert werden...

Eine Kampagne und das Ergebnis:
"Die Kultusminister der Länder haben alle Schulen aufgefordert, Themen der Nord-Süd-Kampagne in den Unterricht aufzunehmen. Im Mai sollen die Schul- und Jugendaktivitäten ihren Höhepunkt anläßlich des Europatages, dem 5. Mai, und dem sich anschließenden Nord-Süd-Jugendforum in Straßburg finden..."

Und das "Information Bulletin of the European Public Campaign on North-South interdependence und solidarity", No 5, July 1988, schreibt: "There is an urgent need for a new thinking and new ethics in politics and economics that meet the requirements of an independent world".

In der "Zeitung der Nord-Süd-Kampagne", Ausgaben Nr. 1, 3 und 4 werden angekündigt:

Am Start: **12** Nord-Süd-Foren	Am Start: **25** Nord-Süd-Foren	Am Start: **30** Nord-Süd-Foren
Aalen - Bonn - Bremen - Dortmund - Ettlingen - Leverkusen - München - Remscheid - Rheine - Wardenburg - Weiden - Weyhe... Wer ist der Nächste?	Aachen - Aalen - Bamberg - Bonn - Bremen - Dortmund - Düsseldorf - Ettlingen - Fürstenfeldbruck - Fürstenstein - Hannover - Heinsberg - Kehl am Rhein - Köln - München - Offenburg - Oldenburg - Remscheid - Rheine - Stuttgart - Vilshofen - Wardenburg - Weiden - Weyhe - Wittlich... Wer ist der Nächste?	Aachen - Aalen - Bad Homburg - Bamberg - Bonn - Bremen - Dortmund - Düsseldorf - Ettlingen - Fürstenfeldbruck - Fulda - Fürstenstein - Gielching - Hannover - Heinsberg - Kehl am Rhein - Köln - München - Oerlinghausen - Offenburg - Oldenburg - Remscheid - Rheine - Stuttgart - Trier - Vilshofen - Wardenburg - Weiden - Weyhe - Wittlich... Wer ist der Nächste?

Von einem Erfolg will das "Nationale Organisationskomitee der Bundesrepublik Deutschland für die Nord-Süd-Kampagne des Europarates" jedoch nicht sprechen. "Die Kampagne hat ihren Höhepunkt bereits überschritten und wird im Dezember d.J. auslaufen... Unsere Informationen wurden zwar oft von Schulen angefordert, es gab jedoch so gut wie keine Rückmeldung..."

Diskutiert in Gruppen, weshalb das Interesse der Schulen an der Kampagne offensichtlich nur so gering war? Entwerft zur Thematik eine "Kampagne", die Eurer Meinung nach größeren Erfolg bei Schülern haben könnte!

M 8.7

Nord/Süd: Eine Zukunft

NORD / SÜD
EINE ZUKUNFT

Das Schicksal Europas ist eng verbunden mit der Zukunft Afrikas, Asiens und Lateinamerikas. Ein engmaschiges Netz aus wirtschaftlichen, sozialen, kulturellen und ökologischen Verbindungen macht uns voneinander abhängig. Nord/Süd-Beziehungen wirken sich direkt auf unser tägliches Leben aus: sie sind eine Herausforderung, der wir uns stellen müssen. Um dies bewusst zu machen, haben die 21 Mitgliedsländer des Europarats zusammen mit dem Heiligen Stuhl eine europäische Öffentlichkeitskampagne über Nord/Süd-Interdependenz und -Solidarität eingeleitet. Sie geht uns alle an.

Nord/Süd: Eine Zukunft, eine gemeinsame Aufgabe.

Informieren Sie sich beim Referat für Öffentlichkeitsarbeit des Europarats, B.P. 431 R6, F - 67006 Strasbourg Cedex.

EUROPARAT   EUROPATAG Mai 1988

M 8.8 Entwicklungshilfe im Vergleich

Entwicklungshilfe 1989
Öffentliche Leistungen in % des Bruttosozialprodukts

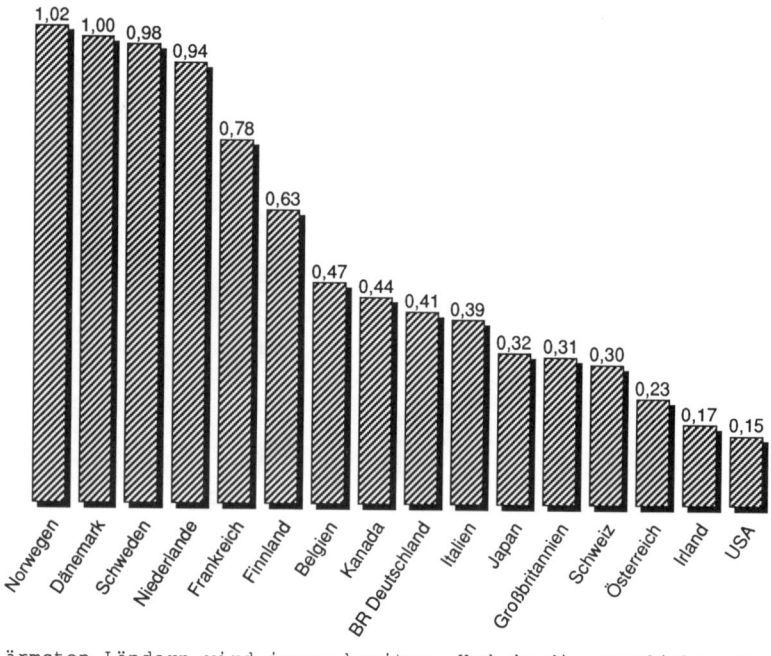

Land	%
Norwegen	1,02
Dänemark	1,00
Schweden	0,98
Niederlande	0,94
Frankreich	0,78
Finnland	0,63
Belgien	0,47
Kanada	0,44
BR Deutschland	0,41
Italien	0,39
Japan	0,32
Großbritannien	0,31
Schweiz	0,30
Österreich	0,23
Irland	0,17
USA	0,15

Die Kluft zwischen den reichen und den ärmsten Ländern wird immer breiter. Und da die westlichen Industrienationen jetzt auch in Osteuropa gefordert sind, fürchten viele Entwicklungsländer, endgültig ins Abseits zu geraten. Zumal sie durch die steigenden Ölpreise zusätzlich in Bedrängnis geraten.

Doch schon im vergangenen Jahr, vor der Öffnung des Ostens und der Irak-Krise, fand die Dritte Welt verhältnismäßig wenig Unterstützung bei den wohlhabenden Staaten. Die skandinavischen Länder zweigten 1989 immerhin rund ein Prozent ihres Bruttosozialprodukts für die Entwicklungshilfe ab. Die Bundesrepublik begnügte sich dagegen mit nur 0,41 Prozent. Und die Vereinigten Staaten, das reichste Land der Welt, bildeten das Schlußlicht: Sie speisten die Entwicklungsländer mit mageren 0,15 Prozent ab.

Hilfe für Entwicklungsländer
Öffentliche Entwicklungshilfe 1990 in Mio. Dollar

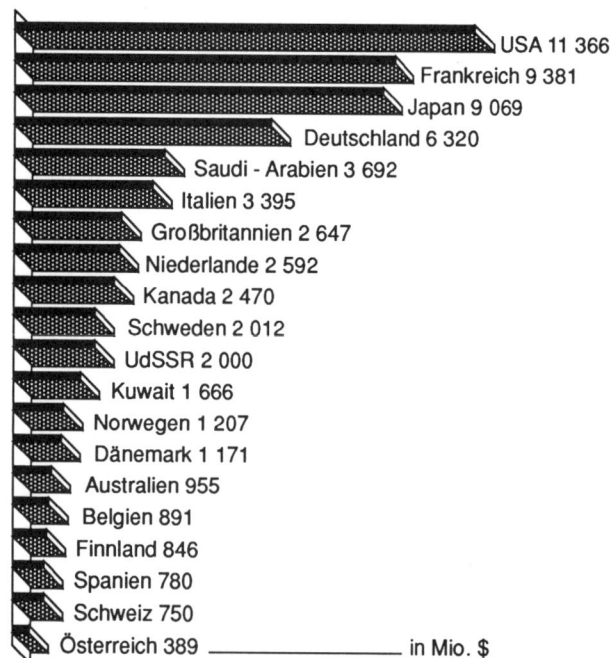

Land	Mio. $
USA	11 366
Frankreich	9 381
Japan	9 069
Deutschland	6 320
Saudi-Arabien	3 692
Italien	3 395
Großbritannien	2 647
Niederlande	2 592
Kanada	2 470
Schweden	2 012
UdSSR	2 000
Kuwait	1 666
Norwegen	1 207
Dänemark	1 171
Australien	955
Belgien	891
Finnland	846
Spanien	780
Schweiz	750
Österreich	389

Die meiste Entwicklungshilfe kommt aus den Vereinigten Staaten - absolut gesehen.

Die Schulden der Armen
Auslandsverschuldung Anfang 1990 in Milliarden Dollar

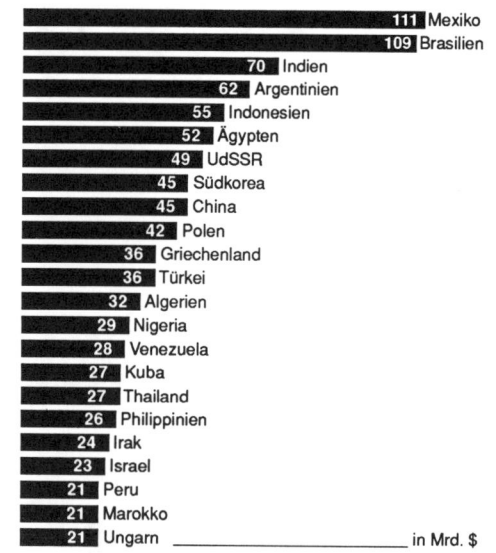

Land	Mrd. $
Mexiko	111
Brasilien	109
Indien	70
Argentinien	62
Indonesien	55
Ägypten	52
UdSSR	49
Südkorea	45
China	45
Polen	42
Griechenland	36
Türkei	36
Algerien	32
Nigeria	29
Venezuela	28
Kuba	27
Thailand	27
Philippinen	26
Irak	24
Israel	23
Peru	21
Marokko	21
Ungarn	21

Der billionenschwere Schuldendruck auf den armen Ländern der Welt hat im vergangenen Jahr kaum nachgelassen. Nach Berechnungen der OECD sank die Verschuldung nur um 3 Milliarden Dollar auf 1388 Mrd. Dollar. Besonders viele hoch verschuldete Länder finden sich in Lateinamerika. Mexiko hat 111 Mrd. Dollar Schulden, Brasilien 109 und Argentinien 62 Mrd. Dollar. Ein nennenswerter Abbau des Schuldenbergs ist nicht in Sicht. Im Gegenteil: Viele Länder stecken in einer Schuldenspirale. Sie müssen neue Kredite aufnehmen, um die Zinsen für alte Kredite zu bezahlen.

Das System der UNO — M 9.2

Hauptorgane und Nebenorgane:

- Abrüstungskommission
- Generalstabsausschuß
- SICHERHEITSRAT
- INTERNATIONALER GERICHTSHOF
- GENERALVERSAMMLUNG
- TREUHANDSCHAFTSRAT
- SEKRETARIAT
- WIRTSCHAFTS- UND SOZIALRAT

Untergeordnet dem Sicherheitsrat / der Generalversammlung:
- UNTSO
- UNMOGIP
- UNFICYP (a)
- Hauptausschüsse
- Ständige und Verfahrensausschüsse
- Weitere Hilfsorgane der Generalversammlung
- UNRWA
- UNCTAD (b)
- UNCTAD (c)
- UNDP
- UNCDF
- UNITAR
- UNICEF
- UNHCR
- WFP

Sonderorganisationen:
- IAEO
- ILO
- FAO
- UNESCO
- WHO
- IWF
- IDA
- IBRD
- IFC
- ICAO (d)
- UPU (e)
- ITU (f)
- WMO (g)
- IMCO (h)
- GATT
- WIPO (i)
- IFAD
- UNIDO

Untergeordnet dem Wirtschafts- und Sozialrat:
- Regionale Wirtschaftskommission
- Fachkommission
- Sitzungs- und ständige Ausschüsse und Ad-hoc-Komitees

a = Truppe der UN zur Wahrung des Friedens auf Zypern
b = Konferenz der UN für Handel und Entwicklung
c = Welthandels- und Entwicklungsrat der UNCTAD
d = Internationale Zivilluftfahrt-Organisation
e = Weltpostverein
f = Internationale Fernmelde-Union
g = Weltorganisation für Meterologie
h = Zwischenstaatliche Beratende Schiffahrtsorganisation
i = Weltorganisation für geistiges Eigentum

Aufgaben:

In der Graphik erkennst Du die "Regierung der Vereinten Nationen" (Hauptorgane) und die ihr zugeordneten Organisationen. Von einigen wie z.B. von UNICEF, UNESCO ... hast Du sicherlich schon gehört.

Informiere Dich in einem Lexikon über die hier nur abgekürzt dargestellten Sonderorganisationen. Du kannst Dir auch Informationen von der Deutschen Gesellschaft für die Vereinten Nationen (DGVN), Simrockstr. 23, 5300 Bonn 1 (Tel.: 0228/213646) schicken lassen.

Der Anteil der Ländergruppen in den Vereinten Nationen — M 9.1

Jahr	1945		1965		1985	
davon westliche Industrieländer	15	29 %	24	21 %	25	16 %
Sozialistische Länder	6	12 %	11	9 %	13	8 %
Entwicklungsländer	30	59 %	83	70 %	121	76 %
Insgesamt	51		118		159	

Artikel 18 aus der Charta der Vereinten Nationen:

(1) Jedes Mitglied der Generalversammlung hat eine Stimme.

(2) Beschlüsse der Generalversammlung über wichtige Fragen bedürfen einer Zweidrittelmehrheit der anwesenden und abstimmenden Mitglieder ...

Aufgaben:

Vergleicht die Zahlen zur Entwicklung der Vereinten Nationen mit den Bestimmungen in Art. 18 der Charta!

Welche Vorteile ergeben sich daraus für die Organisation?

Welche Probleme können dabei auftreten?

Übertragt die Zahlen in ein Blockdiagramm!

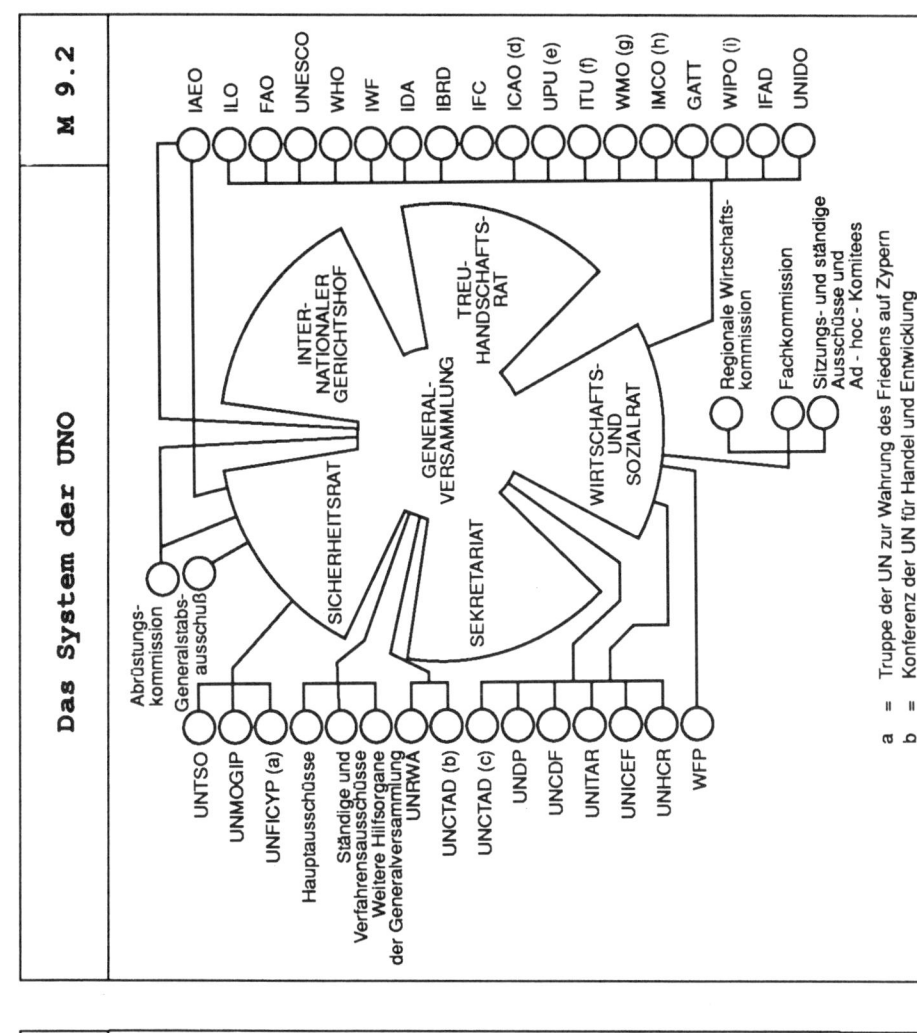

| M 9.3 | **Die Vereinten Nationen und ihre Sonderorganisationen** |

ILO: Internationale Arbeitsorganisation mit Sitz in Genf. Am 11. April 1919 unter der Schirmherrschaft des Völkerbundes gegründet, am 14.12.46 wurde sie die erste UN-Sonderorganisation. 150 Mitglieder (1986).

In der Präambel der ILO-Verfassung heißt es, daß ein dauerhafter Weltfrieden nur auf der Grundlage sozialer Gerechtigkeit geschaffen werden kann. Wichtigste Aufgabe der ILO ist demnach die Schaffung von internationalen Arbeitsnormen zur Verbesserung der Lebens- und Arbeitsbedingungen der arbeitenden Menschen.

UNICEF: Weltkinderhilfswerk der Vereinten Nationen (New York). Ende 1945 als ständiges UN-Organ zur Weltkinderhilfe gegründet. UNICEF unterstützt vor allem die Staaten der Dritten Welt mit Hilfsprogrammen für Mütter und Kinder in den Bereichen Gesundheitsfürsorge, Ernährung und Erziehung.

UNHCR: Der Hohe Flüchtlingskommissar der Vereinten Nationen (Genf). Das Amt des United Nations High Commissioner for Refugees wurde 1951 eingerichtet. Die Hauptaufgabe des Flüchtlingskommissars besteht darin, den internationalen Rechtsschutz für Flüchtlinge wahrzunehmen.

WHO: Weltgesundheitsorganisation (Genf). Am 7. April 1947 gegründet. Ziel der WHO ist es, einen möglichst guten Gesundheitszustand für alle Menschen, ohne Unterschied der Rasse, Religion, politischen Anschauung und der wirtschaftlichen oder gesellschaftlichen Stellung zu erreichen. Unter Gesundheit ist dabei das völlige körperliche, geistige und soziale Wohlbefinden und nicht nur das Freisein von Krankheiten gemeint. 166 Mitglieder (1988)

FAO: Ernährungs- und Landwirtschaftsorganisation (Rom). Die Food and Agricultural Organisation wurde am 16.10.1945 gegründet. Ihr gehören heute 158 Mitgliedstaaten (1988) an. Die FAO hat die Aufgabe, den Ernährungs- und Lebensstandard der Völker zu heben, die Nahrungsmittelerzeugung in der Welt zu sichern und vor allem die Lebensbedingungen der Menschen in der Dritten Welt zu steigern.

UNESCO: Die Organisation der Vereinten Nationen für Erziehung, Wissenschaft und Kultur wurde am 14.12.1945 eingerichtet. 158 Staaten gehören ihr an (1988). Die USA und Großbritannien sind 1984/85 aus der UNESCO ausgetreten. Die Organisation hat die Aufgabe, die internationale Zusammenarbeit auf den Gebieten der Erziehung, Sozial- und Naturwissenschaften, Kultur, Kommunikation und Dokumentation zu fördern.

| M 9.5 | **Menschenrechte — Rechte der Menschen — Rechte für Menschen** |

Es gibt kaum eine Verfassung eines Staates auf der Erde, in der die MENSCHENRECHTE als Grundrechte des menschlichen Lebens und Zusammenlebens nicht aufgeführt sind. Und doch gibt es immer noch Menschenrechtsverletzungen.

Artikel 1 des Grundgesetzes für die Bundesrepublik, vom 23. Mai 1949 lautet in Absatz 1:

Die Würde des Menschen ist unantastbar. Sie zu achten und zu schützen ist Verpflichtung aller staatlichen Gewalt.

Die Vereinten Nationen (UN) haben in einer feierlichen Proklamation am 10. Dezember 1948 in 30 Artikeln die "ALLGEMEINE ERKLÄRUNG DER MENSCHENRECHTE" verkündet. In der Präambel (feierliche Einleitung) heißt es u.a.: "Da die Anerkennung der allen Mitgliedern der menschlichen Familie innewohnenden Würde und ihrer gleichen und unveräußerlichen Rechte die Grundlage der Freiheit, der Gerechtigkeit und des Friedens in der Welt bildet, da Verkennung und Mißachtung der Menschenrechte zu Akten der Barbarei führten..., da eine gemeinsame Auffassung über diese Rechte und Freiheiten von größter Wichtigkeit ... ist", wird diese Erklärung erlassen.

Aufgabe:

Informiert Euch über die verschiedenen Aussagen über die Menschenrechte in der Verfassung Eures Bundeslandes, im Grundgesetz für die Bundesrepublik Deutschland, in der Verfassung anderer Staaten! Besorgt Euch die ERKLÄRUNG DER MENSCHENRECHTE DER VEREINTEN NATIONEN (z.B. bei der Deutschen UNESCO-Kommission, Colmantstr. 15, 5300 Bonn 1, bei der Int. Gesellschaft für Menschenrechte e.V., Kaiserstr. 72, 6000 Frankfurt/Main, bei der Bundeszentrale für politische Bildung, Berliner Freiheit 7, 5300 Bonn 1, oder anderen Menschenrechtsorganisationen wie amnesty international) und setzt Euch mit den Aussagen und der Wirklichkeit der politischen Machtausübung und menschlichen Existenz auf unserer Erde auseinander.

unesco

After sic years of death and destruction, World War II was over. Two atom bombs were dropped on Japan.

On 4 November 1946, Unesco was created to contribute to peace and security by promoting collaboration among nations through Education, Science, Culture and Communcation in order to further universal respect for justice, for the rule of law and for the human rights and fundamental freedoms without distinction of race, sex, language or religion

.. And reconstruction began.

To share knowledge.	To educate everyone.	To improve knowledge.	To employ knowledge as a way of achieving peace.
To share the benefits of science and conquer deserts.	To use energy to give water to mankind.	To discoder the secrets of the seas so as to satisfy human needs.	To work together and use science for peace.
To improve the mass media.	To preserve the freedom of information.	To promote a balanced flow of information.	To preserve peace through the mass media.
To proclaim the dignity and equality of all cultures.	To help protect mankind's cultural heritage.		To work and play together for peace.

F Quellenverzeichnis

Zur didaktischen Begründung und zum Basiswissen

Albrecht, V. (1983): Die Behandlung von politischen Grenzen und Grenzräumen im Geographieunterricht. – In: Geographie und Schule 5, Heft 24, S. 1-8.

Albrecht, V. (1985): Aufgabenfelder der Politischen Geographie. – In: Geographie und Schule 3, H. 34, S. 1-8.

Ante, U. (1981): Politische Geographie. (= Das Geographische Seminar) – Braunschweig.

Ante, U. (1985): Zur Grundlegung des Gegenstandsbereiches der Politischen Geographie. (= Erdkundliches Wissen 75) Stuttgart.

Ante, U. (1989): Zu aktuellen Leitlinien der Politische Geographie. – In: Zeitschrift für Wirtschaftsgeographie 33, S. 30-40.

Behr, W. (1980): Konflikte und Konfliktbewältigung in der politischen Bildung. – In: Aus Politik und Zeitgeschichte, H. 15.

Birkenhauer, J. (1971): Erdkunde. 2 Bde. – Düsseldorf.

Bönsch, M. (1981): Das Erlernen der Behandlung und Bearbeitung von Konflikten. – In: *Dedering, H.* (Hrsg.): Konflikt als paedagogicum. – Frankfurt/M., S. 94-107.

Boesler, K.-A. (1979): Die geographische Qualität von Grenzen. – In: Verband Deutscher Schulgeographen (Hrsg.): Arbeitstagung "Zur Behandlung Deutschlands im Unterricht". Berlin, S. 96-109.

Boesler, K.-A. (1983): Politische Geographie. – Stuttgart.

Boesler, K.-A. (1987): Raumbezüge politischen Handelns – Ansätze einer Neubelebung der Politischen Geographie in der Bundesrepublik Deutschland. – In: Tagungsberichte und wiss. Abhandlungen des 45. Geographentags Berlin. – Stuttgart, S. 83-94.

Brandt, W. (Hrsg. 1980): Bericht der Nord-Süd-Kommission. – Köln.

Bril, L. (1976): Das Lateinamerikanische Weltmodell zur Befriedigung der Grundbedürfnisse. – In: Entwicklung und Zusammenarbeit, H. 10, S. 14-15.

Cohen, S.B./Rosenthal, L.B. (1971): A Geographical Model for Political Systems Analysis. – In: Geogr. Review, S. 5-31.

Drekonja, G. (1974): Lateinamerikas Gegenutopie zu den 'Grenzen des Wachstums'. – In: Entwicklung und Zusammenarbeit, H. 10, S. 16-17.

Dürr, H. (1987): Kulturerdteile: Eine "neue" Zehnweltenlehre als Grundlage des Geographieunterrichts? – In: Geographische Rundschau 39, S. 228-232.

Easton, D. (1965): A Systems Analysis of Political Life. – New York.

Frenz, W. (1980): Der Beitrag der Erdkunde zur politischen Bildung. – In: Aus Politik und Zeitgeschehen, H. 15, S. 17-21.

Friese, H. W. (1984): Schulfach Erdkunde. – In: Geographische Rundschau 36, S. 331.

Gerdes, D. (1987): Regionalismus und Politikwissenschaft: Zur Wiederentdeckung von "Territorialität" als innenpolitischer Konfliktdimension. – In: Geographische Rundschau 39, S. 526-530.

Grulich, R./Pulte, P. (Hrsg. 1975): Nationale Minderheiten in Europa. – Opladen.

Hagel, H. (1984): Politische Geographie. – In: Harms Handbuch der Geographie, Sozial- und Wirtschaftsgeographie, Bd. 3. München, S. 280-338.

Hassinger, H. (1932): Der Staat als Landschaftsgestalter. – In: Zeitschrift für Geopolitik, S. 117-122 und S. 182-187.

Hausmann, W. (1978): Politische Geographie und politische Bildung im Erdkundeunterricht. – In: Politische Studien, H. 29, S. 259-265.

Kaiser, R. (Hrsg., 1980): Global 2000. Der Bericht an den Präsidenten (deutsche Übersetzung). – Frankfurt/M.

Kraus, F. (Hrsg., 1960): Kosmos und Humanität. Alexander von Humboldts Werk in Auswahl. – Bremen.

Meadows, D. (1972): Die Grenzen des Wachstums. – Stuttgart.

Mesarovic M./Pestel, E. (1974): Menschheit am Wendepunkt. – Stuttgart.

Minghi, J.V. (1977): Grenzen in der Politischen Geographie. – In: *Matznetter, J.*: Politische Geographie. Darmstadt, S. 338-389.

Neumaier, T. (1983). Es bleiben noch 17 Jahre. – In: Entwicklung und Zusammenarbeit, H. 6, S. 23.

Newig, J. (1986): Drei Welten oder eine Welt: Die Kulturerdteile. – In: Geographische Rundschau 38, S. 263-267.

Ossenbrügge, J. (1983): Politische Geographie als räumliche Konfliktforschung. (= Hamburger Geographische Studien, Heft 40).

F Quellenverzeichnis

Pestel, E. (1988): Jenseits der Grenzen des Wachstums. – Stuttgart.
Pieper, R. (1987): Region und Regionalismus. – In: Geographische Rundschau 39, S. 534-539.
Prescott, J.R.V. (1975): Einführung in die Politische Geographie. – München.
Ratzel, F. (1896): Die Gesetze des räumlichen Wachstums der Staaten. – In: Petermanns Geogr. Mitt., S. 97-107.
Ritter, C. (1852): Einleitung zur allgemeinen vergleichenden Geographie und Abhandlung zur Begründung einer mehr wissenschaftlichen Behandlung der Erdkunde. – Berlin.
Schramke, W. (1978): Geographie als politische Bildung. – In: Geographische Hochschulmanuskripte, H. 6, S. 9-48.
Schwind, M. (1950): Landschaft und Grenze. Geographische Betrachtungen zur deutsch-niederländischen Grenze. – Bielefeld.
Schwind, M. (1972): Allgemeine Staatengeographie. – Berlin/New York. (= Lehrbuch der Allgemeinen Geographie, Bd. 8).
Stiens, G. (1986): Raumordnungspolitische Strategien und Instrumente im Wandel. – In: Geographische Rundschau 38, S. 437-440.
Thöneböhn, F. (1986): Der Beitrag der Geographie zum Lernbereich Gesellschaftslehre. – In: Die Realschule, S. 217/218.

Zu den Unterrichtsvorschlägen

- *Zu UE 1: Vom geteilten zum vereinigten Land: Die Bundesrepublik Deutschland*

Arbeitsgemeinschaft Jugend und Bildung (Hrsg. 1990): Nach vier Jahrzehnten. Ein Rückblick auf die deutsche Teilung. Wiesbaden.
Bundesministerium für innerdeutsche Beziehungen (Hrsg. 1985): DDR-Handbuch. – 3. Aufl., Köln.
Diemer, G. (Hrsg. 1990): Kurze Chronik der Deutschen Frage. – München.
Fritsch-Bournazel, R. (1990): Europa und die deutsche Einheit. – Stuttgart/München/Landsberg.
Spittmann, I./Helwig G. (Hrsg. 1990): Chronik der Ereignisse in der DDR. – 4. Aufl., Gütersloh.
Bundeszentrale für politische Bildung (Hrsg. 1991): – Die Teilung Deutschlands 1945-1955, Information zur politischen Bildung, Heft 232. – Bonn
dies. (Hrsg. 1991): Die Teilung Deutschlands 1955 bis zur Einheit, Informationen zur politischen Bildung, Heft 233. – Bonn.

— *Weiterführende Literatur*

Maier, G. (1990): Die Wende in der DDR. – Bonn (= Reihe "Kontrvers"der Bundeszentrale für politische Bildung).
Marienfeld, W. (1989):Die Geschichte des Deutschlandproblems im Spiegel der politischen Karikatur. – Bonn.

- *Zu UE 2: Aus zwölf wird eins – Integration in Westeuropa*

Bundeszentrale für politische Bildung (Hrsg. 1986): Die Europäische Gemeinschaft, Informationen zur politischen Bildung, Heft 213. – Bonn.
EUROGEO (Hrsg. 1985): Geographical Bulletin. European Standing Conference of Repräsentatives of Geography Teachers' Associations. – Brüssel.
Kommission der Europäischen Gemeinschaften: Europäische Dokumentation (verschiedene Ausgaben). – Luxembourg.
Kommission der Europäischen Gemeinschaften: Stichwort Europa (verschiedene Ausgaben) – Luxembourg.

— *Weiterführende Literatur*

Brameier, U. (1985): Das Europäische Parlament. – In: Geographie heute 6, H. 31, S. 12-15.
Gastevger. C (1965): Einigung und Spaltung Europas 1942-1965. – Frankfurt/M.
Grupp, E.D. (1986): Sechs-Neun-Zehn-Zwölf. Europas schwieriger Weg zur Einigung. – 3. Aufl., Köln.
Grupp, C.D. (1991): Europa 2000. Der Weg zur Europäischen Union o. d. (Köln), 3. Aufl., Omnia Verlag.
Hüttenberger, P./Hoebink, H. (1981): Geschichte der Europäischen Einigungsbewegung und der Europäischen Gemeinschaften. – München.
Lipgens, W. (1968): Europa-Föderationspläne der Widerstandsbewegungen 1940-1954. – München.
Toynbee, A. J. (1949): Kultur am Scheideweg. – Wien/Zürich.

- *Zu UE 3: Grenzen werden neu gezogen: UN-Seerechtskonferenz*

Buchholz, H. J. (1983): Die seerechtliche Regionalisierung der Nordsee. – In: Geographische Rundschau 35, S. 274-280.
Kellersohn, H. (1986 a): Bundesrepublik Deutschland unterzeichnet das UN-Seerechtsübereinkommen nicht. – In: Praxis Geographie 16, H. 2, S. 41-48.
Kellersohn, H. (1986 b): Wem gehören die Meere? Das neue Seerecht im Widerstreit. – In: Geographie und Schule 8, H. 41, S. 2-10.

— *Weiterführende Literatur:*

Brameier, U. (1990 a): Meereskundliche Themen im Erdkundeunterricht. – In: Praxis Geographie, 20, H. 10, S. 12-14.
Brameier, U. (1990 b): Größe und Gliederung der Ozeane. – In: Praxis Geographie, 20, H. 10, S. 15-19.

| Quellenverzeichnis | F |

Buchholz, H. J. (1986): Ozeane als nationale Territorien. – In: Geographische Rundschau 38, S. 614-620.
Freericks, G. (1983): Die lautlose Eroberung der Meere. – München.
Härle, J. (1978): Streit um die Meere. – In: Geographische Rundschau 30, Beihefter zu Heft 9, S. 1-8.
Köhler, A. (1981): Die Seerechskonferenz. Eine Problemanalyse. – Köln.
Studier, A. (Hrsg., 1980): Seerechtskonferenz und Dritte Welt. – München/London (= Band 21 der Diskussionsbeiträge aus dem Deutschen Übersee-Institut).
Vizthum, Graf W. (Hrsg. 1981): Die Plünderung der Meere. Ein gemeinsames Erbe wird zerstückelt. – Frankfurt.

- *Zu UE 4: Rassenkonflikt und Unabhängigkeit: Das Beispiel Namibia*

Bundeszentrale für politische Bildung (Hrsg. 1986). Menschenrechte – Informationen zur politischen Bildung, Nr. 210. – Bonn.
Leser, H. (1982): Namibia. – München.
Matthews, J. (1977): So ist das nun mal, Baby – der Alltag der Schwarzen in Südafrika. – Wuppertal.
Schmidt-Wulffen, W-D. (1980): Apartheid – oder die räumliche Organisation einer Rassengesellschaft im Spiegel politischen und wirtschaftlichen Wandels. – Paderborn.

— *Weiterführende Literatur:*
Groth, S. (1987): Leserbrief. Frankfurter Allgemeine vom 13.4.1987.
Michler, W. (1988): Weißbuch Afrika. – Berlin/Bonn.
Riedmiller, J. (1989): Namibia – noch nicht konfliktfrei. – In: Süddeutsche Zeitung, Nr. 77 vom 4.4.1989.
Satour (o.J.): Ihre Weltreise in einem Land. (= Faltblatt, SSA). – Frankfurt/M.
Südafrika-Handbuch (1982). – AKAFRIK und Zentrale Arbeits- und Studienstelle der DEAE, Wuppertal.
Wiemann, G./Schnurer, J. (1987): Voneinander lernen (Ohandi li longo sha kwoove) – Miteinander lernen (Dtashi tu longo sha). Bericht über eine Studienreise nach Namibia. Niedersächsisches Landesinstitut für Lehrerfortbildung (NLI), Hildesheim.

- *Zu UE 5: Bürgerkriege: Biafra-Konflikt*

Hanisch, R. (1970): Bürgerkrieg in Afrika? – Berlin.
Michler, W. (1988): Weißbuch Afrika. – Berlin/Bonn.
Wirz, A. (1982): Nachkoloniale Konflikte in Afrika. Die Inneren Kriege in Nigeria, Sudan, Tschad und Kongo. – Frankfurt/M.

— *Weiterführende Literatur:*
Borchers E./Grass G./Roehler K. (Hrsg.): Gedichte aus Biafra. – Neuwied/Berlin.
Dankyi Beeko, N./Hübler, U. (1978): Die Menschen Afrikas. (= Mat. 7. Deutscher Volkshochschulverband). – Bonn.
Stahn E. (1976): Das Afrika der Vaterländer. – Frankfurt/M.
Statistisches Bundesamt (Hrsg. 1988): Länderbericht Nigeria (1987). – Wiesbaden.

- *Zu UE 6: Auf der Suche nach Kompromissen: EG-Fischereipolitik*

Amt für amtliche Veröffentlichung der EG (Hrsg. 1985): Die Fischereipolitik der Europäischen Gemeinschaft. (= Europäische Dokumente 1/85). – Luxemburg.
Brameier, U. (1985): Das blaue Europa. – In: Geographie heute 6, Heft 31, S. 41-45.

— *Weiterführende Literatur:*
Amt für amtliche Veröffentlichungen der EG: Fischereiwirtschaftliches Jahrbuch der EG, Luxemburg (jährlich neu).
Brameier, U. (1990) Die bundesdeutsche Seefischerei. – In: Praxis Geographie 20, H. 10, S. 40-41.
Bundesministerium für Ernährung, Landwirtschaft und Forsten: Informationen über die Fischwirtschaft des Auslandes (Periodika, mehrmals jährlich).
Geldern W. von (1984): Zum aktuellen Stand der Fischereipolitik. – In: Bulletin der Bundesregierung, 81/1984 (4.7.1984), S. 721-727.

- *Zu UE 7: Krieg als Mittel gegen Frieden? – Krisenregion Golf*

Brameier, U./Holsten, J. (1991): Die Golfregion. Ausgewählte Materialien zu einem Konfliktraum. – In: Praxis Geographie 21, H. 6, S. 53-58.

— *Weiterführende Literatur:*
Ende W./Steinbach, U. (Hrsg. 3/1991): Der Islam in der Gegenwart. Entwicklung und Ausbreitung: Staat, Politik und Recht, Kultur und Religion. – München.
Hunke, S. (1990): Allah ist ganz anders. Enthüllung von 1001 Vorurteilen über die Araber. – Bad König.
Kommunikationszentrum Idstein e.V. (Hrsg. o.J.): Tatort Irak. Deutsche Waffenlieferungen für Saddam Hussein. – Idstein/Ts.
Leyendecker H./Rickelmann, R. (1990): Exporteure des Todes. Deutscher Rüstungsskandal in Nahost. – Göttingen.
Tibi, B. (1987): Vom Gottesreich zum Nationalstaat. Islam und panarabischer Nationalismus. – Frankfurt/M.
Bundeszentrale für politische Bildung (Hrsg., 1982): Der Islam und die Krise des Nahen Ostens (= Informationen zur politischen Bildung, Nr. 194). – Bonn.

- *Zu UE 8: Abhängigkeiten: Vom Nord-Süd-Konflikt zur Nord-Süd-Partnerschaft*

Brandt, W./Biedenkopf, K. u.a. (1988): Gemeinsam überleben. (= Stiftung Entwicklung und Frieden.) – Bonn-Bad Godesberg.
Datta, A. (1984): Welthandel und Welthunger. – Stuttgart.
Das Parlament (1988): Global denken – lokal handeln, Nr. 14-15, April 1988. – Bonn.
Das Parlament (1991): Die globale Herausforderung, Nr. 34-35, vom 16./23.8. 1991 – Bonn.

Engelhard, K. (1988): Dritte Welt und Entwicklungspolitik im Wandel. (= Lehrerbegleitheft zur Schülerbroschüre "DRITTE WELT im Wandel" (beim BMZ zu beziehen). – Stuttgart.
Hüfner, K./Naumann, J. (1980): Neue Weltwirtschaftsordnung? – In: Politik in Schaubildern, Nr. 7 (Landeszentrale für politische Bildungsarbeit). – Berlin.
Stiftung Entwicklung und Frieden (Hrsg. 1991): Die Herausforderung des Südens. Der Bericht der Südkommission, – Bonn-Bad Godesberg.
Pater, S. (o.J.): Etwas geben – viel nehmen. (Schulbildungsgruppe/ila). – Bonn.
Strahm, R. H. (1985): Warum sie so arm sind. – Wuppertal.
UNESCO (1991): World Education Report 1991, Paris.
— *Weiterführende Literatur:*
Bratteli, T. (1976): Die neue Weltwirtschaftsordnung: Handelsgleichgewicht und Entwicklung. – In: UNESCO (Hrsg. 1976), Kultur für eine neue Welt, Bd. III, Nr. 4. – Wien.
Bratzel, R./Müller, H. (1979): Regionalisierung der Erde nach dem Entwicklungsstand der Länder. – In: Geographische Rundschau 31, S. 131-139.
Gesellschaft für Entwicklungspolitik e.V. (Hrsg. o.J.): Entwicklungspartnerschaft. – Saarbrücken-Eschberg.
Hampel D. (1988): VEHEMENT. Buchbesprechungen Afrika, Asien, Lateinamerika. (Vereinigung Ehemaliger Entwicklungshelferinnen und Entwicklungshelfer e.V.). – Wiesbaden.
Kidron, M./Segal, R. (1981): Hunger und Waffen – Ein politischer Weltatlas zu den Krisen der 80er Jahre. – Frankfurt/M.
Schmidt-Wulffen, W. (1982): Industrie- und Entwicklungsländer in der Weltarbeitsteilung, Bd. 6. – Stuttgart.
Stiftung Entwicklung und Frieden, SEF (Hrsg. 1991): Globale Trends – Daten zur Weltentwicklung. – Bonn/Düsseldorf.
Stiftung Entwicklung und Frieden, Brandt, W. u.a. (1988): Gemeinsam überleben; Texte EINE WELT, – Bonn/Bad Godesberg.

● *Zu UE 9: Internationale Organisationen. Die Vereinten Nationen.*
Hüfner, K. (1983): Die Vereinten Nationen und ihre Sonderorganisationen: (Deutsche UNESCO-Kommission). – Bonn.
Hüfner, K./Rissom, H.-W. (1986): UNESCO, die Bundesrepublik Deutschland und die internationale Erziehung. – In: Zeitschrift für internationale erziehungs- und sozialwissenschaftliche Forschung, XII, Heft 7, S. 345-351
— *Weiterführende Literatur:*
Bundeszentrale für politische Bildung (Hrsg., 1983): Die Vereinten Nationen. (= Informationen zur politischen Bildung, aktuell) – Bonn.
Bundeszentrale für politische Bildung (Hrsg., 1984): Vereinte Nationen (=Themenheft 5). – Bonn.
Lietzmann, S. (1982): Impressionen in Moll – Was Diplomaten von den Vereinten Nationen halten. – In: Frankfurter Allgemeine, vom 23.2.1982.
Nohlen, D. (Hrsg. 1989): Lexikon Dritte Welt (= rororo 6295). – Reinbek.
Opitz, P.J./Rittberger V. (Hersg. 1991): Forum der Welt. 40 Jahre Vereinte Nationen, (=schriftenreihe der Bundeszentrale für pölitische Bildung, Bd. 249). – Bonn.
Petsch, R. (1987): Die Bundesrepublik Deutschland in der UNESCO. – Bonn.
Stiftung Entwicklung und Frieden, Brandt, W. u.a. (1991): Gemeinsame Verantwortung in den 90er Jahren. Die Stockholmer Initiative zu globaler Sicherheit und Weltordnung – Die Charta der Vereinten Nationen. – Bonn.
Toffler, A. (1970): Der Zukunftsschock. – Bern/München/Wien.
Torney, J./Gambrell, L. (1980): Erziehung zur Abrüstung. – In: UNESCO-Kurier, 9/80, S. 4.